临水照花人

——民国名媛的美丽与哀愁

廖 薇◎著

红旗出版社

红旗出版社
RED FLAG PRESS
推动进步的力量

图书在版编目（CIP）数据

临水照花人：民国名媛的美丽与哀愁 / 廖薇著. ––北京：红旗
出版社, 2017.9
ISBN 978-7-5051-4239-8

Ⅰ.①临… Ⅱ.①廖… Ⅲ.①女性–名人–生平事迹–中国–民
国 Ⅳ.①K828.5

中国版本图书馆 CIP 数据核字（2017）第 153690 号

书　　名　临水照花人：民国名媛的美丽与哀愁
著　　者　廖　薇
出品人　　高海浩　　　　　　　责任编辑　于鹏飞
总监制　　徐永新　　　　　　　封面设计　李艳春
出版发行　红旗出版社　　　　　地　　址　北京市沙滩北街 2 号
邮政编码　100727　　　　　　 编辑部　010–64031972
E - m a i l　hongqi1608@126.com
发行部　　010–64024637
印　　刷　三河市天润建兴印务有限公司
开　　本　880 毫米×1230 毫米　1/32
字　　数　160 千字　　　　　　印　　张　11
版　　次　2017 年 9 月北京第 1 版　2017 年 9 月北京第 1 次印刷
ISBN 978-7-5051-4239-8　　　定　　价　48.00 元

欢迎品牌畅销图书项目合作 联系电话:010–84026619
凡购本书,如有缺页、倒页、脱页,本社发行部负责调换。

前　言

在民国的舞台上，曾活跃着一群美丽聪慧的精灵，她们或是社交场上的主角，或是倡导女权的教育家，或是舞台上耀眼的明星，或是杰出的诗人、作家……她们有如清泉般的纯洁，如烈火般的激情，有你看得见的风情万种，也有你看不见的悲喜人生，她们就是那个时代最耀眼的十大才女。

在那个今天我们无法切身感触，且有些苍老与凝重的年代，纵然要经历坎坷的心路历程，她们从未放弃追求与探索——在追求幸福、爱情、事业的同时，她们有激情，也有眼泪，更有智慧，她们在展现中国女性温婉之美，智慧之美的同时，突破了一道道传统的禁锢，活出了红颜女子的别样人生，书写了一段段历史佳话与传奇。甚至，她们引领了近代中国文学创作的新思潮。

虽然我们不能回到那个时代，但是，我们可以闭上眼睛，静下心来，用心去呼唤那一个又一个一个才华横溢、国色生香的佳丽：丁玲、陆小曼、张爱玲、苏雪林、萧红……品味着她们的文字，感受她们的所思所想，未尝不是一种重温，一种心灵的对话：早年，她们叛逆、逃学、逃婚、留洋……中年，他们走在艺术的殿堂里，肆意挥洒自己的才华，描摹属于自己的天空，摇曳多姿；晚年，她们或消沉，或平淡，或寂寞……

她们每个人都经历了莫名的痛苦，她们也都曾经和命运进行了顽强的抗争。有的甚至决绝地与家庭分裂，然后又惨烈地将自己作为命运的筹码，出卖着自己，也在挣扎着，寻找着一个新的自己。寻到的，寻不到的，都把那绝望写成了一个美好的往事。往事如风，吹过来的，是一个变调，吹过去的，又是一个变调。

也有的，一定要做飞蛾，到那光明的地方，把自己焚毁，却还把这焚毁当成是凤凰涅槃的前奏。只是焚毁是必然，涅槃却成虚空。

也有的，违心地接受命运的安排，一边痛斥传统道德制度对女人的压抑，一边又痛斥解放女性对传统道德的违背。矛盾着自己，也和别人矛盾着，构架着民国的纠结。

也有那一两个，一生都在步着优雅的莲步，一生都被人娇宠，一生都衣食无忧，甚至钟鸣鼎食。为这样优雅镶边的，却也有特色，不是风花雪月，就是幽梦年年。

才华，让她们举世瞩目，而命运，却又对她们一视同仁。

她们和普通人一样，都要接受命运的审判，她们却和普通人不一样，那审判，只于她们才更有意义；那审判，也在她们身上有着不同的解说。那解说，既有民国的味道，也是她们自身的玄妙。

在她们所有的故事中，大约只有爱情最为抢眼。她们刚与传统决裂，父母之命媒妁之言已经成为传说，唯一的主导，是内心的悸动，唯一的主线，是女性的温柔。

她们凭着各自的魅力，发挥着各自的性情，演绎着不同的情爱以及爱情。那风花雪月里的，有的是刀光剑影，有的是电闪雷鸣。要么为世人惊叹，要么就成为茶余饭后的笑谈。

有的人，主动为爱恋，轰轰烈烈，震动全国，有的人，被动对恋爱，却是淫雨霏霏，愁肠百转。

就是那没有爱恋的，终身孤独的，对恋爱，也有着包揽才子全局的解说。让一代才女们的底蕴，又生发出一种绝妙的彩色。

可以说，民国的每一个时刻，因着才女们的爱恋，因着才女们的幽怨，都平添了一道暧昧，也再造了一种繁华。

《才女》一书完整揭示了民国十位才女的真实人生，结合她们在不同阶段的创作，细述了其或完满或坎坷或消沉的生命历程，以及其内在对艺术的追求与向往。作者通过有极具感染力的笔墨，引领读者走近恬静、叛逆、忧郁、绚丽的才女世界，领略她们如水的轻盈，如沙的流离，如风的奔放，如海的智慧，并切身感受她们心田的爱恨情仇，及用眼泪与心血书写的不朽诗篇。

临水照花人

——民国名媛的美丽与哀愁

目　录

第一章　翩翩姣花水中娆——丁玲

第二章　一帘幽梦载哀欢——陆小曼

第三章　满腹才情多凄美——张爱玲

第六章　雨湿断虹银月饰——萧 红

第七章　雨打芭蕉叶带愁——孟小冬

第八章　文坛一棵常青树——苏雪林

第九章　桀骜不驯七小姐——盛爱颐

第十章　词坛压轴一抹红——吕碧城

第一章
翩翩姣花水中娆——丁　玲

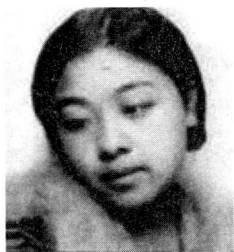

　　她是水上冰花，陌上晚霞。本是与周围格格不入，却正是大放异彩，然转而又冰融霞消。她一直是孤独的，也一直在寻找知音，可是，一不小心，她就把自己走成了路人。

　　她是文学的化身，性感的莎菲，不知道惹翻多少情海，她却也是政治的奴隶，左倾右派，最后让她迷失在自己的信仰里。

　　那一支笔，如果只是风花雪月，固然单薄，可是专心做"毛瑟精兵"，未必就会厚重。可是她，却毫不理会，用那满腔的热血，把那满腹的才华，都赋予那一场场对文学毫无意义的争斗之中。于是，今天被批斗，明天进监狱，后天，又被放逐天涯。

她一生都在爱。爱那纯洁穷苦的少年，爱那满腹才华的丑男，爱那给她带来灾难的才子，也爱那隔世云烟里的新生。

在她的文学生涯中，她爱人很多，绯闻不断，她，虽然没有桃花玉面，皓齿艳唇，却也是风情万种，香艳夺目。她是女子思想解放的界碑，也是被人们诟病的爱情魑魅。

她一生都在恨，恨阶级敌人，恨小团体里的纷争。或者说，她一生都在被恨，被阶级敌人恨，被小团体里的别有用心的人恨。

在她的政治生涯中，她敌人不少，争斗不断。她，虽然没有三头六臂，刀枪剑戟，却也是气概豪迈，龙骧虎步。

奈何这毛泽东笔下的"文小姐"、"武将军"，最后却"退化"成一些人眼中的"反党暗流"，要接受各种审查、批斗。

那爱，也可以是流光溢彩，冰弦弹流水，也许，会给她的旷世才华，再多加几重曼妙。然而那争斗，却兜头一个大帽，将她所有的文采，全都扣留。冰弦狭路遇朔风，弦不断，也成破弹。

往事悠悠如流水，细听似有冰弦声。静，静，静，再听！

私人档案

中 文 名：　丁玲

别　　名：　蒋伟、丁冰之、彬芷、从喧

国　　籍：　中国

出 生 地：　湖南临澧

出生日期：　1904 年 10 月 12 日

逝世日期：　1986 年 3 月 4 日

职　　业：　作家，曾任《文艺报》主编，社会活动家，曾任中宣部文艺处长、中国作家协会党组书记等职。

主要成就：　1927 年开始发表小说，以《沙菲女士日记》轰动全国。1951 年获得斯大林文学奖二等奖。

婚姻状况：　丁玲的第一个丈夫是胡也频，两个人于 1925 年结婚，并有了一个男孩，就是蒋祖林。1931 年，她和冯达结婚，在 1934 年生下蒋祖慧。1942 年和陈明结婚。

代表作品：　《莎菲女士的日记》、《太阳照在桑干河上》、《我在霞村的时候》、《在医院中》。

经典语录：　我自己是女人，我会比别人更懂得女人的缺点，但我更懂得女人的痛苦。

人，只要有一种信念，有所追求，什么艰苦都能忍受，什么环境也都能适应。

人生就像爬坡，要一步一步来。

轻率的玩弄恋爱正如玩火一样，随时有自焚的危险。如果说恋爱是甜美的酒浆，但随便乱喝，也会变成烈性的毒汁。

一、窈窕淑女惹人怜

早梅初识春风面

红娇绿蕊，正是寻春好，莫待红落花残，惆怅怨芳时。

他们相遇的地点，是北平，他们相遇的时候，是夏天。他是一个穷编辑，她是一个穷学生。不是学富五车的才子，他空有一腔报国之志。不是妖娆妩媚的小姐，她只在矮檐冷屋中习字写诗。

他在探索自己的未来之路，她却在陌生的世界里彷徨。小小年纪，她也算经历艰险。

她出生在富庶之家，享受过外祖父官府的至尊荣华，从小就跟随母亲诗书词画。然而，父亲早殇，母亲带着丁玲姐弟俩回了娘家，自此寄居舅父篱下。

从此，快乐成了难得相见的贵客，心酸、凄楚，倒成了日日相依的朋友。很小，她就体会了人情冷暖，很小，她就学会了抗争、抗争。

她有一个优秀的母亲，她以 32 岁高龄入常德女子师范速成班学习，在大多数女人还为男尊女卑的思想束缚，她已经成了妇女解放运动的倡导者。

母亲赋予了她女性自由的思想，也赋予了她一个充满新奇的人生。少谙世事，她不惜和舅父决裂，不惜和表兄悔婚。一个人头也不回地直奔上海，又辗转来到北平。

　　本想在这里出人头地，但真到这里后却发现举步维艰。就在她感觉前途无望时，又收到弟弟夭折的噩耗，顿时黑天暗地。尽管身边有朋友的安慰，却也是哀思如潮、闷闷不乐。

　　他知道了她的痛苦，用纸盒装满玫瑰，写下一张字条："你一个新的弟弟所献。"他比她年长，却情愿以一个弟弟的身份，来安慰她孤寂痛苦的心灵。

　　她大概看过他情深的双眼，但她完全没有感受到他内心的波动。一个满眼迷茫的女子，大概解读不了爱情的痴迷。

　　他们就像阶前两株芳草，他在微风中呼吸着她的气息，她在雨露里憧憬着在大千世界中成长。

　　因此，当她从北平回家，而他居然千里迢迢追到她的故乡。她真的诧异了。同时诧异的，还有她的妈妈。

　　他站在她家的门前，蓬头垢面、穷顿不堪。就连到她家的车费钱，都是她的妈妈帮他付的。

　　这是怎样的爱情呢？不惧一无所有，不觊一事无成，那也是不得不归的霸气，那也是舍我其谁的豪情。懵懂的心境，虚无的城府，倒更显出几分淳朴和天真。和这山村本色，倒十分协调。

　　她无奈却欣喜，她的妈妈嗔怪却也有些欣赏。她们接待了他，他向他倾吐思念之情，她，慢慢地，慢慢地向他敞开了心扉。

　　她，和他，伴着晨露炊烟，听梦里乡音，赏山中美景。她成了乡里村姑，他成了山林隐士，不用体会生活的艰辛，也不用理会世俗的纷扰。静静的一个山石的影子，都是美的，浓浓的一个阴雨天，也是甜的。

他们结婚了，这本是童话世界里的幸福结局，可对于他们来说，这不过是个开始。

多情自古原多事

不久，胡也频带着丁玲回了北京，他重新做回他的编辑，而她，则开始了她的写作。生活，好像要归于平淡，然而微风起，卷帘处，红花微颤。

在北平的时候，他们有一个共同的朋友，那就是沈从文。胡也频和沈从文是脾气相投的文友，而沈从文和丁玲却是性格特异的老乡。

在沈从文的《记丁玲》里，他这样写道："从她住处的河边，驾了小小的单桨篷船，沿江上溯就可以到我的故乡"，大有一种"我住长江头，君住长江尾"的情思。

他没有去过她的老家，耳朵里却满满是那里的故事。他说着他的家乡，也连带讲述着她的故里，仿佛前生他们就相识，今世重又见面，那缘分，绝非一般。

她也是兴致勃勃，讲起自己的少年逸事：小时候读的那些新书，少年时期和家庭决裂，女扮男装走南闯北。仿佛在和久别重逢的人，叙述别后心事。

坐在他俩中间的胡也频，倒成了局外人，向左看看，是一张桃花粉面，谈兴正浓，向右边看看，是一个俊逸才子，口若悬河，滔滔不绝。

他偶尔搭上一句话，话一出口，连自己听着都觉得格格不入。他不由得脸一冷，心一灰，默默地移开。心里恨恨着，准备给他点颜色看看，也让她懂得收敛。

然而转回身再看，他是正襟危坐，谈笑是鸿儒相对，她也是正气凛然，言语里不过是游子的乡情。他放了心，重新归座，再听他们的谈话，怎么听，都是清澈透明。

就这样，他们组成了极为罕见的三人组。他和他一同办报，他和他，以及他的她，就同吃同住。

那时候的她，是一个男孩子，不善修饰，逸韵豪爽。她出自大家，却不是闺秀，走南闯北的经历，使她像个江湖侠女，不喜欢矫揉造作，也不会羞涩扭捏。一切都看得通通透透，一切做得也是明明白白。

外人传着他和她的三角恋，然而他和她却未必真动过情。同在一个屋檐，同坐一张餐桌，狭路相逢，抬头看，不过是同胞兄弟罢了。真有那么一两次暧昧的磕碰，中间隔着她的他，眼神一调理，那暧昧萌动，也就瞬间烟消云散了。

他们三人一直友好相处，从北平，到上海，他和他，一直在办报，他和她，还是伉俪情深。两两相接，是铁三角，却不是三角关系。

沈从文后来曾经说过，"我最理想的是女子必聪明得你说一样她知道十样，你说的她明白，不说的她也明白。她一定又美丽，又尊贵，又骄傲，才能使我发疯发痴。"

或许，她不是又美丽、又尊贵、又骄傲的，没能使他发疯发痴，所以，他和她才能平淡如水，又浓情至深。

只可惜，后来，为了一个信仰，他们分道扬镳，从前的这份高情厚谊，反而倒成了后世的羞耻。同甘共苦后，却不是风雨同舟，未免可惜可叹。

壮志未酬身先死

在上海，他们一同办"红黑出版社"。这三个喜欢文学的青年，在一年间的相处中间，却慢慢有了不同的路线。沈从文更喜欢《现代评论》、《晨报副刊》的陈源、徐志摩，而胡也频和丁玲却对鲁迅情有独钟。

胡也频喜欢马列主义，红黑出版社停办后，他一度想要去福建去参加革命，因为不是共产党员，才没有成行。

他于是去山东教书，在学校里，他依然满怀热情，向学生宣传马列主义，带着学生参加各种活动，结果惹怒当局，上了黑名单。他不得不重新返回上海。

回到上海，他很快知道"左翼作家联盟"刚刚成立，他带着她，毫不犹豫地加入了这个联盟。他确定了自己的方向，也为她确定了人生的方向。不久，他还加入了中国共产党。

他看起来柔弱，也很多情，可是铮铮铁骨，却一样精悍。民族处于危难，人民活得水深火热，他要用自己柔弱的双肩，挑起拯救国家的重担，为此，他不惧牺牲。

他的坚毅，让她更加笃定，他的向往，就该是她的信仰。她跟随着他，一步又一步。如果民族有希望，那么即使捐献生命，他和她，都会果断地执行。

他和她，都知道这条路的艰辛，他和她，也曾设想过革命牺牲。然而，那时候还是豪言壮语，风萧萧，易水寒，这寒还只是言语的壮怀激烈，送行时的意气激昂，到底是壮胜于悲。

　　然而未几，事已成真。1931 年 1 月 17 日上午，他告诉她，要去参加一个左联执委会。

　　他吻别刚出生不久的小宝贝，她则笑着让他早早回来。他并未行色匆匆，她也毫无不安之态，生命里的又一个朝阳，似乎和往常一样。

　　他走后，她就在家里收拾行装。他已经做好了去苏区的准备。她也做好了把孩子送回老家的准备。

　　然而直到很晚，他都没有回来。她忽然心惊了，仓促间出门四处寻找，四处打探，不是毫无音信，而是噩耗频传。她踉踉跄跄，勉强回到家中，看着还在襁褓中的孩子，更是心焦火燎。

　　第二天，沈从文来了，他告诉她确切的消息，他被捕了。他和她，筹划着怎么去营救，他和她，四处奔走找人，从上海到南京，又从南京到上海。然而，该说的话说了，该找的人找了，该做的事情也做了，希望却越来越渺茫。

　　一个月后，更大的噩耗传来，胡也频牺牲在国民党上海龙华淞沪警备司令部后院的龙华塔下。丁玲痛不欲生。这痛并没有摧毁她，反而让她更坚定了他选择的道路。沈从文更加难过，同甘共苦的兄弟，昨日，他们还相谈甚欢，今天却已阴阳两隔。

　　她还要按照原计划送孩子回去，他义不容辞地一路护送。一路上，他以丈夫的名义悉心照料。稳固的三角，失去了一格，残破的格局，让他和她都没了精神。

再回来，他因为耽误了返校的日期，丢掉了工作。他们还是知己，他，依然愿做她的依靠。

她，再回来，已经没了痛不欲生，而更多的是热血沸腾。她接过丈夫手里曾经的工作，更专心地革命。

二、不胜清怨月明中

红袖添香，于那罗曼期

每个人的一生，都有各种各样的错过，错过了正确的时间，错过了正确的时机，错过了正确的人。在丁玲看来，冯雪峰，就是她一生错过的一个男人。

他并没有高大英俊的外表，甚至一看还像个乡巴佬，他没有口若悬河的才华，甚至初次见面还有几分木讷。他是如此不入她的法眼，然而她对他的爱却来得如暴雨狂风。

一切只因他并不是俗人。年少轻狂时，他临西子湖畔，吞吐山河的诗韵，绘制美丽的诗篇。

"憔悴的花影倒入湖里，水是忧闷不过了；鱼们稍一跳动，伊的心便破碎了。"

"鸟儿出山去的时候，我以一片花瓣放在它的嘴里，告诉那住在谷口的女郎，说山里的花已开了。"

水光潋滟的西湖，就是他的情人。在那里，他的心醉了。他怎么也想不到，就是这样一副醉心于山水诗情的姿态，撩动了一个女人的心。

丁玲和冯雪峰结识，源于她想要去日本留学，而冯雪峰的日语说得非常好，经人介绍，他成了她的老师。

她，是慕名而来。然而初见之下，却未免失望。他的外表实在平凡，及至谈诗论词，他的才华才让人惊艳。

她一下子沉醉了，连她自己也想不到，这份炽热的爱，居然送给了这样一个貌不惊人的穷顿诗人。

然而，她却喜欢这种痴爱的感觉，喜欢这个浑身充满诗情的男人。这份喜爱，绕着这个男人，居然成了她心里荡漾着的诗篇。

她是活在诗里了，然而，她的他，胡也频，却活在现实中。他忽然发现，她不再如往日一样灵光活跃，反而时时痴迷呆滞，偶尔整个人还会僵在一个羞涩的笑容里。

她的魂魄走了？他惊疑，猜测，然后寻找答案。于是，他发现了她眼里的另一个他。从惊疑到惊怒，从惊怒又到耻辱。

事情不该是这样，她，也是他千寻万找后才获得的真爱，难道这真爱豁然间就成了煎熬？他愤恨，他不平，他要找他算账，他要找她评说。

她何尝不知道她要活在现实中，然而她就像被封存在山水诗画中的女子，眼看着外面的世界，心却僵在画卷里，做不得自己的主。

胡也频痛苦万分，待要和她决裂，却实在难以割舍。看到他痛苦，她也痛了。她不是不爱他，然而这爱太容易太自然，印证的过程就容易被忽略。

尽管如此，往日相依的美好，同甘共苦的依恋，慢慢又回转来。她仿佛苏醒一般，决定和此爱恋一刀两断。

冯雪峰走了，他和她，重新又回到了现实生活中。

不算情书，字字情深

离开冯雪峰，她心里异常痛苦。然而，她得给胡也频一个交代，他们已经同居，在她的故乡，他也曾带给她爱情的美好。他们于是去了杭州，并于此确定了夫妻关系。

进入左联，她和冯雪峰又有了交集。那又能怎样呢？还不是远远地，在人群中看上一眼，偶尔搭上一句话，也是言不由衷的几句寒暄。

她成了自己的一个谎言，她的心，还封存在那悠然空静的画卷中，然而她却又强行将其炙烤在现实的火焰下。

胡也频牺牲了。那时候的她，沉浸在失去丈夫的愤怒、悲哀之中。冯雪峰听到她的消息，更是难过，想要安慰，却是无从说起。此时的他，已经结婚，而她也是别人的人。

他只能遥想祈祷，希望上天，能给这个女人一份安宁，能重新给她安定的幸福。然而他是战斗着的革命者，她也是战斗着的革命者，他知道，他们注定，要生活在炮火硝烟之中。

外面世界的动荡，反而让两颗心更加平静地相偎。他写信安慰她，她也终于提起笔来给他写信了：

"夜来，人总不能睡好；时时从梦中醒来，醒来也还是像在梦中，充满了的甜蜜，不知有多少东西在心中汹涌……"

她的理智是静的，可是她的感情却激昂澎湃着。

"只想做一点什么天真、愚蠢的动作，然而又都不愿意，只愿意永远停留在沉思中，因为这里是占据着你的影子，你的声音，和一切形态，还和你的爱……"

这炽烈的爱，这浓烈的情，野火春风下的香草，死了，又重生，生得更美，香得也更烈。那浓郁的绿，仿佛要把整个世界的绿色都凝固在自己的胸怀。

"我望着墙，白的，我望着天空，蓝的，我望着冥冥中，浮动着尘埃，然而这些东西都因为你，因为我们的爱而变得多么亲切于我了啊！"

因为有了这份爱，生活才变得多彩。你不在身边，可是身边的一切，都是你，或者，都源于你而活跃。

这些信，满是真挚，满是情思。轻捻一下信纸，掉落的都是爱的粉尘。

这个塑造了性感而美丽的莎菲女士的女人，自己，则是另一个性感而真挚的女性。她用赤裸裸的告白，虔诚地表达了对爱情的信仰。没有传统道学的道貌，也没有肉欲香艳的低俗。

他们说好了做柏拉图恋爱，她歌颂的，只是她的那腔心事，真挚而美丽的心事。那是一个美丽的世界，一个没有烟熏火燎、尘烟往事的纯净世界。一笔是山，一笔是水，山山水水，一往情深。

1933 年，丁玲被国民党软禁，消息不通，人们都以为她遇害了。冯雪峰得到消息后，一直沉默了很久。然后，他把她写给他的这些信，以《不是情书》的标题，发表在报刊上。

他在公开她的心事，却也在公开自己的心事。柏拉图故事里的她，深深印在他的心中。

爱到情深梦不回

她对他也有过怨恨，她在给他的信中这样写道：假使你是另外的一副性格，像也频那样的人，你能够更鼓励我一点，说不定我也许走了。

她曾经和胡也频摊牌，甚至也做好了要奔赴冯雪峰那里的准备，然而现实有很多不可能。她，终于和他走成了朋友，而不是夫妻。

然而，他，是她一生的错过，却也是她一生的提及。

她的情，成了公开的秘密。众说纷纭，自然也少不了诋毁。她的感情，大概也受到了伤害，然而她并不遮遮掩掩。

在看到他在报上公开的情书时，她毫无怨言。那是她的真心，她曾经违背的真心，如今，既然有了正大光明的公开时刻，她不想再隐晦，让那份真感情讳莫如深。

她要对得起她自己。因此，不管面对谁，她都坦然地说，我爱了，爱得很真挚。

在和斯诺夫人的谈话中，她毫不掩饰地说：在我的整个一生中，这是我第一次爱过男人。这个男人，指的自然是冯雪峰。

相比来说，她对沈从文的《记丁玲》则微词颇多。写作时的他，对她也是情深意重，然而，在看到这篇文章时，她却怒火中烧。

他的笔触流畅而潇洒，把三个青年写得两小无猜，然而，在她的眼里，却看出了更多污秽，尤其是，看到了一个"风流"的她。

恩恩怨怨，来来往往，皆是混沌。

如果再有来生，不知道她是否会变得精明，既看到自己的真爱，也要看到沈从文的真挚友情。

人事纷纷扰扰，而风华只是一缕清风，吹过来，又飘走了，或者带来香气，或者走得无声无息。一切归于沉寂，爱恨恩仇，也都寂寞了。

三、秋风拂过寂寞心

寂寞花丛淡相逢

胡也频牺牲，这不但没有使丁玲却步，反而坚定了她的革命信念。不久，她就加入共产党，而后又成为左联机关刊物《北斗》的主编。

她的信念是坚定的，然而她的识人能力却是拙劣的。也就是在这个时期，她认识了冯达。史沫特莱采访丁玲，冯达就是史沫特莱的翻译。这个怎样一个人呢？

她后来形容说："这是一个陌生的人，我一点也不了解他。他用一种十分平稳的生活态度来帮助我。"

这就是他和她的全部了。

她在他面前，是一个巨人的形象。她的声明和威望都高高在上，她看起来很严肃，做起事情来也是雷厉风行。

她像一个女神。他敬仰着她，崇拜着她。然而越是如此，他就越是想靠近她，想看看女神更美的色彩，想听听女神更美的声音。

他大概是陶醉的。而她则是平淡的。

她说："我没有感到一个陌生人在我屋里，他不妨碍我，看见我在写文章，他就走了。我肚子饿了，他就买一些菜、面包来，帮我做一顿简单的饭。慢慢生活下来，我能容忍有这样一个人。"

他终于抓住了她，就像抓住了女神飞天的脚步。丁玲的一生，受尽各种非难，都与冯达给她的这场背叛有关。这不能不说是一种遗憾。如果她曾对他有一点点爱，那么这爱也在暴风骤雨的不断洗礼中风化成飞灰了。

怪谁呢？她，终究不过是一个女子。尽管胸膛里满是火热的革命热情，那一腔豪气，却还是掩饰不住一个女性的寂寞和孤独。

最后，她终于还是成了他的。

他们住在了一起，他是一个关爱女神、捧着女神的男人，她则是一个卸去仙装、陷入平淡的女子。

他们后面的故事，除了柴米油盐，就是生活的尘烟。

直到，他现出自己的真面。

风刀霜剑是背叛

在国民党的黑名单上，丁玲始终是非常重要的一个人物，是一个必须要除之而后快的人物。她的《北斗》让国民党心惊胆战，也让反动派恨之入骨。

他们开始行动了，冯达首先被捕。然后，他带着这些人，找上自己的家门，把正在屋里的丁玲，还有找丁玲谈工作的潘梓年一起，推进灾难的漩涡中。

两人一乍见面，她和他之间，横着几个横眉怒目的彪形大汉。曾经的相依相守，如今却成了出卖背叛。依稀间，还是昨天他和她的温柔缠绵，豁然又是敌我相对。

她哪里相信，这就是生活的现实？然而她又不由得要相信，他终究不是自己的心心相印。

抓捕丁玲的，是中统特务。他们不但追捕了丁玲和潘梓年，同时还留守丁家，等待更多的革命志士自投罗网。

应修人就是其中之一。只是他不想束手就擒，在与国民党特务搏斗中，英勇牺牲。

不知道是他的牺牲导致了中统内部的叛乱，还是本来中统内部就有各种纷争，反正，应修人牺牲后，有一个人忽然倒戈相向，打倒两名同行，转身逃走。

这个人的逃离，让国民党当局大惊失色，他们迅速将丁玲转移到南京。

南京日子的艰难，可想而知，有威逼利诱，有甜蜜诱惑，还有造谣中伤，有当众羞辱。如果是枪炮对阵，她未必恐惧，然而这冷箭暗刀，却让她受尽煎熬。

她想过死，生命诚可贵，爱情价更高，若为自由故，二者皆可抛。她把自己套进一个绳索里，毅然断绝自己的生命。

可是她死不了，因为她的身边，有他，冯达。他已经背叛了党，也背叛了她。他还有一个艰巨的责任，那就是守住她，说服她投降。

他救了她。可是她宁愿他不在身边，宁愿他不说那些曾经让她心动的情话。他，和她，共处一室，两颗心，却远隔天涯。

逃出牢笼两相背

然而，她又必须要和他生活在一起。在这个陌生而残酷的世界，在这个把人性丢弃不顾的世界，也只有他，还尚有温存，也只有他，听起来还算可靠。

这不是最初的感觉，却是随着时间蔓延后的无奈。她被囚禁，也不杀，也不灭，只是一年，一年，又一年，连续的折磨。

她没有疲，敌人却倦了。看着她和他出双入对，看着她不再横眉冷对，他们以为，她终于放下了武装，他们以为，她终于举手投降。

不久，她怀孕生女。冯达喜不自禁，看守者也是拍手称快。这意味着什么？拖儿带女，这意味着她更没有选择的余地。

然而，她早已经做好准备。她的心，始终忘不了自己的朝圣圣地，不死，就要回到她的信仰之乡。

这样的她，不但国民党看不懂，就是在她身边的冯达，也看不懂。可惜的是，在她日后的岁月中，她曾经那么信赖的兄弟姐妹，也有一些人居然看不懂。他们提出各种异议，让她后半生吃尽了苦头。这是后话。

在南京的丁玲，在敌人放松戒备后，终于找到了出逃的机会。她以为，她和他的噩梦终于结束了。可是实际上，他给她的噩梦，才刚刚做了一个铺垫。

陕北又遇老乡情

从南京逃出来后，她马上申请去陕北，那里是中共中央所在地陕西保安县。在那里，她遇到了毛泽东。

毛泽东，对丁玲来说，还是一个传说。她没有想到，初到革命圣地，她就受到了热烈的欢迎。这欢迎会上，不但有周恩来、张闻天等出席，就连毛泽东，也来看望了她。

她激动得差点哭出来。这对她来说已经不只是荣耀，简直就是天外恩赐，就像特意弥补她被捕这几年所受到的痛苦一样。

她和毛泽东是老乡，相谈之下，毛泽东很是喜欢这个有点豪气的女子。在丁玲跟随彭德怀、任弼时奔赴战场后，经常能传来她鼓舞士气的篇章，毛泽东对她就更是欣赏。他还特意在给聂荣臻的电报后面，附上了一首表扬她的《临江仙》：

"壁上红旗飘落照，西风漫卷孤城。保安人物一时新，洞中开宴会，招待出牢人。纤笔一枝谁与似，三千毛瑟精兵。阵图开向陇山东，昨天文小姐，今日武将军。"

丁玲最初没有收到这首诗词，辗转几年后，毛泽东得知丁玲没有收到，就当面提笔给她写下了这首诗。

他一直看好她，而她也一直信赖他。他是她心目中信仰的代言，他是她为之奋斗的一切。不管生活朝向哪里，她的天始终是在他的地方打开亮光。

然而，生活从来就不惧回转。在她被批判时，他曾经站出来为她说话，然而终于有一天，他却对她的批判做了扭转性的批示，先是作为反党集团下狱，接着又被他批为"资产阶级右派分子"，被流放多年。

直至晚年，她才重新恢复自由身，然而，再回忆他和她的故事，她还是感激涕零，还是信誓旦旦，一再表白自己的忠心耿耿。

可是这样的表白，则让他和她的故事，多了一个权威的柄。一切都是不真实的，就连她自己的回忆，也都被这个权柄罩上了阴影。

四、牵肠挂肚相思苦

初识陈明在剧中

被囚禁南京，只是丁玲人生的小坎坷，与她后世的波折来比，简直就是小巫见大巫。被敌人折磨的痛苦，与被友人污蔑的绝望比起来，是另一种微不足道。

她被污蔑、争辩，然后被定论，又争辩，拍着胸脯表白自己的清名，可是又被打倒。她一直相信，她的清白会得到承认，然而，她却一直遭受不公平的待遇。

志气变得没用，毅力也不知道该付向何方，信仰，打倒她，然后随着她自己的倒台而崩塌，然后再建立，再崩塌。此时的她，绝望、悲痛、迷茫，生不如死。

陪在她身边，是她的第三任丈夫，一个比她小 13 岁的男人。她曾经说过：如果没有他，我是走不过来的。

他是谁?

他就是陈明。

在延安，丁玲曾经观看过一场演出，那是延安文艺界纪念高尔基逝世一周年举办的大型文艺晚会。

晚会上一个小伙子引起了丁玲的注意。那是在根据高尔基的小说《母亲》改编的一个话剧里，伯惠尔的扮演者。小伙子英俊活泼，话剧演得传神，歌唱得也不错。

晚会结束后，他被编进了西战团，被任命为西战团的宣传股长。而她，也是西战团的主任，是这次西战团成立的主要发起人。

他们一起开赴前线，那也是不惧烈日严寒，那也是跨高山，过险滩。就是艰辛，她也是喜欢的。因为这期间，他一直在她的身边。

她喜欢他的年轻英俊，喜欢他的聪明能干。开始，他还只是她眼里年幼的弟弟，然而，时间久了，她总是会想起胡也频给她的那一盒玫瑰，还有玫瑰盒里的那"你一个新弟弟"的字眼。

再看到他时，她不由得会心动。过去的爱情，今日的朝气，常常会叠加在一起。让她仿佛重新找到了胡也频的身影。

路上，他犯了胃病，她居然背着他，去赶火车。他不知所措，却也备受感动。一个高高在上的干部，原来如此平易近人。

他原本以为，这是来自一个大姐的关爱，然而有一天，她却直率地向他摊牌。

在他的记忆里，这一天格外清晰，就连那个地点，也充满了温情。那是一家小旅馆里暖乎乎的小炕。

他不过是在问："主任，您应该找一个终身伴侣了。"她平静地回答："你觉得我们俩怎么样？"

她似乎很淡定，然而他却慌了神。她是领导自己的首长，她是关爱自己的姐姐，他怎敢有这样的奢望。他不吭声了，她也不再继续。

对这样的关系，他心里是充满了惊疑，然而她却万分笃定。他问她："你为什么爱我？"她回答："和你在一起，我觉得自己变得年轻了！"

畏惧转身成陌路

她就是为爱而生的，在爱情面前，身份、财富、容貌，一直不是问题，至于年龄，又何须在意。天喜欢水，拥它入怀，才有了云。自然之爱，不斥天地。

然而他却不知所措了，他未必不喜欢她，可是这年龄的差距，这身份的高低，让他对那喜欢也产生了畏惧。

他不过是一颗小树，怎么就好满载绿叶，怎么就好满坠青果？他承担不起。他这样想，他周围的人也这样劝他。

"小丈夫"的名号不好听，小丈夫和大夫人的未来也不可测，没有人相信那结果是白头，甚至没有人相信他们能有个良好的开端。

其实对她，一样是压力重重。和他听到的话一样，小丈夫大夫人是他们的定势。历史上金屋藏娇的悲剧，还被一遍遍提说演绎。

同时，她不光是被人劝说，还备受诟病。到底有怎样的野心，到底持什么样的态度，才能和一个比自己小13岁的人谈恋爱。

她向来不惧流言，她向来只受本心。可是这一回，她也无法淡定了。不是她不爱了，而是他已经走了。

对他和她，再开明的人，也还是不看好。他备受打击，终于决定，离开，离开，离开，让她死心，自己也不动情。他很快就和剧团里的一名女演员闪电式地办了婚事。

他带着新婚妻子过来看望她，她心里翻江倒海，脸上却还要强颜欢笑。既然爱过，不能拥有，也要祝福。

结婚，本为摆脱爱恋，可是婚后，这相思反而日渐长大。同一个屋檐下，妻子甜蜜温顺，而他则心事重重。日子越久，两人的步调越不一致。那思念，也是随风生长，遇雨更浓。

他的妻子终于发现了他的心事，她没有吵没有闹，没有爱的婚姻，她也是不喜欢。他们平静地分手。

他终于可以不用再忍受这相思之苦了，终于可以和她一样，面对本心了。他带着愧疚，藏着欣喜，奔向她。

1942年2月，38岁的她和25岁的他终于完成了夙愿，走进了婚姻。

不用婚礼，也不需祝福，只要牵牵手，晚风下散个步，就连呼吸都是甜蜜的。至于那些风言风语，让他们去兴风作浪吧，能否白头，到底不是说的。

风语人生有山靠

抗战时期，虽然东奔西走、战火硝烟，但是他们是幸福的。新中国刚成立后，他们也是雀跃的。

然而，不久，她就被打成"丁玲、陈企霞反党集团"，而他也跟着受了牵连，接受检查，自写检讨。

她痛苦，他也痛苦，她难过，他也难过，她在争辩，他也跟着争辩。好不容易，感觉这场浩劫要结束了，可谁知风平浪静只是更大风浪的前兆。

她在反右中被打成"右派"，开除党籍，在文革中，又被投进秦城监狱，然后又是流放。检查，他们被隔离，惩罚，他们被分开。

同样是受苦，却隔着相思，两个人的日子，就更加艰难。然而，他从来没有遗弃她，他更舍不得背叛她。她那样坦率真诚，说出天花，他也不相信她会背叛。

好不容易又重逢相见，他拥她入怀，她喜极而泣。没有这场浩劫，她怎知道他对她忠诚至此。没有这场浩劫，他怎有机会对她精心呵护。

虽是痛苦着，却也因着爱的执着而快乐了，因相守的幸福而淡定了。人生不幸，让她遇到了冯达，可人生有幸，让她遇到了陈明。

终于，他们迎来了完整的春天，尽管他们已经风烛残年，然而这快乐终究不晚。晚春好，碧叶青林。

当她走完她的人生，她对他依依不舍，她无限深情地说："你再亲亲我，我是爱你的！"他老泪纵横，她也泪流满面。一生的风雨坎坷，让她早已能淡定面对死亡。然而面对他，她的心却无法平静，她说："你太苦了，我最不放心的就是你！"

他陪着她受苦，可不是为了这句话，然而这句话，还是让他无法从容。二十多年的浩劫，三十多年的相守，她是他的骨，他是她的血。谁离开谁，都不再是完整的生命。

然而，她还是走了，留下他一个人，痴呆地回首那一段喜一段悲的人生。

五、朔风狭路冰弦破

三八节有感成悲

就是到现在，还是有一些女人无法，或者没有勇气，去获得个性的自由，为了得到男权的保护，她们不惜出卖自己的人格。

如果你看过丁玲的作品的话，亦或者说，如果你了解了丁玲人生中的几段恋情的话，那么你就能从中感受到丁玲那女性意识觉醒而反叛世俗的力量，能感受到女性为独立而挣扎的痛苦和幸福。

女性，一直是丁玲关注的对象。1942年，她在三八节那一天，又写了《三八节有感》，再一次提出在男权社会中，女性的自由和权利都将成为空话。

"女同志的结婚一定会使人关注，却不一定使人满意"，同时，"离婚的口实一定是女同志的落后"，她用犀利的笔锋描写了延安当时的女性生存状态。

"她们在没有结婚前都抱着有凌云的志向，和刻苦的斗争生活，她们在生理的要求和'彼此帮助'的蜜语之下结婚了，于是她们被逼着做了操劳的回到家庭的娜拉。"

她的这话不知道会使多少女性点头称是，又会让多少女人义愤填膺。

她是直率的，她是大胆的，她以为以她的力量，是可以让五四思想新潮去解放更多的女性头脑，去冲击更多的男性意识。

然而，她想错了，她的这个单纯的女性觉醒意识书，在当时那个环境，在当时那个革命的阵营，是有一种异数的感觉。

那时候的革命阵营，还处于敌强我弱的时刻，需要所有的人思想一致。而丁玲的这些文章，明显有批评倾向，这让那些在炮火中浴血奋战的人，难以接受。

尤其是，丁玲曾经写过的小说《在医院中》曾经被国民党宣传机关引用，被当成反共宣传资料。

这就让丁玲的写作，失去了作品本身的意义，反而成了衡量革命决心的标志物。衡量的结果是，她不够革命。

对于一个一直活跃在前线的女性革命者，这未免有些过分，然而这过分的起因，却是丁玲自己的一个污点。

南京往事疑团重重

丁玲一生受尽各种折磨的起因，就是那次南京被捕。早在她刚到延安的时候，时任中共中央社会部部长的康生，就认为这从国民党统治区来到延安的知识分子，一定是有问题的。

康生认为，丁玲在南京自首过，因此，延安不能接受这样的人，党校不会接受这样的人。丁玲的满腔热情一下子被冰冻，她气愤难当。

想她早在胡也频逝世时，就表示过，要到党中央来工作，在被国民党软禁的这三年中，她日思夜想的，唯一能给她温暖和希望的，还是党中央。

就在她逃离南京，准备到陕北的路上，还有人劝她去法国，到那里宣传中国革命，可是她还是拒绝了，她心里想的，只有党中央。

这样的情思，这样的忠诚，却换来如此的诋毁，这让她怎能忍受。她和康生抗议，然后又去找毛泽东，想要让他为自己主持公道。

那时候的毛泽东，是相信丁玲的，因此，他对丁玲说："我相信你是一个忠实的共产党员，可是要作书面结论，你得找中央组织部长陈云同志。"

满腹委屈的丁玲，于是又去找陈云。在一番调查之后，组织部给她写了结论，其结尾是："因此，应该认为，丁玲同志是一个忠实的共产党员。"这最后一句话，出自毛泽东的手笔。

这最后一句话，这毛泽东的最后一句话，让丁玲很欣慰，也让她终于长出了一口气。

这是毛泽东第一次保丁玲。后来，在延安整风运动中，又有人关于丁玲的《三八有感》提出异议，毛泽东又作批示：《三八有感》虽有批评，但也有建议，这和王实味不同。

这里的王实味，就是在这次整风运动中，被批判的主要人物，不久，他还被开除党籍，并最终被处决。

归隐纸条再生风波

1943 年，延安整风审干，丁玲补充交代了一个问题，她在南京，曾经写过一个归隐纸条："因误会被捕，生活蒙受优待，未经什么审讯，以后出去后，愿家居读书养母。"

那时候，南京的国民党宣传部总是会派各种各样的人来找丁玲，让丁玲帮助国民党作宣传，可是丁玲一一拒绝。于是国民党就提出了让她归隐。

在那个环境下，这本是丁玲的敷衍之策，是她逃离的一个掩护手段，不涉及变节，对革命也没有破坏。

然而在延安，这却成了一个严重的问题。毛泽东和组织部给她作的那个结论，在这里已经不算数。

甚至到后来，丁玲被平反，还有人一直揪着这个小辫子不放，认为丁玲是有污点的人，是需要被批判的人。

那时候的丁玲，全心投入延安整风运动，写了很多检讨，并工作心得，积极响应毛泽东的号召，写工农兵，宣传革命思想。

然而 1955 年，丁玲又因为这个问题，并一些子虚乌有的工作态度和思想作风问题，被打成"丁玲、陈企霞反党集团"。

这一个大帽子，震惊全国。丁玲是有国际知名度的革命者，是党内的高级干部，却原来是反党集团，却原来是党内的毒草。震惊之余，也生出恐慌。

尽管丁玲的言行都没有相关的证据，然而，1957 年，丁玲再次被打成"右派"，并开除党籍。

1958 年毛泽东亲自写按语，说她是"以革命者的姿态写反革命的文章"，将《三八节有感》和王实味的等一批在延安时受过批判的作品，再一次拿出来，重新作了批判。

文革开始后，丁玲再次受到冲击，住牛棚，遭批斗，被投进秦城监狱，然后又"流放"到北大荒，受尽了折磨，吃尽了苦头。

尽管如此，在听到毛泽东逝世的消息后，她依然痛哭流涕，还一直表示对他忠心耿耿。直到 1979 年，她被平反，回到北京，她依然在表达自己的忠诚。

她有一句名言："他对我怎么样，不管，但我对他是一往情深的。"这里的他，是指毛泽东。

因为丁玲的这样的态度，她又被看成了左倾，被看成顽固的保守者。这位本有着满腹才华的女性作家，在政治的漩涡中，迷失了自己。

1984 年，是丁玲彻底洗清冤屈的一年。在胡乔木的帮助下，中央恢复了 1940 年对丁玲的结论，承认丁玲在南京那段历史不属"自首变节"。

此时的丁玲，她那在 1940 年长出的那口气，才终于尘埃落定。40 多年的诋毁，40 多年的委屈，一朝洗清，丁玲这才说："这下我终于可以死了。"

40 多年的生命，40 多年的生命价值，居然只是为了一个证明，一个不需要证明的证明。

至今，人们提到丁玲，还是会从她的"右派"谈到"左倾"，而关于她的文学成就，则成了附属。

临水照花人

—— 民国名媛的美丽与哀愁

第二章
一帘幽梦载哀欢——陆小曼

　　有一种花，叫千瓣莲花，它开的时间最长，艳及三季；有一种花，叫昙花，开的时间最短，一瞬而已。

　　时间长则长已，慢慢享受，终于也会变得怠慢、无聊，唯有找到历史的结点回放，让美的瞬间弥漫，那感觉才会出来。而短则烈已，美凝滞成果冻样的微颤和固着，那心酸，就让人震颤，那馨香，一夕不再，反而在回味中更让人难以忘怀。

　　林徽因，就是那千瓣莲花，而陆小曼，则是昙花。她们两个的人生有着千丝万缕的联系，她们两个的命运，也在纠缠着进行对照解读。没有因果，全是是非。就像是并蒂莲，一个的光，另一个的影。

有人把陆小曼比作罂粟，说她是徐志摩的毒。从陆小曼的角度说，徐志摩又何尝不是她的罂粟，她的毒呢？他把她送到天堂，把人间最美的享受给了她，又把她打进地狱，把最毒的孤独和最重的诋毁，给了她，人们把他的死归结于她，让她一生承受罪恶的惩罚，让还声不得，因他还生不了。

徐志摩死了，诗情却蔓延疯涨，借了粉丝的嘴，借了崇拜者的心，再攀高峰。而陆小曼，活着，却死了，行尸走肉，每一口气的存在，都是为了受尽百般折磨。在一刹那的生命中转中，他们两个的灵魂进行了交换，他完成了对她的惩罚，而她，则尽心帮他完成惩罚。

人生有了新一重惨烈的意义，这倒给了她活下去的勇气，也给了她不后悔当初选择的决绝。身前之王庚也好，身后之翁瑞午，都会淡化，淡化成尘世的炊烟，中间也夹杂着米香，但终究烟火气太重。

如果我们不用社会阶段性道德去品评陆小曼，也不用前后命运对比来感叹陆小曼，那么那一春幽梦，渐入佳境时，也是彩云绕月，天上人间，光艳一片，只是幽梦如游丝，一旦风中断，恍若瞬间。

私人档案

姓　　名：　陆小曼

别　　名：　陆眉、小眉、小龙

国　　籍：　中国

民　　族：　汉

出 生 地：　上海

籍　　贯：　江苏常州

出生日期：　1903 年 9 月 19 日

逝世日期：　1965 年 4 月 3 日

职　　业：　作家、画家、翻译家

家世背景：父亲陆定，是早稻田大学毕业生，是日本名相伊藤博文的得意弟子，官至财政部的赋税司司长。母亲吴曼华，小名梅寿，是常州白马三司徒中丞第吴耔禾之长女，她多才多艺，对古文有较深功底。

婚姻状况：　第一任丈夫王庚，1920 年结婚，1925 年离婚；第二任丈夫徐志摩，1926 年结婚，1931 年，徐志摩逝世；第三任男友，翁瑞午，两人未谈婚嫁，但一直相伴 30 年。

毕业院校：　北京圣心学堂

代表作品：　《哭摩》、《遗文编就答君心》等散文。

一生成就：　1941 年在上海开个人画展，晚年被吸收为上海中国画院专业画师、上海美术家协会会员。

经典语录： 那暂时栖身，片刻的停留；但等西北风到，它们不是跟我一样的遭殃，同样的飘荡？不，不，我还是去寻我的方向。

并不是我一提笔就离不开志摩，就是手里的笔也不等我想就抢先着往下溜了。

一、好一抹醉人的景

淡花瘦玉埙音好

回忆陆小曼，最好是在一个烈阳夏日，暴雨后的黄昏，热似散非散，凉气借着一丝慢风，在皮肤上弹跳着，听混着埙和古筝的合奏，一首慢而悠长的曲子里，总有那么一两处，会让你忽入幽梦。于是，陆小曼，就在韶光暗影中，如水里摇动着的花影，慢慢地，扭动着委婉的波纹，来了。

你看到也罢，看不到也罢，只她一个名字，浸润了历史的悲情之后，就已经足够让你落泪，伤情，急欲挽留，不能自已。然而，她的人生，混着她的悲剧，又扭动着那曲折的波影，走了，一如她曲折地来。

你不要误读她。美丽、才华、奢靡、奔放，曾经如花期，定下了她绽放的定数，但也正是这花期，给了她自裁的本能。浓情人生，悲情命运，其实都只能半读半误她。

她就是她，揽着命运的绳索，奔流而下，一如那长山上、岩石后、红花绿影里，那泼洒着珍珠的飞瀑，把自己撞个粉身碎骨，留下电光一闪的白虹，于云天之中，吸进尘土因缘，吐出玉液琼浆。

如果她不是我们后世人的话题，那么她，会调好时光之船，衔着珠玉，碾着米壳，隐没在尘埃之中。就像一朵花，开过一世，有了一世的风情足矣。可是一旦作为我们后世人的话题，她就会变幻了颜色，忽而如落叶黄花，零落足底，碾为泥尘，忽而如青帝，摄青龙，上天揽月，自己也做不得自己的主。

不过，花虽开过一世，却总会有一世又一世的怀想。这个如淡花瘦玉般的女子，被我们从历史的铜镜中寻出来，那娇艳的曾经，伴着坝音的美好，会给我们一个又一个的充盈，了却我们一代又一代的记挂。

冷香再驻小观音

两弯秋月锁眉心，一点朱砂点绛唇。儿时的陆小曼，就是一个美人坯子，眉清目秀，明眸皓齿，红唇粉肌。她出生的那天，是佛教中观世音菩萨的生日，因此，家人都管她叫"小观音"。

小观音的家庭，也是一个美满幸福的家庭。

父亲陆子福是名门望族之后，年少时聪颖脱俗，每考必中，得了一个名字，叫陆定。陆定后来到日本留学，在早稻田，拜伊藤博文为师，接受新思想教育。回国后，就进入财政部（当时叫度支部），是中华储蓄银行的主要创办者。

母亲叫吴曼华，也出身名门。她的上祖吴光悦，是清代江西巡抚，建有中丞第（这座乾嘉盛世建造的古代建筑，目前依然完好，已经成为常州著名的景点）。吴曼华自小接受了传统的教育，精通诗词书画，有很浓厚的艺术气息。

家庭的富庶，父母的才华，让陆小曼很早就显出了脱俗的气质。加之，她幼年在上海度过，7 岁后又到北京定居，两地文化的熏陶，使她既有上海的奢华与浓情，也有北京的笃定和自信。

少女时期的陆小曼，简直就是风光无限。在北京圣心学堂读书的时候，她已经精通英法两国语言，是名副其实的才女，而且，受母亲的熏陶，她懂琴棋，善书画。她的一幅随手而作的油画习作，深受一位外国人的喜欢，那个人最终以 200 法郎的高价买走。

这样一个女孩子，就连她的传奇，也是沾着仙气，如神女来袭。想来，嫩柳树下盈盈过，必然会引来目光寸寸长。

和林徽因不同，陆小曼在少女时期，就已经名满全国。北洋政府外交总长顾维钧要圣心学堂推荐一名精通英语和法语、年轻美貌的姑娘去外交部参加接待外国使节的工作，陆小曼，这个诗意才女，毫无悬念地成为必然之选。

假如，如果有假如的话，假如，她能像林徽因一样懂得节制，懂得克己，那么以她的天赋，一定会为后世带来很多更惊艳的诗情画意。可惜，她选择的路，只是把自己一个肉身谱了媚曲（也有人说是艳曲），给后人带来无穷的话题。那天生的内蕴，没了滋养，终化为无踪，真真是，成了一帘幽梦。

陆小曼曾经给自己起过一个笔名，叫冷香。名字甚好，可总是会使人想起那句"翠羽惊飞别树头，冷香狼藉倩谁收？"

春花繁锦正可人

郁达夫也说，"陆小曼是一位曾震动 20 世纪 20 年代中国文艺界的普罗米修斯"。她的才情自不必说，能诗能画，善歌善舞，就是书写，也是漂亮的蝇头小楷，笔落之处，字字娉婷。

而她的美，就更是炫目。胡适说她是"不可不看的一道风景"，而梁实秋也曾尽情描写她："面目也越发清秀端庄，朱唇皓齿，婀娜娉婷，在北平的大家闺秀里，是数一数二的名姝。"

这样的描写，在当时，算得上是白描了，就连"美艳绝伦"、"光彩照人"等也还算不得浓墨。因为她喜欢"淡妆素抹"，气质也"别具风韵"，口才可"妙语连珠"，因此，最具才情的人面对她也会词穷，直到"林下之风"、"空谷幽兰"，也似乎还是没有表达出这个绝世美人的全部。

后来人们干脆就用行动来描写对她的美的爱慕和至诚尊崇。那一年，她成了王庚夫人，随夫去冰城上任，接待她的，除了热情的人，还有满城的她的招贴画。

后来与王庚离婚，她更是收到了美国好莱坞影业公司的邀请函和 5000 美元，这在当时可以说是一笔巨款。她的美名，已经传至大洋彼岸。

今天的我们，从历史的老照片里，已经感受不到她美的风韵，而当时的人们，据说极尽热情，搜肠刮肚地想要寻来一词半句能描绘她的美的语句而不得。

照片能传承一个人美的全部吗？不能！历史的记载能传承一个美人的全部吗？不能！美人失真，这算不得悲剧的悲剧，却映衬了她被人误解的人生。

唯有一张"一低头的温柔"的照片里，我们才依稀能找到她那美的风韵。同样，也唯有用真诚和呵护，我们才可能勾勒这位悲情美女的一生三累。

人的目光总是浅的，一回眸的爱恋，往往很少是那一低首的温柔，而是满目的惊艳。当时如此，现在亦然。没有美丽，林徽因的才华，也就黯淡，没有魅力，陆小曼的名满，必然欠缺。

不管怎么说，未满18岁的陆小曼，已经名动京城，成了炙手可热的社交名媛。三年的外交接待，让她的社交气质越发成熟，让她出落得越发顾盼生辉。她的上司外交总长顾维钧都对她赞誉有加。至于文人墨客，更是纷纷送上拜帖，意欲一睹芳容。而当时的女性，更是把陆小曼当成了时尚先锋，梳她的头，穿她的衣，随陆风而动。

挚情稚趣都可取

陆小曼之才，不光是咏絮才，也是社交才，特别善机智应对。

她9岁的时候，袁世凯专政四处搜缴国民党议员的证书证章，而她的父亲，陆定，正是国民党议员。小曼闻听这条消息后，就嘱咐父亲，千万不要把证件藏在身上，以免发生意外。

果然，这天，陆定就被警察厅软禁，而宪警也包围了陆府。四处搜查而不得后，宪警就来盘问这个总角小儿。小曼冷静沉着，于稚气未脱处，却不乏机智妙答。就连为首的宪警，也不由暗自赞叹。

及至后来做了外交接待，陆小曼的应对才能就更加出色，大有外交官之风。

民国时期的中国，是被列强凌辱的中国，外国使节到中国来，会带着鄙夷，夹着凌辱。在某个宴会上，一个外国人，居然拿着烟头，去烧一个牵着气球玩耍的中国儿童。孩子吓得惊叫，他们捧腹大笑。

　　陆小曼看了，气愤不过，但她笑语嫣然，悄然飘到外国孩童跟前，效仿外国人的做法，点爆气球，然后抱着那个孩童，笑着，跳着，引他做新的游戏。

　　这做法虽然未脱稚童之气，但却有成人的大义凛然，因为在当时，国弱民卑，得罪外国人还是让大部分国人惊心的一件事。

　　尤其让人称赞的是，在惩罚没人性的做法时，小曼做得很人性化。同样是点爆，她却抱着孩童，给他安慰，让他不至于惊恐，反而觉得好玩。

　　这样的细腻，这样的聪明，这样的大义，不是每个民国才女都有的，或者说，不是每个民国才女都有机会展示的。陆小曼做到了，只可惜，大多数后人，都把她定格在放荡的烟尘女的角色，而没有人发现她曾经的豪放女侠的风采。

　　后世的她，面对世人的诟病，面对才华人格的埋没，依然淡定如水，不解释，不争论，不知道是她的机智应对，还是她的稚趣未脱？反正，在今天看来，那倒也成了她被污浊时期最靓丽的一道色彩。

二、百无聊赖强欢颜

美女嫁做将军妇

名花倾国，带笑看的，名士，文人、墨客，青年才俊，比比皆是。在对外社交中崭露头角的陆小曼，被国内国外名士的传言追捧，更成了于月殿而生的"丽质仙娥"，有了一丝丝神秘气息。

那时候的陆家，上门求亲者无数，真可谓是踏破门槛寻佳人，唯恐佳人已成亲。而陆定和吴曼华只有这么一个女儿，在择婿上自然十分认真，那也是抱定了非英雄不配，非名流不予的心思的。千挑万选后，他们发现了王赓。

王赓和徐志摩一样，也是一个留学派，和徐志摩一样，他也是梁启超的弟子。他自清华大学毕业后，就去了美国，先后在密歇根大学、哥伦比亚大学、普林斯顿大学学习。后来又进入西点军校学习，同班只有五名同学，其中之一就是艾森豪威尔，美国后来的总统。

1919年，王赓担任巴黎和会中国代表团上校武官，兼外交部外文翻译。那时候的王赓，也是春风得意，是各个军阀争夺的对象，也是马蹄急急，在"神奸既伏，人欲横流"的社会准备大展拳脚，除奸斩魔，恢复中华大国本色，几年的时间，就已经从一个不名一文的青年成为陆军少将。

可以说，王庚身上的光环，并不比陆小曼的少，不过，一个是温柔乡里温柔梦，一个是军戈铁马沙场寒。自古就有英雄美人并蒂之说，因此，陆定夫妇看重王庚，也就顺理成章。

这本来是一个霸王和虞姬的英雄美女梦。只可惜，霸王梦碎，垓下有战，四面楚歌，英雄血染。王庚的垓下，不在战场，却在情场，也是一样的四面楚歌，也是一样的英雄血染，只是霸王两个字要反过来说，江山尚在，美人已经别离。与陆小曼离婚后的王庚，终身未娶，也还真有一点"不肯过江东"的霸王之气。不过，这都是后话了。

不管怎样，在当时，把王庚和陆小曼放在一起，如果没有预测后世的第三眼，那恐怕是连月下老人也要笑了的。王庚有能力和前途，而小曼有家世背景和社交手段。这样的一对，一个是龙魂，一个是凤魄，自然是珠联璧合，相得益彰。

因此，王庚的求婚，对小曼的母亲来说，就是一个惊喜，她几乎是迫不及待地就答应了，而且，以最快的速度，将小曼嫁给了他，从订婚到结婚，仅仅一个月的时间。

在回望历史的时候，我们总是想要去寻些机缘发生的契机，偶然里肯定有必然。陆小曼和林徽因有着很相似的命运，同样是父母之命，同样是木讷的夫君，同样是外遇徐志摩。但梁启超很精明，他给了梁思成和林徽因一个漫长的相处时间，给了林徽因足够的思考时间。而陆定夫妇却完全无视陆小曼和王庚的相处。

有时候想，如果命运将两位才女与徐志摩相见的时间对换，把"遇见情郎未嫁时"这个时间给陆小曼，把"恨不相逢未嫁时"的时间给林徽因，那又是一个什么样的结局呢？

给陆小曼一个道德意义上的美丽时间，这样的时间是对的吗？纵然时间对了，结局就会对吗？未必尽然。顺风顺水的婚姻，能让徐志摩保持多少激情，一旦遇见林徽因，她还不是一样的肝肠寸断，还不是一样的独守空房？

历史是不能更改着推断的。

妆成婚罢情调灰

陆定为爱女准备了盛典似的婚礼。别说婚礼的场面有多阔绰，就看来参加婚礼的名单，就能看出陆定的手笔。光女傧相就有九位之多：有国内的名流千金，如曹汝霖的女儿、章宗祥的女儿、叶恭绰的女儿、赵椿年的女儿；有英国的豪门小姐。

所有的费用全都是陆家承担，所有的程序仪式，也都是陆家商定。对于陆定和吴曼华来说，让女儿享受至尊荣宠，是他们人生中最重要的一件事。

看来是幸事，却未必没埋着祸端。一个一直要风得风、要雨得雨的人，离经叛道，是不会有畏惧心理的。一个衔着金钥匙出生的人，喜欢奢华，极度懒惰，也会把它当成天经地义。这样看来，林徽因童年的那点阴影，倒实在是幸运之神的恩赐了。幸福和不幸，谁能说得清呢？

接下来的日子，对于陆小曼来说，根本就不是柴米油盐。在陆小曼的人生里，是不会有柴米油盐的，和王庚在一起不会有，和徐志摩在一起，也没有，就连徐志摩死后，她不得不依附翁瑞午，沾染了尘灰烟火色，但也还是没有。最多，就是相夫教子，一如她的母亲。这又和林徽因不同，陆小曼永远都不会像林徽因那样，计算生活的点点滴滴。

在陆小曼骨子里，是把自己当成一个传统的贵族女人来看的。无作为，不是应该的吗？享受丈夫给自己的奢华和荣誉，不也是应该的吗？因此，在和王庚结合的最初，她一定是幸福着的，她是享受着封建礼教给她的最初的安排的。

只是，尽管同样接受了自由民主的思想，王庚对小曼的约束，还是传统大男人的约束。小曼想要出去散心，也是要得到王庚的批准的。以至于后来人们常说：大家都以为王庚怕小曼，但实际上，却是小曼怕王庚。天真烂漫的小曼，不再总是阳光灿烂了。

玩物丧志是王庚的人生信条，而尽情享受，则是陆小曼的幸福标准。王庚整日忙于事务，根本就顾不得陆小曼的闲情逸致。寂寞春闺，如何能不惹闲愁呢？

夫妻之间应该是这样的吗？在舞池中翩翩起舞是不行的吗？和喜爱自己的人聊天闲游也是不对的吗？被丈夫捧为至宝不也是势在必然吗？女人能享受自由的人生不也是理所应当的吗？

这时候的小曼开始思考了，她在日记中写道："看来夫荣子贵是女子的莫大幸福，个人的喜、乐、哀、怒是不成问题的，所以也难怪他不能明了我的苦楚。"

作茧自缚的，永远是毛虫，破茧而出的，才是蝴蝶。陆小曼，开始挣扎了，她毕竟接受了新潮自由思想，她毕竟曾经在社交场所炙手可热。难道，她的人生就不该有别样的浓情的吗？

所托非人情如虎

有花堪折直须折，莫待无花空折枝。

这话，王庚是不懂的吧！对于打牌、听戏、玩票的陆小曼，他也是不懂的。人生不应该是按部就班吗？人生不应该要克己自省吗？不就是衣食住行吗，干嘛非要列出许多的名目呢？

没有谁对谁错，不过是娇花不懂奇树的静立，奇树不解娇花的风情。婚姻里的矛盾莫不是如此，就连鱼就生活在水里，也没能读懂水的心，没能读懂它自己。

尽管不喜欢小曼结交风流人士，但徐志摩的到来和陪伴，居然是王庚特许的。他们不仅同是梁启超的弟子，还是关系不错的好友。他自以为很了解徐志摩的，诗一样的人，诗一样的生活方式，那么，他一定会给喜欢浪漫的小曼，带来诗一样的快乐。

很多人都怪怨，如果王庚不把小曼托付给徐，也许他们的人生就不会有这样的危机。但即使命运重给王庚一次机会，他不把她托付给徐，他还是会给她找另外的寻求解放的契机。小曼注定是要飞走的，就像偶然飞入瓶中的蜜蜂，会不断寻找出口。而他，则是因爱着她的一颗心，会下意识地把她往出口处送。尽管，那出口，就是他的"死路"。

王庚想的没有错。徐志摩的到来，的确让陆小曼眼前一亮，和王庚在一起，她日日都是冬天，独钓寒江雪一般，而和徐志摩在一起，她则时时都是春天，吹面不寒杨柳风。

但徐志摩的到来，也绝非一般意义上的朋友间的拜访，他的目标，很干脆，就是陆小曼，甚至毫不掩饰。他不但自己来，还带来很多很有诗情画意情调的文人骚客。

当然，他们寻找的，可能就是一种文人的激情，还有一种文化的寄托。陆小曼是具有文化传奇色彩的女性，她的美，只是背景，她的才是精神，而她的名气，还有她的身份地位，以及待人接物的亲和力，则是吸睛之点。

对于没有女人就没有诗魂的徐志摩来说，陆小曼，比林徽因更能激发他的才情，因为已嫁作人妇的她，是一种天上人间隔绝的契机，因为她懂诗词，善调音，还能歌能舞，更能营造虚无缥缈的爱恋的虚幻之境，而她的大方活泼，也更让他销魂。

徐志摩是一个干脆的人，哪怕"变了泥"，"被人踩"，倒也干净，他最不喜欢"半死不活的"状态，那"才叫是受罪"，那才会受人白眼。因此，碰见陆小曼之后，他几乎是毫不犹豫地就冲上去了，一张嘴，就是"翡冷翠的一夜"：隔着夜，隔着天，也通着恋爱的灵犀一点……

三、恨不相逢未嫁时

昙花一夜诗不尽

斜阳春雨半卷帘，蛱蝶飞舞影翩跹，忽而快鸟空中过，衔去半点樱桃残。

在没有遇到徐志摩之前，陆小曼的生活的确是不快乐的，沉闷、忧伤无人识，她自己，也不知道该如何解脱。只好去寻些简单的快乐，和朋友去听戏、打牌，玩票，甚至捧戏子。这喧嚣，总能让她暂时忘记灵魂的寂寞，对她算是暂时的解脱。

她说："我娇慢的天性不允许我吐露真情，于是直着脖子在人面前唱戏似的唱着，绝对不肯让一个人知道我是一个失意者，是一个不快乐的人。"

对任何一个人来说，谁能解自己灵魂的寂寞，谁必然就是自己的知音。不知道是偶然，还是必然，抑或是公然？徐志摩反正是直指陆小曼的不快乐。让这个极力笑着的人，把那微笑也僵在了嘴边，那一颗心也忽而震颤："他那双放射神辉的眼睛照彻了我内心的肺腑，认明了我的隐痛。"

一个神光，一个电闪，两颗寂寞的心，终于有了交接的片段，就像大地久旱逢甘霖一样自然。

自此，当王庚再说："我没空，让小曼陪你去玩吧"、"我没空，让志摩陪你去玩吧"时，两个人几乎就像得到了赦令，马上就从各自的情感牢笼里走出来，毫无顾忌地享受心灵共鸣的时间。

天长日久，他发现，她是"一个最美最纯洁最可爱的灵魂"，是一朵稀有的"奇葩"，"是不慕荣华富贵，追求真、爱、美的女神"，而且是最"能做我的伴侣，给我安稳，给我快乐"的人。

他快乐得像雪花："那时我凭借我的身轻，盈盈的，沾住了她的衣襟，贴近她柔波似的心胸-消溶，消溶，消溶-溶入了她柔波似的心胸！"

而她，也赫然发现，他居然这样懂着她，能这样宠着她，还能这样引领着她。她快乐着他的快乐，忧伤着他的忧伤，也满足着跟随着他的现状。

就连恋情曝光，他不得不去欧洲旅行，他也还是忘不了她。他不停地给她写信。"眉你不觉得吗，我每每凭栏远眺的时候，我的思绪总是紧绕在我爱的左右，有时想起你的病态可怜，就不禁心酸滴泪。每晚的星月是我的良伴。"

"没有你，我哪知道天是高，草是青？"他几乎是迫不及待地大声喊出了他的爱。"你不能忘我，爱，除了在你的心里，我再没有命；是，我听你的话，我等，等铁树儿开花我也得耐心等"，他已经不可克制，却还在柔情地说："我等"。

很多人说徐志摩不过是一个滥情的才子，陆小曼不过是一个放荡的艳妇。但是当他们用诗情画意来虚构自己的人生的时候，你是没法用这样的词汇来形容他们的。

他太天真，太纯粹，太率直，所有的世俗，都是他的累赘，那无爱的寂寞，也会消磨他的诗魂。是这样的思想，成就了他的诗才，也是这样的性情，败写了他的品行。

小曼是喜欢自由的，也在追求着自由，但她大概从来没有听过这样纯情的思想，这样纯粹的自由和奔放。她豁然之间发现，哦，人，还可以这样活着！

但是有情终满愿

在徐志摩去欧洲之前，他们两人的恋情已经曝光。街头巷尾，热议的是小曼的放荡，文士骚客，谈的则是徐陆的奔放和勇敢。这样截然的立场，截然的态度，在那个社会，就像是叶要挺着花开放一样，让两个人的恋情在挣扎和忏悔中一步一步到了更高的地方。

一方面，他们要顾及世俗。有传言说，王庚举着刀剑要来寻徐志摩好看。为此，徐才避祸欧洲。事情到底怎样，外人不得而知。不过，在最初的动荡中，小曼肯定如惊弓之鸟，而志摩必然也是待捕之兽，张皇失措。两个烂漫的灵魂，在那一刻，倒还俗成真。

而另一方面，解放思想，冲破封建传统理念，这样的思想之风，也让两人有了再走下去的执着和贪恋。死水微澜的世俗社会，不就应该有人来搅扰那不死不活的陈年旧规吗？

他对她说："让这伟大的灵魂的结合毁灭一切的阻碍，创造一切的价值，往前走吧，再也不必迟疑！"

他远在欧洲，天天收到小曼哀伤凄婉的痛信，那是比自己受折磨还折磨的痛。他开始行动了，他找胡适为自己说情，先是做陆家二老的工作，然后再找王庚，最后再做徐家上下的工作。

在徐陆两人的恋情中，胡适真真是一个月老。胡适介绍徐志摩认识陆小曼，两人第一次突破防线，也是在有胡适在坐的酒宴。而让王庚离婚，让陆家接受徐志摩，几乎全有胡适的功劳。

最难接受的，其实是王庚，于千万英雄的人群中，他独自抱得美人归，那是怎样的豪情，又是怎样的惬意，可如今，繁华零落，幸福成烟，叫他怎么能不心生寒意，想到以后的日子，是冷风吹半床，幽窗照残月，这个刚强铁汉，也悄然垂首落泪。然而，心冷美人留不得，当他成为她的监狱，她必然会成为他的绳索。他明白，所以，他放手了，默然放手了。

胡适成功了，那唯一的败笔，就是他没能让徐家最终接受陆小曼，但这已经不影响徐陆成婚，暂且可以搁置一旁。在冰雨冷雷中，他们终于迎来了属于两人的生活。1926 年 10 月 3 日，徐志摩与陆小曼在北海公园举行婚礼。

但不是所有的有情人成眷属都写满了欢乐，这一对不为世俗所容的人，就连婚礼，也是在斥责声里度过的。

为他们证婚的，是梁启超。梁启超是徐志摩的老师，徐志摩是梁启超儿子的情敌。这已经足够尴尬，而他又被请来为一段自己根本不能接受的、不怎么光彩的爱情证婚。这个老人自然是生气了。他说：

"徐志摩、陆小曼，你们都是离过婚，又重结婚的，都是过来人了，这全是由于用情不专，以后要痛自悔悟……希望你们不要再一次成为过来人，我作为你徐志摩的先生——假如你还认我做先生的话——又作为今天这场婚礼的证婚人，我送你们一句话：祝你们这次是最后一次结婚。"

话是不好听的，但一语成谶，徐志摩早逝，陆小曼尽管后来虽依附于翁瑞午，却也未再婚。冥冥之中，前世后生，因果，姻缘，被造化谱写得清清楚楚，明明白白，不再由得任何人任性。

红床暖帐爱失真

初婚的日子，满是甜蜜。瑶华映阙，七宝合璧，这美满，这完善，如果不能纵情愉悦，又如何对得起当初的坎坷心酸？

不管是徐志摩，还是陆小曼，两个人都恨不得生了十个八个的爱心，把这世界上最让人忌讳也最让人痴迷的爱，表达个淋漓尽致。

那正是：你侬我侬，忒煞情多；情多处，热如火；把一块泥，捻一个你，塑一个我，将咱两个一齐打碎，用水调和；再捻一个你，再塑一个我。我泥中有你，你泥中有我；我与你生同一个衾，死同一椁。

新婚不久，徐志摩的父亲就命两人南下回老家浙江海宁硖石。在乡下老家等着他们的，不但有父亲母亲，还有徐志摩的前妻，张幼仪。尽管徐志摩软磨硬泡，让二老接受他和张的离婚，接受他和陆的新婚，可是在二老的心里，他们的儿媳，还是张幼仪。

当着徐志摩、陆小曼的面，徐父问张幼仪，你可承认你和志摩的离婚，你可愿意承认他们的婚姻？这一问，徐志摩紧张，陆小曼尴尬，张幼仪却很淡定，她欣然回答："我愿意。"她愿意接受他的离婚，愿意接受他的新婚。

不管是在林徽因的故事里，还是在陆小曼的故事里，我们总能看到这个淡定的女子的影子。本来，她应该是一个幽怨的背景，可她的性情，却让她们只能仰视她。这是插曲了。

得到张幼仪的首肯，陆小曼依然还是不顺利。她的性子，她的习惯，还有她在徐志摩面前的娇情，都让徐家父母难以接受。她一点也没有传统女子的娇羞，反而毫不掩饰地和徐志摩耳鬓厮磨，就连上楼，也敢当着老人的面娇声说："志摩，抱我上楼。"

徐父首先怒了，他毫不掩饰对陆小曼的厌恶，远走上海。然后又电召夫人，也来上海团聚，最后两人从上海奔北京，投奔他们的儿媳，现在的女儿，张幼仪去了。

他们走了，留下一屋的寂静，短暂的难堪之后，倒是自在。不用看眼色，不用揣摩心思，眼前只有一个情深意长的情郎，清爽爽的全是赏心乐事，脚下是淳朴的乡村土地，浓稠稠的全是自然香。

早晨一睁眼，是带着香露的玫瑰花，晚上睡前，是温馨的暖床呵被。阳光下，他们共育花草，冷月里，他们窗前相拥。神仙眷侣，大概也就是这个样子吧，草香人远，清涧丁零。

然而，爱，就是消磨爱的过程。两人都不适柴米油盐，但生活琐事却交迫着追到眼前。徐父因看不惯陆而断了两人的经济，徐志摩不得不四处奔波，多赚一些钱。此时的小曼，却还做着春花秋月的梦，还享受着自由懒散的主权。依然是打牌、听戏，依然不视柴米油盐。

小曼的人生，其实一直没有找到自己的方向。没有徐志摩，她大概一生暗淡，只是一个游弋的红墙官夫人。有了徐志摩，她却把那爱情当作了人生的方向，当作了她可以享受的资本。

徐志摩还是宠着他的，陪着她做戏，陪着她作乐，陪着她把那浪漫玩到天真无邪，玩到地老天荒。然而哪有地老天荒，有的只是割着皮肤的时间沧桑。一点点，磨蚀，磨蚀，磨蚀他们的新鲜感，磨蚀他们曾经轰动一时的爱情。

她像是没良心的满月，一点点变幻成半圆，蜷成钩镰，又缺成蛾眉新月，把自己的缺点任性而决绝地暴露出来，贪玩，懒散，而又没有生活志向，甚至还添了吸烟片的新问题。

慢慢地，他也倦了，两个互相和应的灵魂远了，娇宠她的志趣也变了，他反倒比她有了一丝烟火气，他希望她不再做小儿的游玩之态，能专心做点像样的事情，能过点像样的生活。

他态度的改变，不但没有改掉她的积习，反而又让她添了嗔怨。她说："他所憧憬的爱，最好处于可望而不可及的境地，是一种虚无缥缈的爱。一旦与心爱的女友结了婚，幻想泯灭了，热情没有了，生活便变成白开水，淡而无味。"

她完全没有发觉，自己的一切，正在朝着众人预示的那样——不会有什么好的结果——一点点滑去。

尽管嗔怨，她还是恣肆地挥霍着青春，享受着诗人太太的诗意生活。直到晴天霹雳，直到天柱崩塌。

四、百无聊赖强欢颜

药成碧海难奔

残月馊风，灯淡香烬，慢思量，一点一点愁人眼。风高浪险，片帆难行，破碎成，一丝一丝悔者心。

失去志摩的最初，小曼一定是把着时间的手柄，赖着命运的臂膀，想要重新回到过去，回到那幸福的曾经。她也一定在发誓，她可以放弃她的一切毛病，为此，她可以满足他的一切要求。然而，改变自己都难，又赖何以去改变生死、回到过去呢？大概唯有漫天的回忆，才能让她寻回过往的迷情。

那时候，他们住在上海，而徐志摩的工作在南京，他不得不两地奔走。后来他应胡适邀请去了北京，邀小曼到北京去定居，而小曼还是任性地要在上海玩耍，要享受夜上海的恣肆生活，他还是两地奔走。

爱淡了，家还是不能丢。可是回到家里，还有什么呢？一个抽烟片的"烟花"女，一个爱吵架的懒散妇？这哪里还是他爱着的小曼呢？这哪里还是他曾经幻想的家庭呢？他心灰了，但还是在劝着。她意冷了，这个啰哩啰嗦的男人，还哪里是那个风情万种的诗人？哪里还是那个全心娇宠她的丈夫呢？

她听不见他在说什么，只觉得脑子里是空的，心是颤的，她猛地抓起手中的烟枪，朝着他滴溜溜地掷过去，一片金丝眼镜掉落。她这才猛地醒了。她看到颤抖的他，脸色渐渐转白。她的心也醒了，就在一刹那，一丝凉意，伴着忏悔飞上心头。然而，他不等她张口，转身就走了。这一走，居然就是走穿生命，走到尽头。

这天是1931年11月18日，他到了南京，得知第二天晚上林徽因在北京协和小礼堂向外宾作关于中国古代建筑的讲演。他本是不想走的，尽管生了大大的气，但还是惦着小曼，他给她寄了人生最后一封信："徐州有大雾，头痛不想走了，准备返沪。"

然而他食言了，19日，他搭乘了一架邮政机飞往北京。就在飞机到山东党家庄时，忽遇大雾，飞机触山而坠，烈火，残片乱飞，一代诗魂在焦灰中羽化飞升。

他轻轻地走了，走到那真的只有爱没有烦恼的晴空，走到那全是温柔全是香草全是风月的清虚。携一朵云，弹一指风，轻步广寒宫，虚无缥缈，全是柔情。

他解放了吗？如果是的话，他的解放，是以囚禁小曼为代价的。当听到噩耗的时候，小曼整个人都冻住了。郁达夫形容她是"目瞪口呆，僵若木鸡"。她当然是不相信的，刚刚还在眼前争吵，怎么转眼就魂飞天外？

生活本来就在眼前，扶摸着她的激情，挑逗着她的稚气。可怎么忽然就转到背后，挑了她的足筋，断了她的血脉？把她做了人彘，还要投进厕井？

这怎么可能？

然而，生活的陷阱，已经步成。走，是陷阱，不走，还是陷阱。

哭摩泪湿青衣襟

三生定许，忽孤鸿单雁，哪堪寂寞芳菲凋零。

失去徐志摩的陆小曼，大概用什么"椎心泣血"、"撕心裂肺"这样的词也还是表达不了她的内心之痛的吧。她说："苍天给我这一霹雳直打得我满身麻木得连哭都哭不出来，混（浑）身只是一阵阵的麻木。"

昏沉沉间，偶尔能看到他的脸，恍恍惚惚，还带着临走时的一点怨气，也还带着对他娇宠时的满脸温馨。伸手去要抓住他，却不过是一团空影，什么都没有，什么都没有。这才知道，"知道你是真的与我永别了"。

可怎么好，可怎么好啊！

寒月侵窗影，薄衣衫，冻香肩。你看不到吗？看不到这寒冷在僵化这可人儿吗？快来吧，借你那如火的胸膛，暖一暖这如冰的情影，暖一暖这死亡的灵魂。可是你好狠心，月影徘徊，却不见你的影子到来，你真是要比这寒月还要薄情啊。

陆小曼该有多少话要和徐志摩说啊，可是"我深信世界上怕没有可以描写得出我现在心中如何悲痛的一枝笔。不要说我自己这枝轻易也不能动的一枝。可是除此我更无可以泄我满怀伤怨的心的机会了，我希望摩的灵魂也来帮我一帮。"

不思量，是痛，忆从前，还是痛，痛，没完没了的痛。"从前听人说起'心痛'我老笑他们虚伪，我想人的心怎么觉得痛，这不过说说好玩而已，谁知道我今天才真的尝着这一阵阵心中绞痛似的味儿了。"

没有尝过心的绞痛滋味的人，是不懂的，不爱徐志摩的人，是不懂的，不懂陆小曼的人，是不痛的。

如暴走之人，于顶峰腾空翻落，却坠深谷，英雄走；如怒放之鲜花，遭一夜之暴雨，红湿满地凄凉，香不再。再没有什么比这样的惩罚更狠的了吧？也没有什么比这个更让人悲凉的吧。

想来想去，还是觉得不可能。这个心骄气傲的小曼，终于低声下气地问道："摩，你是不是真的忍心永远地抛弃我了么？你从前不是说你我最后的呼吸也须要连在一起才不负你我相爱之情么？你为什么不早些告诉我是要飞去呢？"

从前，从前，低声下气的，一直是你，如今换了，换了她，换了她这样对你，可你怎么忍心连个笑脸也不现。你真的好狠！不过，即使你是狠心的，也好，她还是愿意原谅你，只要你能够回来。你听，她在悄声对你说：

"直到如今我还是不信你真的是飞了，我还是在这儿天天盼着你回来陪我呢，你快点将未了的事情办一下，来同我一同去到云外优游去吧，你不要一个人在外逍遥，忘记了闺中还有我等着呢！"

你真的能回来吗？

不，你一定能回来的！

回来吧！

千呼万唤，梦醒微澜，帘影飘动，可是你？可是你？飞鸟忽惊，云遮日影，可是你？可是你？没有你的白日，所有的呼吸里都夹杂着思念的痛，没有你的夜晚，漫天的星斗也写不满对你思念的痛。

你所有的好，所有的温柔，所有的才情，所有的所有的所有的，全都回来了，可是唯独你没有回来。

你到底去了哪里？是谁牵绊住了你的脚步？

无边落石萧萧下

那思念之痛足以毁掉她的容颜，那怀念之苦，足以吃掉她的青春美貌。可这些居然还不够，上天又把所有的责难都加在小曼的头上。

徐父连小曼上门奔丧都不许，生前，他和她耳鬓厮磨，死后，她连他的最后一面也见不得。他们骂她，说是她害了他，是她不肯去北京，使他不得不两地奔波；是她，一味奢华，让他不得不四处奔走赚钱……

在他和她相爱的时候，她在世人面前已经一无是处，可好在还有他，还有他的怜爱。那爱，就是铜墙铁壁，可以阻挡世界上一切的一切，厌恶、怒骂、诅咒，还有灾难。可是如今，这铜墙铁壁也塌了，还砸在了她的身上，她不但要承担失去他的痛，还要承担别人失去他的痛。

徐家如此，已经让小曼心力交瘁，而徐志摩的朋友们也在此时个个与她断了联系，更是雪上加霜，让她心灰意冷。一千个钢针扎过来，一万个麻刺刺过来，思维一点点蔓延开死亡，神经一寸寸蔓延开木呆。

救命的稻草啊，一个都没有。

可是她还不能死，她还有老母要抚养，她不能麻，她还得活下去啊。可就在一刹那，这逍遥仙子终于明白了尘埃的意义，明白了柴米油盐。徐走了，她靠什么生活？她的一生，也就在这一瞬间，有了一点点的烟火气。

找亲戚，拜朋友，终于说动徐父，每月给她一些微薄的生活费用。就在那一刹那，她大概明白了她真正的身份角色，她不是仙子，她，只是一个凡妇。如果是凡人，那么凡间的俗事，她就应该承担，满面尘灰，也是理所应当啊。

那之后的日子，生活的艰难，世俗的责难，从来没有离开过她。可是她硬着咬着牙，不作声，面对一切，虔诚地接受该有的和不该有的惩罚。

徐志摩死后，陆小曼再无春天。从前恣肆的一切，都化成冰刀，在之后的时间内，一刀一刀，慢慢刻划着她的神经，她的心。她不再任性，她终于放下了身段，要慢慢品味真正的生活味道了。

回首往事，北海公园的婚礼，那也算是一段佳话吧，可如今，一切都是梦魇，在暗夜里，张着一双金绿色的眼，逡巡着，似近非近。

五、烟花散尽人孤独

藤蔓依墙，寂寞不开

小窗残酒，榻上浓烟，夜也寒，梦也难。皓腕粉颈，都付与尘烟，还有什么可言传。

刹那梦醒之后，小曼其实还是糊涂着。无依无靠，无着无落，这个她不屑一顾的社会，终于有了报复的机会，把所有的重负一并加在她的身上，让她一时还找不到活下去的路。

处处是悬崖峭壁，处处是陷阱泥坑，她不敢远看，也无法近听。没奈何，只得继续慵卧暗榻，在浓烟中消磨自己。

教会她吸食鸦片的，是一个叫翁瑞午的人。他是一个文化掮客，因为父亲以画鸣世，他就附庸风雅，言必及书画，谈必吐诗词。但文化人是看不惯他的，胡适就把他当成一个"自负风雅的俗子"。

翁瑞午很喜欢陆小曼，在她还是徐夫人的时候，他就已经拜在了她的石榴裙下。小曼喜画作，他家中鼎彝书画累筐盈橱，随手一卷，都是上品，投陆所好，自然很是容易。

他和她的关系很近，就像林徽因和金岳霖一样。可是大家对林徽因却有诸多的宽容，而对陆小曼，则再一次把她打入荡妇之列。小曼不在乎，她是不落世俗的，她也因此才不为世俗所容。

徐志摩没后，翁瑞午走得就更近了。那时的小曼，真真是上天无路入地无门，在鸦片的云雾之中，更是失了自己。对翁瑞午的好言软语，全盘接纳，以抚慰自己那颗麻木难以复苏的心。

不久，小曼就收到了徐父的来信：如果你已经和翁君同居，那么我就不再负责生活费用。五雷轰顶一样的言词，断绝生路一样的语句啊。

小曼是绝倒尘埃了。翁瑞午知道后，大怒，拍着胸脯对小曼说："今后，我就负责你的全部。"自此，他真做了小曼的护身符，一直疼护她到老。

和徐家是彻底地断了，身边虽有几个很好的朋友，但几乎没有人喜欢翁瑞午。胡适不喜欢，赵家璧不喜欢，赵清阁也还是不喜欢。他们纷纷劝她，让她不要接受这个人。胡适甚至提出，只要她离开他，他愿意承担她的一切。

胡适，一直生活在小曼的周围。在丝丝缕缕的细节处，都有这个人出现。尽管他有一个将他管得服服帖帖的妻子，他最后还是说出了这样的话，他的用意很明显，想要把握最后一次机会。

然而，小曼婉拒了。大多数人诟病，小曼是一个很随便的女人，但其实她有着自己的原则。在她最最艰难的时段，伸出手救她的，是翁瑞午，因此，她决不能弃他而不顾。

她依了他，却并不想毁他。她跟他约法三章："他不能抛弃发妻，她和他不能正式结婚。"这是她对生命致敬的坦率表达，也是她对爱情致敬的一种无奈表达。

轰轰烈烈的，那个，是爱情，也是绝情。一生，一次，足矣。

浑浑噩噩中年日

清镜照清影，残灯风灭冷。

没有爱情，没有家庭，也就没有了生活。名流宴会里找不到她，戏剧舞台上看不到她，就连朋友的聊天聚会，也少了她的影子。她关起门来，躲进自己的角落，吸着鸦片，消磨着还很光艳的青春。青春是无用的了，没有了爱情，青春还拿来做什么？

宋子安（宋美龄的弟弟）来找过她，想要请她吃饭，她婉然拒绝了。她已经不是交际花，她从来也不是交际花。如果她真是交际花，那她完全没有必要如此清苦。从前的她，只是喜欢玩乐罢了，从前的她，一直活得像个孩子，任性而又快乐，可是如今，孩子的性灵走了，随着她的他走了，她什么都不剩了，那玩乐的心也就淡了。

她也放下了曾经的高傲，也懈怠了过往的叛逆，历史，有时候在现实面前不堪一击，但也只有握住历史上的一点温暖，她才能挡住腔子里往外散逸的那口气。她，是完全沉浸到阴暗里去了。

而她依赖的那个他，当年信誓旦旦的翁瑞午，在经过了几许岁月后，也轻慢了许多。他还是住在她的楼下，他也还是能为她推揉捏拿，他也还是保持着为她讲笑话的习惯，可是他的心思多少有些恍惚，他的神情，也是跳动飘忽的。

她内心慢慢明白，他不是可以关在一个门里的人，但是她不动声色。他不是她的他，也就由不得她，实际上，她也不想约束他。

其实早在她决定依附于他的时候，她就已经知道自己的这一种命运，她是认定了这样一种命运的，不唯此，如何表达她诚意接受上天的惩罚？

不久，他就带回来一个女婴，那是他的私生女。他的家，是不接纳这个孩子的。看到孩子，小曼没有恼怒，反而有些惊喜。

她轻抚着她的头，恍惚间，她想起当年和徐志摩结婚之前，她已经有了王庚的骨肉，可在爱情和孩子面前，她还是选择了前者，堕了胎，那时候的她，爱情至高。而此时，人去楼空，爱早抛锚，她忽然怀念起那个小生命来。那个本可以和她维系最深的生命，居然让自己无情地就掐灭了魂魄。不由地，就是一生哀叹，怅惘。

她给孩子取名小毛头，尽心尽意地做起了母亲。他慢慢老了，也终于安定下来。这时候，两人倒认真做起了夫妻。他的软言温语也多了起来。然而此时，他是残灯明灭间，是他该依靠她的时候了。

老来独自显风流

一个乱世，一个美女，一个思想。三个简单的词汇，往往会编织出很多意境的故事。在小曼的故事里，这三个词的碰撞就更如电光火石、星光四射。

在追求自由的婚姻上，她那样刚烈，无所顾忌；可是在追求女性独立的战斗中，她却那样软弱，战斗还没有打响，她就已经降心相从。

在无数谩骂的声音里，还是夹杂着啧啧的惋惜。一个富家女，一个才女，一个美女，怎么就会落到这步田地？完全不应该嘛。

于是，很多人找上门来，要她重新振作起精神来，靠自己独立生活。胡适再一次劝说，还再一次提出负责。小曼又一次拒绝。赵家璧、赵清阁也来劝说，他们决然地让小曼离开翁瑞午。

独立的生活到底会怎样，小曼终于有些好奇了。她拿起了尘封已久的画笔，寻找那曾经的美好世界，寻找那让她怦动的时光。陈腐的岁月啊，终于流转起来，猛抬头，居然还是当年俊俏模样。

尽管还是陈暗的角落，可是她的画作还是获得了很多人的认可。特别是上海市长陈毅偶然欣赏了她的一幅画作之后，大加赞赏，得知她是一个孤独老人后，特批她做了上海文史馆馆员。她居然就这样独立了，没有往昔的风光，可也还不算落寞。

这时的她，还是有些陶醉了。几十年的封存，几十年的沉闷，一朝打破，天就亮了。可惜，已是美人迟暮。

她是独立了。但翁瑞午没有走。有人厌恶地要赶走他，她不许。他对她，没有爱情的意义，可是有一种相依的温存。他，已经是她的亲人了。他，是她最终的归宿。

烟花灭，一切归于寂静时，那份散漫的安然显得极其惊心。翁瑞午，这个男人，不管他是以怎样的心境宠了她，也不管他用多么恶劣的方法弃过她。他已经嵌进她的生活，那才真正是你中有我，我中有你了。

时光漫漫，光艳的青春和衰色的老年挤压在了一起，鸡零狗碎的粘贴画，被岁月拍打成薄薄的一片，一点点，残片，一张张，却也浑圆。酸甜苦辣还不都是生活，仿佛有晴、无晴都是天，有月无月都是夜，漫长长的，只有安然……

翁瑞午曾经开过这样的玩笑，他说陆小曼是海陆空大元帅。所谓陆，当然指王庚，他是陆军少将，所谓空，是徐志摩，空难的空，而他则是海，是海军少将。

说是嘲讽，也是嘲讽，说是践踏，也可以是践踏，但陆小曼听着，听着，面无表情，也不反驳，也没心酸，更无愠怒。灰尘飞扬的日子，头发上粘一点点蛛网，是看不见的。

是无奈，也是一种麻木的淡然。

她是烟花，要的就是一瞬间的灿烂。生活不要被拉长，一旦拉长，那所有的空间，一定会被漠然填满。她的漠然，生活的漠然，一切一切，都是漠然。

第三章
满腹才情多凄美——张爱玲

　　她，无花可与之相比，无词可将之尽言，只是临山孤傲，遇水清凉。其实，她从来不拒绝世俗，还裹挟着烟尘，滚滚而来。你看她，出名之心大有，利益之欲满怀。

　　年少轻狂之时，她可以毫无顾忌地叫嚣：出名要趁早。才出财进之后，她又决不肯让自己的财富被无端消磨半分。她守着自己的原则，却一跤绊倒在别人的世故里。她精明于爱情写作，却轰然踏进笔端故事的悲剧陷阱之中。

她的血如此之冷，倾城的痛苦纵然伴随着国仇家恨，在她，也不过是斑斑血点染就的桃花扇，扇起的，是那秋月下之春风。但她的情又是如此之浓，一网深情之重，却不顾被痛打的"落水狗"之轻。其境况江河日下又怎样，被世人口诛笔伐又如何，一而背叛再而背叛三而背叛又算得了什么。她孤冷得那样绝情，却又火热得那样卑微。她活在自己的才华里，也将自己浇筑在才气之中，出离不得。

家族的背景，少年的不幸，让她极想善待自己，但冷傲的性情，却总是让她将自己置于最尴尬的境地。她坐在自己的古井中，一幅一幅，一帧一帧，自信而快意地描摹着外面的世界，却独独把自己撇在世界的外面，一任冷雨清风毫不留情。说到底，她不过是一个极易受伤的小女人，繁华之千帆过尽，孤寂时月上梢头，冷冷清清。

然岁月让年华飘零，历史却让才情沉淀。只是，当今日之小资女将她作为楷模时，不知她知道后，会不会报以别样的薄情？

私人档案

中 文 名： 张爱玲

外 文 名： Eileen Chang

曾 用 名： 张煐（父母取名）

民 　 族： 汉族

血 　 型： A

星 　 座： 天秤座

出 生 地： 中国上海

出生日期： 1920 年 9 月 30 日

逝世日期： 1995 年 9 月 8 日

家世背景： 祖父张佩纶是清末名臣，祖母李菊藕是朝廷重臣李鸿章的长女。

婚姻状况： 1944 年，与胡兰成结婚，1947 年离婚；1956 年，与 65 岁的美国人赖雅结婚。1967 年，赖雅去世。此后，张爱玲一直一个人生活。

职 　 业： 作家

流 　 派： 海派作家

毕业院校： 香港大学和圣约翰大学（皆辍学）

主要成就： 一生创作大量的文学作品

代表作品：《金锁记》、《倾城之恋》、《半生缘》、《红玫瑰与白玫瑰》。

经典语录：女人一旦爱上一个男人，如赐予女人的一杯毒酒，心甘情愿的以一种最美的姿势一饮而尽，一切的心都交了出去，生死度外！

也许每一个男子全都有过这样的两个女人，至少两个。娶了红玫瑰，久而久之，红的变了墙上的一抹蚊子血，白的还是"窗前明月光"；娶了白玫瑰，白的便是衣服上的一粒饭粘子，红的却是心口上的一颗朱砂痣。

一、昔年煊赫旧家声

人面已去，追问当年，缘何笔锋冷

冰轮初上，桂华渐满，云敛晴空，清光泄万里，然只一夕。一夕而尽，夕夕得缺，只剩残照，犹道不如初，让人叹不住。

怜爱爱玲，曾经那么高傲自矜，也浓墨重彩，于锣鼓铿锵处，名声响彻万里云霄，忽而又落魄销魂，辗转红尘，如桃花零落，成泥。

她，善于把握命运，年少轻狂时，就能肆意把玩文字。于浅吟低笑中，即描了人，也画了鬼，似乎力邀风月，其实却是了却无情。

在她的文章里，人的野性，总是喷薄不断，向旷野处狂奔，也在高楼大厦中流窜。那纯善的美好，倒显得多余。人，是人的模样，心，却是向着鬼魅而生的。如此荒唐着，也极力分辩着，分辨着。说到最后，连自己也弄不清。到底哪里是清，哪里是浊？哪里如人，哪里像鬼？

若认真思量去，只有那散落的浊污里，才敢于隐藏人性的美好。薇龙曾说："我爱你，关你什么事？千怪万怪，也怪不到你身上去。"（来自《沉香屑·第一炉香》）一句话，让所有恨着薇龙、鄙视着薇龙的读者，瞬间心疼不已，忍不住要把她作为巾帼伟丈夫，敬上一敬。

在她的笔下，清丽婉约之人，往往把一襟芳思，都付与非人，纵是剔透玲珑之辈，于娇艳时，也多没入清冷凄切的滞涩愁苦之中，一如那曹七巧。

也有那歪打正着的，却也都是在地狱里进进出出，几番流转，终于熬到了日出花开，也还不结果，继续心惊胆战，那与童话世界里王子和公主的幸福，是不沾边的。

她芳华正茂，既已头角峥嵘，却缘何满眼的凄凉，满纸的冷酷，这不能不让人思索：到底是什么，让她骨子里都浸透了凉寒？

她曾说："他们只静静地躺在我的血液里，等我死的时候再死一次。"的确如此，今日之事，总有旧日之因。那当年明月，又是如何将这广寒散于期间？这答案，唯有向历史问，也许，我们会寻得到那哀婉的出处。

历史的天空，月冷千秋

话说清朝末年，权倾朝野的重臣李鸿章，为掌上明珠李菊藕择婿。他既没有选择前途无量之辈，也没有选择与女儿年岁相当之少年，反而选择已过而立之年、已被充军、已配二妻的张佩纶。

这出乎意料的决定，打破了李菊藕对未来的全部美好憧憬。这，就是一条没落之路。原本生在簪缨之家，住凤阁龙楼，赏玉树琼枝，于笼纱淡月，泊浓情画舸，似是天长地自久，却是彩虹炫一时。真真是一棋错，满盘空。然而，这错棋，却不能重来过。

嫁与张佩纶后，虽老夫少妻，倒也有诗酒风流，只是夫君东山再起无望，竟在沉迷中蹉跎好时光。就连这好时光也是短暂，李菊藕尚在中年，张佩纶已撒手人寰，只留下一双儿女，与李菊藕共度余生。

37 岁就守寡的李菊藕，一人守着儿女苦熬。看着李氏亲属子侄，个个门庭光耀，唯有自己一支，却惨淡如斜阳，真格是独自凄凉无人问。年岁渐高，老来伤流景，万般情事，早已凉薄，唯有旧府家世，尚在记忆中，不由感叹："四十明朝过，犹为世网荣，蹉跎慕容色，煊赫旧家声。"

往事，如烟，并不如烟

历史晃人眼，自家前朝风光的历史，就更刺人眼。大多从煊赫堕落的贵族后裔，对前世的浮华都耿耿于怀，一定痛心疾首、暗下功夫，欲重铸江山而后快，李菊藕把自己的一腔幽怨，都化作教育的动力，对儿子张廷重寄予厚望，严词厉色，责之切切。

然而李菊藕哪里知道，她借以重塑历史的儿子，却只会顾影自怜。越是愁闷，越是无计可施，就越是想于颓然中取乐。这没落之家，又添残折顶梁柱。倒是女儿张茂源，李菊藕对之管束甚少，反而得自由之风，更有一种进取的意兴。这是后话。

似这般，前朝已然繁华落，虽不致断壁残垣，却也难免让人意兴阑珊。到得张廷重成年，又遭遇风云突变，时代变更，贵族成遗少，那凌云壮志，全都落空。倒是奢靡遗风，消散不易，磨蚀了那俊逸风骨，辜负了那满腹才华。

想那张廷重，未必不想力挽狂澜，然东风无力，西风已远，心力不堪。纵有点点才气，怎奈无人识，自己也无精神，兴致颓然。唯有眼睁睁看荣华没去，连感风吟月，也是软绵绵，全无傲骨。

加之殷殷之人已故，无人约束，这贵族遗少，就更没有体统。入则深宅巨落，斜倚红床，喷云吐雾，出则青楼妓院，醉卧纱绸，红藕花中。纵是美女娇妻，也劝不住，连那膝下小儿情趣，也懒得去听。已是穷途，却更入末路。

牢笼破，有彩凤飞

既然劝不住，就只有离婚一条路。这离婚的，一个是张爱玲的父亲，张廷重，一个是张爱玲的母亲，黄逸梵。

张爱玲很小的时候，母亲黄逸梵就和父亲离了婚。母亲前脚刚走，父亲就把堂子里的女人接进了家门。失母的孩子，还没有来得及回味悲伤，就被父亲强压着享受他的新生活了。父亲曾问张爱玲："喜欢姨娘吗？"她扑闪着眼睛，说："喜欢。"

天知道什么叫喜欢，应景的话，最作不得数。这倒不是她诡，是她诡不过。小儿最是稚嫩，连伸过来一个枣核也要舔一舔。枣核不同于枣，没有味道不说，在嘴中润久了，核尖会越加锋利，必会伤舌。张爱玲和继母的摩擦，是避免不了的。

17岁那年，张爱玲的母亲又从国外回来了，黄逸梵此次回国的目的，是要带张爱玲出国，张廷重自是不许。不过，母亲的归来，引得张爱玲三天两头往母亲处跑。

这举动，本是无心，却成了她父亲心中的暗刺。继母更是如鲠在喉，她说："我养着你，你母亲离了婚还要干涉你们家的事。既然放不下这里，为什么不回来？可惜迟了一步，回来只好做姨太太！"这样的嘲讽，让本就对继母心怀怨恨的张爱玲，对之更恨几分。

叛逆的她，更直接也更大胆地表达对母亲的崇拜。这惹急了父亲和继母，他们决定出手了。

这一出手，就带着杀气，他们把张爱玲软禁在阁楼里，不许和任何人接触，还对她拳脚相加。

即使后来得了痢疾，两人也不予医治。大概是真想让这朝向光明的生命，就此淹没在暗寂之中。要不是伺候张爱玲的仆人何干求情，一代才女，恐怕早已命赴黄泉了。

父亲终于来看女儿了，还带来了医药。张爱玲的命也终于保住了，可是自此，父女俩的感情，却永远地割断了。

身体恢复后，张爱玲迅速找到一个机会，逃脱了张府。没多久，《大美晚报》（张廷重经常订阅的报纸）就把张爱玲的这一遭遇变成了耸动视听的新闻，他们启用了张爱玲用英文写成的文章，那字里行间，不知道有多少仇恨，就看那标题，字字都是火炮炸药，带着强悍的报复色彩，"What a life! What a-girl′s life!（这是怎么样的生活！这是一个姑娘怎样的生活！）"

即使时过境迁，张爱玲对父亲和继母的仇恨，依然不减当年。在她红极一时时，还忍不住把被关押这件事又细描了一遍，只是此时，她的报复心已经淡了，那跳脱出命运的灵魂，站在身体的上空，不动声色，或者说冷酷地阅览着历史，欣赏着自己的被虐，也庆幸着逃走的机智，然后为自己打上一个别样的标志。

如此种种，皆成过往。但种种过往，却一点点沉积下来，凝固到张爱玲的思想深处。正像张爱玲所说，祖父、祖母、父亲、母亲，还有继母，这些人，一直存在她的血液里。在她活着的时候，他们绑架着她，胁迫着她，品味人生，爱与恨，情与仇，没完没了。也唯有她的生命终了，这些过往，才会淡定地走远，到更深的历史背景中，成为别人解读张爱玲的资料。

这显赫的旧家声啊，爱它，它无动于衷，恨它，它也不形于色，只是在那远处，如鼓点般敲着，疾疾，徐徐，时而让人心痒难耐，时而又让人沮丧颓废，时而又让人振奋雀跃。让后代想拿，拿不起，想放，却也放不下。

只是，现在，人们一提到张爱玲，还是会忍不住说，哦，她是李鸿章的重外孙女。

又是这显赫旧家声！

二、青草不经三春晖

千恩万爱，化成离人泪

纵是庭院萧条，落斜风细雨，若慈母在，就是安居安稳，然她恐怕不得。她的母亲，是一代奇女子，但她只欣赏着她自己的冷香炙愿，却顾不得蓬头稚子的清冷岁月。

在显赫旧家声阴影下"藏着"的父亲，是张爱玲一生之痛。

她的母亲，本来应该是她一生等待着的惊喜，然而她给她的，却是惊吓。

就像夜半楼上扔下了第一只靴子，让人不由不紧张等待第二只靴子的降落。本来，它应该迟迟不落，徒然摄人心魂。然而，在张爱玲的生命中，这第二只靴子，是和第一只靴子同时降落的。那声音造成的巨响，让张爱玲这一生，都活在惊恐之中。扔下第二只靴子的，不是她的父亲，是她的母亲黄逸梵。

都说寸草若生心，不忘报答三春之晖。然而张爱玲对母亲的感情，却多少有些冷漠。这冷漠，是不得而放弃的绝望。张爱玲曾经热烈地从死亡边缘，奔向母亲的怀抱，然而母亲，对她却是百般不耐。尽管如此，黄逸梵，曾经是张爱玲的整个世界，后来还是她的全部世界观。

其实，母亲，也有柔情暖意，女儿，也曾小鸟依人。然而这只是久别重逢的一瞬，镀在各自身上，打上薄薄的一层爱。就是这爱，那上面贴着的，也不是温柔，而是看不见的细小荆棘，稍不留意，就落得个母女俱伤。

大概因为母亲不是她最安心的依靠，她笔下的母亲，也多没有贴心的温暖。有的，甚至阴森如鬼魅。最典型的，就该是曹七巧了，"三十年来她戴着黄金的枷。她用那沉重的枷角劈杀了几个人，没死的也送了半条命。"受害最深的，就包括她的儿子、女儿，"她知道她们恨毒了她"，然而只是知道。

曹七巧毒害儿女的利器，同时是毒害她自己一生的钝器。它明晃晃的，做出一副诱人的姿态来，待得七巧靠进前来，它就指挥她，东砍西杀。

那么，这黄金枷，是否也曾做成诱惑，迷了黄逸梵呢？

这只是不识真相的人的一种猜测。但作为母亲，黄逸梵对张爱玲的爱，是欠缺的，这是不争的事实。

飘逸地行走，净修梵行

她是那如花美眷，徘徊低语河畔，顾盼神飞：流离之子在何方？踏进流年，浑然发现，一方暗影，浓雾黑烟。

张爱玲的母亲，原名黄素琼，是清末长江七省水师提督黄翼升的孙女，出于贵族，长于豪门，养于深闺，教于传统。她裹了小脚，不读书习字，却最喜学校，着意追赶风潮。

初嫁时，郎是金童，妾是玉女，羡煞旁人。谁知几度春秋后，夫妻欢意少，对面语无多。如此这般光景，才知所托非人，幽怨不已。都说佳人若遇纨绔，人生何谈幸福？

遥想当年未嫁时，虽不懂诗词歌赋，却也极富浪漫，本希望绝美的绽放，谁知却不过是于阴暗处苟活，自是心不甘，情不愿，一定要挣扎出这命运的罗网，看看外面世界的模样。

恰五四春风吹来，自由、民主之风越来越盛，新女性不再满足于从属地位，而更执着于追求自由、平等。

受此影响的黄素琼更加不愿意把美好的青春葬送在这霉锈的深宅大院，于是，在小姑张茂源出国留学时，她以监护人的名义陪读，抛家舍子，远走他乡。

这个身未动，心已走远的女子，在前往英伦的客船时，给自己取了一个名字，"黄逸梵"，这是她的人生姿态，飘逸地行走，修得一颗清净之心。

然而，她修的，不是清净，是离苦。这样激荡着的胸怀，这样跳跃着的灵魂，如何净修梵行呢？

母别子，子别母，小楼夜夜东风

人已去，楼未空，深重阴冷的落魄贵族院落中，还有张爱玲和张子静姐弟俩咿呀学语，在那浓重的阴影里，顾盼着母亲归来。

初时，母亲，还是张爱玲心中的女神，她温柔、诗意、卓尔不群，像一缕春风，轻启珠帘，送进温暖，又像仙女，不食人间烟火。

在深深庭院中寂寞徘徊的小爱玲，把仆人们说不清是尊重还是不解的关于母亲的传说，附上金边，瞄上重影，供奉在心中，慰藉那颗敏感而失重的童心。

四年的旅居生活结束，从欧洲回转的黄逸梵，也曾经想要给与姐弟俩错失的母爱。那时的她，定是满腔热情，双脚落定，就想要将这深宅里蓄积已久的陈腐，全都驱将出去。就是角角落落，也都清清静静。再用英伦风，上下熏洗，还人性一个完满的西洋自由。

那时爱玲8岁，初露才情。本是无忧年纪，加之母亲归来，女神降临，该是何等的兴奋。黄逸梵也是兴奋着的，她把学得的十八般武艺，一股脑地灌注给女儿。她教女儿画画，带女儿弹钢琴，和女儿一起养花养狗，还和女儿说解英文。

即使频于应付母亲的调教，小爱玲也必定是快乐的。春天的脚步，眼看着近了，又近了。然而这一切不过是假象。

黄逸梵和张廷重，一个是固定陈旧的画屏，一年旧似一年，一个是展翅欲飞的青鸟，心心念念都是蓝天。她可以落于画屏，却不愿意成为和画屏一样的背景，永远陈旧下去。她终究是要飞走的。

　　只不过，在飞走之前，她对画屏，还是有些眷恋。亦或者，她眷恋的，是画屏上自己曾经栖息的旧巢，还有那旧巢里遗落的羽毛。因此，她是要斗争一番的，和张廷重斗，也和自己斗。

　　凡是斗争，都有牺牲。酸腐堕落，本如重灰沉粉，扑打不得，否则，灰粉乱飞，必要迷人眼，呛肺腑。

　　那凝固在暗影里卧着烟枪的贵族遗少，对这新女性的激情益然，也怀着一丝喜悦。但他把自己作为局外人，冷眼欣赏倒是可以，要真是放到自己的头上，惰性使然，自是百般不情愿。

　　斗争的结果，不过是再次验证原来结论的正确性。黄逸梵心灰意冷，终于决定离巢。君在旧世界里，待腐烂，妾向新世界，竟风流。

　　一双小儿还没有欣喜多久，就又迎来了母亲的远走。这一回不比上回，这次是永不回头，连归期之盼也省了，干干脆脆。她，只顾自己伤心欲绝，没有看见一双小儿肝肠寸断。

　　父母的离异，小爱玲虽然不懂，但看着近到眼前的美好，豁然间化为清风，美好的愿景，碎了一地。

　　而母亲一走，父亲马上把堂子里的女人带回家中，本就阴冷的氛围，又加了一重暗沉。伤心事，无人与之诉说，唯有静默，渐成孤僻。这孤僻，终成她一生的性情。

阳光好处，别有纤纤阴

身不能至，然心向往之。这是少年张爱玲对母亲的情怀。从张家出来后不久，母亲就又远渡重洋。儿女面前的空白，不知道填补成了何人的精美画卷。张爱玲猜测着，却还是对她充满依恋。

张爱玲17岁那年，黄逸梵再返故土。嫩枝现新芽，欣喜阳光，爱慕雨露。而此时的母亲，既是阳光，也是雨露。而父亲、继母、老宅，是一潭死水，她也想像母亲那样跳跃，离开暗沉。

她经常去母亲那里，听母亲说异国情怀、新潮观念，如饮甘露。那花园洋房里流动的风韵，让她心动，那随性浪漫的风情，让她神驰。一切至美，仿佛天都变了颜色，地也改了妆容。

然而一切未变，变的只是她的心，她背向父亲的心。这终于挑起了父亲的怒意，并随即引发了软禁、逃离这场人生重戏。

俱往矣，尘埃落定，张爱玲终于和母亲一起生活了，想来本该是世外桃源，然竟是另一番滋味。

在《天才梦》一文中，张爱玲写道："她教我做饭；用肥皂粉洗衣；练习行路的姿势；看人的眼色；点灯后记得拉上窗帘；照镜子研究面部神态；如果没有幽默天才，千万别说笑话。"

然而，经过这样一番事无巨细的调理，黄逸梵赫然发现，这个女儿，左也不是，右也不能，纵是万般调教，也没有一点自己年轻时的样子。

她不禁感到极度失望，"我懊悔从前小心看护你的伤寒症，"她告诉女儿，"我宁愿看你死，不愿看你活着使你自己处处受痛苦。"

纵是如此，张爱玲还是爱着母亲的。这爱，其实是自卑夹杂着憧憬做成的幻象。她爱的，或许并不是她真正的母亲。她在《流言》中写道：我一直用一种罗曼蒂克的爱，来爱着我的母亲的。飘忽不定的，幻想才最多，美好也才最容易编造。

其实，已经堕入经济困境的黄逸梵，虽然收留了女儿，但对于培育她成人，却不堪重负。张爱玲最后"为她的脾气磨难着，为自己的忘恩负义磨难着"，而这所有的磨难，居然只是因为张爱玲要向母亲伸手要钱，她要读书，她要长大。张爱玲说："那些琐碎的难堪，终于一点点毁了我的爱。"

这虚构的偶像似的母爱，似云烟一样，散了。多年以后，倒是落了地，化成了尘。想拾，纵然拾起来，也都变了。

三、夜半挑灯非功名

少年才，学不浅

雨润桃花，绿肥红瘦，正是好时光。纵晓风糊涂，漫卷黄沙，颜色依然遮不住，艳一路。

张爱玲的弟弟张子静说："她自小就展现出对文学的特殊兴味，灵敏慧黠，深得长辈喜爱。"在张子静的眼里，母亲黄逸梵喜欢姐姐更多一些，咿呀学语时，她就在她的床上，跟着她吟诗颂词。

7 岁，她已经铺纸研墨，一起笔，就有一股摧山撼岳的豪气：话说隋末唐初的时候……宏大的历史，时代的断面，她是不惧的。这才情，华丽丽地透纸而出，连父亲看得也笑了。

但他还是希望她只做个大家闺秀就好，再有才，请个私塾先生，也只需在家里施展才华。这是他的坚持，是他赖以生存的传统精神风骨。

因此，她 10 岁时，母亲黄逸梵一再要求让她去上学，父亲坚决不同意。直到黄逸梵"绑架式"地将她送进小学，她的文学之路才算有了像模像样的起点。

正值豆蔻年华，她未识愁滋味，却仿佛阅尽人间春色，笔墨深处，竟是整个人生。圣校年刊《凤藻》发表了她的处女作——《不幸的她》。12 岁的她，颇为老成地说："人生聚散，本是常事，我们总有藏着泪珠撒手的一天！"

后来，她又爱上了《红楼梦》。这时节，母亲远走他乡，继母冷淡，但父亲还有些许柔肠。看小女沉迷于研读《红楼梦》，也禁不住赞赏。

时光迷离成过往，纵然颓废，他也有自己没有开始、没有结束的红楼梦想。煊赫家世，豪奢旧生活，怎奈贵族末路，不过是南柯梦一场。他解其中味，自然有话说。

于是，小书房，女儿未梳妆，书声朗朗，不娇憨，却让老父柔肠百转。张爱玲的古典文艺功底很深，其实和张廷重不无关系。

中学毕业，她已文采斐然，笔锋更加老道。17 岁，她挥笔写就《霸王别姬》，比起华丽的辞藻，她的精巧构思，文章的深度，才更让人拍案叫绝。她的国文老师汪宏声甚至说：比郭沫若的《楚霸王之死》有过之而无不及。是否谬赞，每个读者心中都有数。

凤起蛟腾，入浅水一湾

啼鸟还知如许恨，料不啼清泪长啼血。和父亲诀别，让张爱玲把世界看得更加真切。但真切的社会总是冷的，能温暖她的，就只有自己的路，而她的路数，也只有勤学苦读。

她原来就设想好了自己的路："中学毕业后到英国去读大学……我要比林语堂还出风头，我要穿最别致的衣服，周游世界，在上海有自己的房子，过一种干脆利落的生活。"

父亲对她的软禁，大病抽丝，这场劫数，乱了她的头绪，乱了她的路数。

住到母亲那里，又是多如牛毛的琐事。光一个适应环境的教习，就让黄逸梵身心俱疲。母亲没有多少财产，衡量再三，问她："如果要早早嫁人的话，那就不必读书了，用学费来打扮自己，如果要继续读书，就没有钱来买衣服了。"张爱玲自然要选择学习。

拮据的黄逸梵，还是专门为她请来了家庭教师。没有二话，只有焚膏继晷、挑灯夜读，虽没有坐薪悬胆，却也绝对心无旁骛。

苦心人，天不负，她终于以远东地区第一名的成绩，考上了伦敦大学。却不料，时值第二次世界大战爆发，伦敦大学暂停招收留学生。张爱玲的出国梦，再次破灭。她被转往香港大学。

那也是一座陌生的城市，也许，有滞重的冷酷，但于此绝尘而去，却也称得上是一个美好的去处。

带着母亲留学时提的小手提箱，张爱玲上路了。天是碧的，地是暖的，心，也是快乐的，就连离别的伤情，都是轻落落的。

回头再看上海，灯红酒绿依然在，人影氤氲。亲近的情，带不走的，冷漠的恨，凝重在那，心，还是痛的。走吧，走个彻底，走到一个新的山头，那里总不会又是冷清新一秋。

果然，人未到，暖风熏，又是一重山水一重昏。她冷眼看着："望过去最触目的便是码头上围列着的巨型广告牌，红的，橘红的，粉红的，倒映在绿油油的海水里，一条条，一抹抹刺激性的犯冲的色素，窜上落下，在水底下厮杀得异常热闹。"

一样的繁华，一样的属于他人，她，还是要归属自己的落寞，还得自卑着自己的落魄，不过借一点繁华的滋味，调剂一下对未来的勾勒。

初到港大的日子，她还是忧郁的，思念不浓，但愁忧甚郁。她就是这样的性子，兴冲冲走向世界，越近却反而越无兴致，她真正爱的，还是自己内心的世界。

没有别的幻想，她便把全部的心思都用来读书。读到深处，恨不得把自己也嵌入书中，演绎书里人生。

可惜流年，蹉跎了学子之心

大学的日子是悠闲的。月下花前，正是好时节。女生，男生，在这里都忙着编织风花雪月，贵族、非贵族，在这里也都急于争宠新潮流。张爱玲是没有这样的闲心的，赴英的希望尚浮在空中，这里，只是中途，哪能闲过好时光。

还是挑灯夜读，还是刻苦努力。她唯一的快乐，来自好友炎樱，她喜欢她跳跃的灵性，她喜欢她率真的性情。

炎樱说："每一个蝴蝶都是从前的一朵花的鬼魂，回来寻找它自己。"为了这重归，为了这寻回，她们不知踏遍了多少花丛，不知道饱览了多少蝶舞。

除此而外，她就穿梭在仪礼堂、梅堂、陆佑堂的山径之间。瘦长寂寞的身影，惊不起一点遐思。没有凝眸处，也没有一段新愁。

她的学业始终是好的："能够揣摩每一个教授的心思，所以每一样功课总是考第一。"她为此而骄傲。

一年级时，上海黄氏兄弟（黄嘉德、黄嘉音）主编的《西风》杂志创办三周年征文比赛，张爱玲的《我的天才梦》获奖。

因为比赛限定字数，她只得了末奖，又看到头奖字数超出很多，心下愤愤，以至于后来她总认为"得奖这件事成了一只神经死了的蛀牙"，只有痛，没有任何兴奋可言。

但对文学的爱好，还是有增无减。在港大的日子里，她读过很多中外优秀名著。弥尔顿英文原版的《失乐园》，她读了一遍又一遍，直至背诵如流，依然难舍难弃。这使她的英文得到了迅速的提高。

几年间，张爱玲接连获得了两个奖学金。按校方的规定，照这样的成绩，毕业后就可以直接保送英国牛津大学深造。

可惜，1941 年，日军入侵，香港沦陷。港大一时成了战地医院，她的赴英之梦再次破灭，她的求学之旅，断没在一场烽火硝烟之中。旧恨春江流不尽，新恨云山又千叠。

不知道战争是否也一点点磨蚀了她对母校的爱，在她后来的文章里，竟寻不到一点学子对母校的依依深情，也没有年轻人对战争的憎恨和火热的战斗情怀，有的，只是冷漠和无奈："时代的车轰轰地往前开。我们坐在车上，经过的也许不过是几条熟悉的街衢，可是在漫天的火光中也自惊心动魄。就可惜我们只顾忙着在一瞥即逝的店铺的橱窗里找寻我们自己的影子———我们只看见自己的脸，苍白，渺小：我们的自私与空虚，我们恬不知耻的愚蠢——谁都像我们一样，然而我们每人都是孤独的。"

她就像她承认的那样，自私着，没有悔改，却把这自私也玩弄于笔端，写出花来，如罂粟，妖冶着，挑动人的心弦。她太看重那暗色的调子，以至于把自己的一点点不靠谱的思想，也都拿出来，大大地嘲弄一番，却不想打开心，放进一点阳光来。她一生的悲剧，早就植根于她对自己的这种态度里了。

一座城市的陷落，成就了她

暗雨红湿浓烟，朗月清风渐无，好事留不住。在港大做了一段时间的看护后，1942年，张爱玲重回上海。而上海，早在1937年，就已经沦陷。但这里有西欧国家的租界还未被日本控制，相对自由安全，也因此成了特殊的"孤岛"。

回到上海，张爱玲以卖文为生。这本是一个扭曲的写作环境，一些人噤声，一些人抗争，暗淡忧伤的背景，却独独成就了张爱玲。

连张子静都说："'香港的陷落成全了她。但是在这不可理喻的世界里，谁知道什么是因？什么是果？谁知道呢？也许就因为要成全她，一个大都市倾覆了。成千上万的人死去，成千上万的人痛苦着，跟着是惊天动地的大改革……流苏并不觉得她在历史上的地位有什么微妙之处。'如果不嫌拟于不伦，只要把其中的'香港'改为'上海'，'流苏'改为'张爱玲'，我看简直是天造地设。"

外面是战火硝烟，张爱玲小窗独坐，锦心绣口，文章得来全不费功夫，奋笔疾书，一气呵成。

1943 年 4 月，张爱玲将两篇小说《沉香屑：第一炉香》、《沉香屑：第二炉香》捧给了"哀情巨子"周瘦鹃。这位《紫罗兰》的编辑，一拿起这手稿读将起来，就连连称叹，欲罢不能。不久，小说就在《紫罗兰》发表，并且一炮走红。好梦，瞬间成真。

抗争是疲惫的，"大无畏"的英雄精神，是那个时期的需要，却也是那个时期的疲劳。紧绷的神经，急需要一种轻巧的松懈，一刹那就好。携一缕风，倏然而至，不炙手可热似乎才无情。

到 1944 年，她出版了自己的小说集《传奇》，里面除收录了《沉香屑》这两本小说外，还有《茉莉香片》、《心经》、《花凋》、《年轻的时候》、《倾城之恋》、《金锁记》、《封锁》、《琉璃瓦》十个中短篇小说。

每一篇，都有别样的才情，另类的风月，没有大是大非，只是寻常性情，让读者一时耳目一新，于苦涩时期咀嚼，更有一种风情，自然贪恋。仅四天的时间，《传奇》就又再版，由此可见她在当时是怎样震动了孤岛时期读者的心。

孤岛，成了她的孤岛，她，成了孤岛的她。正是，柳暗花红得意早，衔泥筑巢亦争春。没什么不可理喻的，所有的不可理喻，都是因果的必然，除却风雨后，才是现世的偶然。一个时代，总有一个时代的偏爱。

抗战胜利后，张爱玲以同样的速度，在文坛销声匿迹。

四、岁月静好少纷扰

自比陌上花，花开与君赏

清风明月依旧，芳华已逝，情恨也没有远长。红尘往事里，一染轻落落的烟尘，轻描淡写地就将一颗巨星啄落，让那满腹的才华只空寄予苍穹，海上的夜，也变得更加寂寞了。

那曾经的红泪清歌，不知是否有一刹那，晃过那又想要"蚊子血"，又想要"床前明月光"的荡子之胸？毋宁多想，沉甸甸的誓言拴系着的，原来永远不是食言之人，而是深信之心。若历史可以重来，那曾经"卑微到尘埃里"的花，依然会重蹈覆辙，开在尘埃，直到花枯叶落、零落成泥。

听，张爱玲低眉悄语："于千万人之中遇见你所要遇见的人，于千万年之中，时间的无涯的荒野里，没有早一步，也没有晚一步，刚巧赶上了。那也没有别的话可说，唯有轻轻地问一声："噢，你也在这里吗？'"

让张爱玲"刚巧赶上""在这里"的那个，就是胡兰成了。那时的他，正是满腹才情，也意气风发，带着一种霸气的挑衅，走进了她孤傲的世界里。一个，有着显赫的家世，贵族的血统，而另一个，则家贫四处碰壁，世故淡薄了人格。本不相干的两个人，却擦破烟尘，坠落情网。

她，像是含苞的嫩蕊，遇见第一缕清风，贪婪地表达着自己的满腔心事。而他，已经涤荡春秋，占尽春色（结婚两次），在不久的未来，还要吹落繁红。他们的相遇，注定是一场云魂雨魄，来得再猛烈些，再清高惊艳些，也注定倾盆赴地，漫洒江河。

胡的这一段爱情，未必不真切，正如他后来回忆所说："对人如对花，虽日日相见，亦竟是新相知，荷花娇欲语，不禁想要叫她。"面对孤冷清秋，那风流荡子，纵然阅尽繁华，即使舞尽风流，也是醉了。

将那冒险，也朝向春花秋月

只是，那背后的妻室，该如之奈何？还有那汪伪的背景，又该怎样交代？如此种种，如果胡有那么片刻的担心，那他也就看错了张爱玲。她的精明，有着反常的糊涂，亦或者说，她的糊涂，有着反常的精明。她的爱恋，是隔着世俗烟尘的，她的倾心，是不屑功名利禄的。因此，她才敢一仰头，无所顾忌地喝了那世俗的毒药，就像那荆棘鸟，用生命来点燃灿烂的爱情烟火。

用张爱玲小说（《倾城之恋》）里的话理解，那就是：胡曾经给她的一刹那的理解，已经足够她为他活个十年八年。因此，她决绝而又快意地走进生命的苍凉，仿佛要榨取一份不属于自己的快乐，先自矮了一截。她在送给他的照片背后，题道："当她见到他，她变得很低很低，低到尘埃里，但心是欢喜的，从尘埃里开出花来。"别人怎么看胡兰成她不管，在她的心里，她注定要为他而散尽芳华。

她的心就像是在风中跳跃的火苗，灿烂是灿烂的，却随时有被熄灭的危险。张爱玲是"水晶玻璃心肝人"（胡兰成语），对于这危险，她了解得非常透彻，然而她只说："我想过，即使你将来在我这里来来去去也好。"他是她的病，却也是她的命。

好在不久，胡兰成与第二任夫人全慧文离了婚。乱了的章法重新被捋顺，脱离了轨道的生活，终于迎来了顺理成章的名分。1944 年 8 月，张爱玲和胡结婚。没有法律程序，只有炎樱证婚；没有亲朋好友，只有一纸婚书。也有人说：没有法律程序，只有一纸婚书；没有亲朋好友，只有炎樱证婚。反正，既然选择在尘埃里开花，最好的结局也不过是尘埃落定，风冷雨寒都是旁证。

洞房花烛，夫妻对视。张爱玲不忘用笔记录下这欣喜的时刻："胡兰成与张爱玲签订终身，结为夫妇。"胡马上提笔，在后面续道："愿使岁月静好，现世安稳。"婚书纸薄，情意浓绵。至此，曾经的"惊艳"（胡曾说，她让他感觉惊艳）走下画壁。耳鬓厮磨后，本可以天苍地老。然而，乱世里的爱情哪里有安稳之闲，男欢女爱的日子总是很短。到 1944 年 11 月，胡兰成到湖北接编《大楚报》，这不光是离别，还是情变。

汉皋解佩，再解佩，又解佩

因为不久，胡兰成就已经与武汉汉阳医院 17 岁的护士周训德织了一张新情网。与张爱玲非常享受的相知相爱，悬挂在历史，到底不如这软语温香，来得切实。若说他薄情寡义，那倒是看高了他。这个沦落了人格不惜做汉奸的文人，活得特别仓促，他只有情调玩弄当下，却没有意志保存历史，更没有思维去预存未来。说起来，他也不过是一个玩偶，只不过他被自己的胆怯和无耻吊着，而不自知，还舞动着僵硬的四肢，欲揽尽香华。或者说，他，命里是蜘蛛，最擅长的，是织网。

很快，胡兰成就与周训德谈婚论嫁，为了满足周不做妾的条件，胡又举办了一场婚礼。推杯换盏、轰轰烈烈的热闹，彻底埋葬了张爱玲曾经带给他的惊艳，曾经留给他的温暖，曾经决绝的相依。而她，此时，还在那里自描浓情，书信一封接着一封。她不知道，她描得怎么生动，也是救不活一颗枯死之心。

胡兰成曾经说过："我对于怎样天崩地裂的灾难，与人世的割恩难爱，要我流一滴眼泪，总也不能了。我是幼年时的啼哭，都已还给了母亲，成年的号泣，都已还给了玉凤，此心已回到了如天地之仁！"玉凤，是他的发妻，为了葬她，他四处借贷，却处处碰壁。大概是在此时，胡的人格和爱情就已经彻底沦陷，再没有活过来的可能。

如此，周训德成为陈迹，也就顺理成章、势所必然了。胡的下一任情人，范秀美的出现，虽然是借着历史的背光（在胡兰成逃难时两人相好），却也投了胡的嗜好。江山，渐成颓势，美人，却必须抱得回归，不对，是抱着逃离。哪怕是同窗的庶母（范秀美是胡兰成同学的庶母），只要能给自己一个暖意的安慰，收了，总是心安。

原来，岁月一直不曾静好，感情，从来没一刻安稳。胡的誓言，全部兑现为"胡言"。而他亦不避她，从武汉回到上海，就带给张新娶妻（周训德）的通知。从武汉逃到浙江，又对千里寻夫而来的张，大方地展示了和范秀美的恩爱。

断送一生憔悴，只消几个黄昏。他，给了她这样的"黄昏"。

风散雨乃收，雾也轻，云也薄

她，未必没有凝愁嗔恨，未必不曾断肠伤怀。清冷院落，残灯明灭，繁星点点，俱化作相思泪。然而，再怎样的感情震动，也解不开那曾经的卑微情怀，也放不下那艳溢香融的付出。她，不动声色地全盘接纳，她，毫不迟疑地倾囊相助，不管是胡，还是胡的胡来。

她还是痛的，她说："那痛苦像火车一样轰隆轰隆一天到晚开着，日夜之间没有一点空隙。一醒过来它就在枕边，是只手表，走了一夜。"然而，她终于痛得醒过来了。虽没有怒发冲冠，但终于可以披荆斩棘了。

1947年6月，张爱玲经过几番痛苦挣扎，终于写好了诀别信：

我已经不喜欢你了，你是早已经不喜欢我的了。这次的决心，是我经过一年半长时间考虑的。彼时惟以"小吉"（劫难）故，不欲增加你的困难。你不要来寻我，即或写信来，我亦是不看的了。

此时，他已静好，安身在某个学校教书，而她为了让他更安稳，随信又把自己的30万稿费全部都寄给了他。之后，她决绝地转身离去，正如她决绝地投入他怀。她没有摘下发钗，在她和他之间划一道银河，但他，是再也跨不过她的心海了。

她仅有的情深意长，也用来为自己做终止的修饰了。她说："我想过，我倘使不得不离开你，亦不致寻短见，亦不能够再爱别人，我将只是萎谢了！"

一段尘缘往事，终于可以画上一个句号了。然而，在她，却是一个伤感的叹号，和一串迷离的省略号……

五、晚景飘零尽悲伤

心有千千结，无人能解

乱山残照处，花开灼灼，雨打飘零红日升，粉黛失颜色。真是花开花易落，瞬间两轮回。解放后的张爱玲，几乎是一夜间就在文坛消失匿迹。倒不是她江郎才尽，实在是受累于胡兰成。胡兰成给张爱玲带来的，还不只是情殇，更多的是"汉奸"的背阴。

张爱玲为之写作的出版社，不是消隐了，就是不敢再和她合作。原本众星捧月，此时门前冷清，孤傲的她，不解，却也无奈，满腹才华，无以为语，只有斜倚小窗，暗自忧伤。

1950年，著名报人、张爱玲的朋友唐大郎，向张爱玲约稿。好事近，她却更犹疑，顾虑再三提出用笔名写作。文章是写了，篇幅也不算短，《十八春》，在《亦报》连载的时候，用的却是"梁京"的名字。文采依然，情节曲婉，却是不相干的作者，不干脆的表达。基调厚重了，却多少有些被挟持的感觉。她是要表达的，她要接纳一个新的世界，要揉碎自己原有的杂陈。可那表述，还是太生硬，她不熟悉的世界，写着写着就糊涂了。

不管怎样，《十八春》和以往的作品一样大受欢迎，甚至让著名作家夏衍也为之侧目。1950 年，上海召开了第一届文艺代表大会，夏衍是主席，他指名请张爱玲参加。张爱玲欣然前往。后来，上海人民艺术剧院成立，夏衍作为首任院长，想请张爱玲做编剧，但有人提出了背景问题，张爱玲被否定了。那一团浓重的背阴，去借一点灯，是照不亮的。

再写《小艾》，她的创作文风有了更大的改动，那桀骜不驯的冷酷，被一些说不清道不明的温暖横插进来，毁了她孤冷清高的格调，也毁了她旷世脱俗的文风，高傲的头颅伏下来，浮躁暗流就涌上去了。可惜这精心构思的长篇，还是受了冷落。

不久，张爱玲就远走香港。柯灵认为这"是很自然的事，既然感到格格不入，不合则去，正是各行其是，各得其所。大陆曾经'运动'成风，到'文化大革命'而达于顶点，张爱玲留在大陆，肯定逃不了，完全没有必要做这种无谓的牺牲，我为此代她庆幸。"

然背井离乡，临行前和姑姑约定，不再有只言片语的联络。这样决绝的去，是疲惫挣扎后的武断，还是寻求自我的自信，谁也说不清。只是上海的夜，澄静了，上海的月亮，留在她曾经用过的朵云轩信笺上，化作了泪滴，渐渐陈旧、模糊了。

　　芳尘去，锦瑟年华无人度

　　西风吹柳絮，人南渡。1952 年，张爱玲离开了上海，重回香港大学，准备完成学业。但这并不是她此行的目的，她要的，是一个稳定的未来，是一个看重她的世界。

　　在办理复学手续的日子，她没有如期现身。原来，好友炎樱在日本召唤她，让她到那里工作。她欣喜而去，却败兴而回，那里，也不是她的存身之处。再回香港，良机已去，她被港大拒之门外。微云淡月，树影山青，曾经的得意地，却成了失意城，对江天，无语凝噎。

　　名利不再有用，生存便成了问题。她就去美国驻港新闻处，做了翻译。凭着过硬的英文功底，她把海明威的译本做成了经典。她还用英文完成了小说《秧歌》、《赤地之恋》。虽然当时的美新处大大肯定了她的作品，并促成其在美国出版，连《纽约时报》也对之赞誉有加，但它们在香港却大受冷落。人们不喜欢这种非张的张文。

　　1955 年，张爱玲定居美国，那能"比林语堂还出风头"的日子眼看着不远了，模糊间，自己又开始了神采飞扬的日子。定神看，却是镜花水月，她的两部小说在美国市场几乎无人问津。

　　广厦豪宅无着落，牛奶面包成问题。张爱玲只得先后进入爱德华、麦克道威尔基金会文艺营、亨廷顿·哈特曼基金会文艺营等从事英文写作，沉潜，蓄势待发。

　　不久，她认识了美国左翼剧作家赖雅。这是一个理想的马克思主义者，热情豪爽，而又满怀民众疾苦。在她面前，他没有倜傥风流，才华也并不横溢，他有的，只是一颗朴素的热情的心。而她此时尘烟满面，溺水多时，她需要一双坚实的臂膀，她需要一腔无私的温情。

温情无限好，只是臂膀柔弱了。风中榆钱，可以随风曼舞，终究是无力回春。穷困潦倒的赖雅，头无遮荫片瓦，脚无立地寸土，生活无着落，身体也是每况愈下。张爱玲不得不一边写作，一边照顾赖雅。赖雅几度中风，及至后来，张爱玲完全是拖着一个瘫痪的病人四处奔波，生活毫无着落。

困倚危楼，过尽飞鸿字字愁。这段时间，张爱玲呕心沥血写就的英文长篇小说 Pink Tears（《粉泪》）没有得到出版。为给赖雅治病，她不得不为香港电懋影业公司撰写剧本。大多数剧作都很卖座，但却鲜有佳作。她的灵性，卡进了贫瘠的生活夹缝中，为生存四处奔走的她，连把灵性救出来的时间都没有。

花黄，叶不红，秋夜露深。往事思不得，心念一转已断肠，无尽的哀伤。

愁多怨极，老来都等闲

她说："时间加速越来越快，繁弦急管转入急管衰弦，急景凋年已经遥遥在望。"

她的豪情终于还是死了，悄然而没，被时间冲散了，被磨难冲散了。她自己在那部晚年作品《同学少年都不贱》里的感慨："那云泥之感还是当头一棒，够她受的。"

直到 1966 年，平鑫涛（琼瑶丈夫）发现了张爱玲，并决定出版她的《怨女》。之后，又接连出版了她的很多作品，至此，她在台湾才又找回少许繁华。

不久，赖雅病逝，她又成了孤零零的一个人，连那种为生活而算计的慨叹、作品再无新意的幽怨，也无人能与之说。生活里那丝有点馊了的暖意，也流走了。她唯有仰起头，无知无觉地看着时间度她。

她不喜伤情的落日楼头，也不用矫情的栏杆拍遍，她想要的，只是一片空山幽谷。山不青，没有关系，草不翠，也不关情，只要那块空地，能让她自由游走。

在最初的孤独过后，反而是清清静静。没有了这丝丝缕缕的牵绊，隐居就成了必然。晚年的张爱玲，完全是"躲进小楼成一统"。当然，躲，可能是躲了，"成一统"却未必，她是懒得想的。

上世纪 80 年代中期，她的作品在内地也开始热了起来。学者、作家纷纷发表文章，赞誉她的才华。有人还专门邀请她回国，她婉拒了。大千世界的思维，不适合去衡量她。清风撩拨她，未必懂她。明月映衬她，还是不懂她。

1995 年，在洛杉矶西木区，一间简单的公寓里，她与世长辞。她躺在房间里唯一的一张行军床上，穿着一件赭红色的旗袍，表情安然。六七天后，遗体才被房东发现。

想那房间也定是寂寞的，家具是没有的，四壁也空旷着，就连厨房，也少人间烟火，碗是纸做的，刀叉，是一次性的。她住进来的时候，是轻轻地来，走的时候，也是轻轻地走，连手也没有挥一下，不留余情。寂寞是你的，与她无关。

这就是她，这才是她。

第四章
娇莲出水尘不染——林徽因

　　她的著名，不因倾城；她的倾城，却举世闻名。若曹植相见，必然叹洛神神采，黯然失色。浪花淘尽英雄几许，在她面前，都是清风，不敢言多情。

　　她不是惊鸿，也不做游龙，只任一江春水，荡起莲花羞。淤泥半染，浊雨长流，掩不住，绿碧红荷，映日头。

　　她用艺术气质，浪漫了一生，花前月下，自不可少，墙里墙外，也是看红不断，诗人、公子，还有哲学小生。她也懂人世常情，做凡花结果，不理春风，不望秋月，固守矜持，幸福了一生。

豆蔻年华，她满载了浓情的诗意，在烟雨迷蒙的伦敦，谱一曲康桥绝恋。让诗人陷入迷境。倏忽间，她已入名门，与冷静温柔的公子，步入围城。她的冷静，让诗人吃惊，她的柔情，却又让诗人不敢忘情。

围城于美人，从来都是禁锢。可于她，却只是保护。酸心醋意，公子未必没有，可锁住蛟龙困美人，却不是英雄本色。他，已经是她的一生，他，夫复何求？星移月走，公子终于学会宽容。

于是，太太的客厅，鲜有倩影红晕，多是才子英豪。浓茶、咖啡、香烟、软座，旖旎奢浮。纤手瘦腰，大概引七尺男儿口若悬河，那珠落玉词，每每让别家的女人心惊胆颤。美女红颜，总是让男人怀想，让女人心烦。

一旦战事硝烟起，多情也好，无情也罢，都转成空。可她的身边，却始终有一个哲学小生，相伴相随。公子在，小生跟随。公子不在，小生依然跟随。如此缠绵，成三角恋，必将引起争端。然而她坦然，公子安然，小生也终于淡然。在这乱世浮尘中，他们不再谈爱恋，只以亲情相见，竟也能安然相守，如双山环水，浑然天成，倒也风流。

一个时代的美女，一个美女的时代，如荷花之曼舞，虽碧叶翻风，绝代倾城，却红尘不染，珍爱自洁。

私人档案

中 文 名：　林徽因

外 文 名：　Phyllis

原　　名：　林徽音

国　　籍：　中国

民　　族：　汉族

出 生 地：　浙江杭州

祖　　籍：　福建闽县 (今福州)

出生日期：　1904 年 6 月 10 日

逝世日期：　1955 年 4 月 1 日

职　　业：　建筑学家、作家、诗人

毕业院校：　美国宾州大学美术学院

主要成就：　参与国徽设计、参与天安门人民英雄纪念碑设计、改造传统景泰蓝。

代表作品：　《平郊建筑杂录》、《晋汾古建筑调查纪略》，诗集《你是人间的四月天》。

家世背景：　父亲：林长民，段祺瑞内阁中的司法总长；叔父：林觉民，革命烈士，《与妻书》作者。

婚姻状况：　1928 年 3 月 21 日，梁思成与林徽因在加拿大温哥华旅行婚礼。

经典语录： 感情有时候只是一个人的事情，和任何人无关。爱，或者不爱，只能自行了断。

像我这样的女人，总是以一个难题的形式出现在感情里。

一个女子的寂寞就是这样的不堪一击。如果一个男人对我伸出手，如果他的手指是热的，他是谁对我其实已经并不重要。

蓝色是天空的疾病。

一、心较比干多一窍

童年无梦，早熟

皓月当空，寂寞嫦娥惹人怜；一夕秋水，湘妃没水放悲声。自古景色百般好，赋与红颜三尺哀。似乎，每一处美景的背后，都藏着一个曼妙的女子，而每一个曼妙女子的背后，都有一段痛断愁肠的故事。

林徽因是一个曼妙的女子，她前面的山水美景，是杭州，她后面的悲情故事，是童年。西湖的秀水，养育了林徽因飘逸的气质，而她的童年故事，又给了她一个深重的人生底蕴。她的美国好友费伟梅："她的早熟可能使家中的亲戚把她当成一个成人而因此骗走了她的童年。"

她的生命，不是从出生开始，而是从成熟发端。蹒跚学步时，鲜有人怜爱，咿呀学语后，也少有人交流。没有被宠，就不敢矫情，每每度人心思，才敢发声。

年纪小小，她就已经穿越世俗，阅尽冷暖，品察人情世故。小小年纪，她就已经学会自制，能让每一寸表情都浸满理智，能让每一句话语都剔透玲珑。当年黛玉进贾府，也不过如此，而她在自己的家中，却仿佛在向别人打秋风。

这样的境遇，说来也的确让人心疼。为了圆满地生活，她很会违背自己的初衷。后来，在徐志摩浓情蜜意的情迷下，在如遇知音的感慨中，她居然能冷静转身，选择稳重的梁思成。这童年的磨砺，恐怕就是头功。她很早就悟道：多情，维系不了生命；生活，真实到无情。

追忆比干成旧事

林家庭院残更立，花香还在，零落族群，千百年来梦一场，此情再追忆，不再苍凉，不再彷徨，人性深深，魅力常扬。

在林家的历史的背景中，有一个忠心耿耿的老臣，吟诵着"主过不谏非忠也，畏死不言非勇也，过则谏不用则死，忠之至"，明知赴死，却迈着坚定的步子，一步一步，走向那个暴虐荒淫的昏君，走向与腐朽的彻底决裂。他就是比干，是林徽因的祖先。这个伴在昏君侧的忠臣，剖心，不该是他的命运，析肝，却是他自我选择的运命。

到林徽因祖父林孝恂一代时，林家这一支已经从名门望族沦落为布衣。布衣的身份，并没有降低林孝恂的精神气质，反而在经历上圆满了他人生的感悟。他喜欢奋斗的人生，也喜欢开明的改变，更喜欢文明的值守。

奋斗的结果，是林孝恂考中了进士，被授予翰林院编修。从此，比干的这一支后裔的命运出现了转折。可林孝恂很快发现，在京城为官，拼的不是学识，而是家底。一个照顾不到，可能就不是命运的沦落，而是性命的凋零。所以，他故意在翰林院年度甄别考试时，写错一个字，用这种暗语向主考人表明自己离京的意愿。果然是比干的子孙，有深度，懂得改变，懂得能舍才能成。

之后，林孝恂又历任浙江金华、孝风、仁和、石门、海宁诸州县知县。为官清正廉明自不必说，就连一直活动猖獗的浙江盗匪，居然也折服于这位比干的后裔，很少出没。至于家学后传，林孝恂就更为重视，儿子林长民（林徽因的父亲），是教育的重点，就是女儿林泽民，也没有偏于女工一隅。

更多的故事，如今已不可考。不过也不重要。对于林徽因来说，这个聪明而有性格的祖父，已经为她的人生基本气质，勾勒出一个清晰的轮廓。

六月杭州莲花开

美人香风扑面过，好天良景醉人心。

一百多年前，在水滟山蒙的杭州，在风光迥异的 6 月，在显贵画戟门中，有一个女孩降生。在重男轻女的时代，在小户续弦的床上，她的哭声，显得格外寂寥。与长大成人后被万人拥戴的景象相反，在襁褓之中的她，少人问津。那时的她，不是生命，而是缧绁，母亲的缧绁。

父亲林长民在外地求学，而母亲何雪媛，又不得婆婆欢心。寂寥、幽怨，几乎成了林徽因成长的整个环境的缩写。

何雪媛出自小户人家，也受万般宠爱，女红不会，诗词不学，脾性秉性，也是任性妄为。离开父母，她人生的全部优势就彻底消失。进到婆家，她人生的悲剧就此开始。能的是婆婆，美的是小姑，而她，就连生孩子，也并不如林家意，本要弄璋，却来了弄瓦。女孩是点缀，男孩才是继承。

好在林徽因的容貌遗传自祖母的多，而祖父也把她作为一个香火延续的开端，给她取了一个别有深意的名字，徽音，"思齐大任，文王之母。思媚周姜，京室之妇。大姒嗣徽音，则百斯男。"剥离了母亲的暗调晦质，林徽音（成人后林徽因为了避免和一个叫林微音的作家混淆，改为徽因）倒有了一层开启美善之门的意义。

水凉凉禅风入韵，乐轻轻美女翩然。在杭州这座古城里，在陆官深巷中，这个女孩，终于略带着苦涩的开心，开始蹒跚学步，开始咿呀学语，开始了一段留在成人记忆里的童年。而她自己，是没有回忆的。

或者说，关于5岁前的那段回忆，没有甜，也没有咸，玩耍得大概也还尽兴，聪明机灵，也早已天成。闲风云事的小儿，在长辈的明熏暗示下，终于发现，自己得尽快成熟起来。既然是门户的开启符，那么就必然要垂范在先。

5岁的时候，林徽因随祖父母迁至蔡官巷。之后，父亲长期居外，而大姑林泽民开始了对她的启蒙教育。林泽民深受父亲林孝恂的影响，学贯中西，诗词歌赋样样通，琴棋书画都出色，就是科技之学，也知晓甚多。

待字闺中的林泽民，没有闲愁旧恨，倒是一腔热情。她带着小徽因吟诗作画、弹琴对弈，风是清的，生活是诗意的，就连小徽因的快乐，也真实得可以随意描摹。

到小徽因六岁的时候，已经能代祖父写家书给父亲。林长民的一封回信曾这样写道："儿读书进益，又驯良，知道理，我尤爱汝。"可爱机灵而又上进的形象，在这体现得淋漓尽致，成熟的机灵里，透着的，却也有一点点淡淡的心酸。

前院欢歌，后院泪沮

才子佳人成佳话。才子庸人难寻常。

林长民是典型的贵族才子，殷实的家庭背景，浓厚的教育氛围，加之自身天资聪颖，很快就在众多子女中脱颖而出。他两度赴日本，最后在早稻田毕业。

这个"貌癯而气腴，美髯飘动"的青年才俊，仕途生活可谓扶摇直上，在那个动乱的年代，政府分秒之间就是一朝沉浮的时候，他从参议院秘书长到政务部部长，再到司法总长，在民国政治中，成了无可替代的思想风标。到五四运动的时候，他又成了点燃赵家楼之火，将拳拳报国之心，全部都付与到变革的行动中。

这样一个春风得意的进步者，早年的婚姻却并不幸福。他的第一任夫人，没有子嗣，且早亡。到何雪媛时，虽然林徽因之后又添过一子一女，可惜都早早夭折。加之两人性情也不投缘，于是，他又取了第三个女子，就是上海女子程桂林。

她和何雪媛一样，没有文化，却和何雪媛不一样，她风情万种，冷香幽韵，都是情深，嫣然一顾，让人销魂。林长民如枯木逢春，欢歌乐舞，情不自胜。他自诩为"桂林一枝室"，这桂林，就是指她——程桂林，而"一枝"，则明显地排她——何雪媛。

从神域到凡间的何雪媛，本来已经忧愁暗恨，如今再度风起，落花残红被扫进一隅，成了阴影里的鬼魅。程桂林进门住

107

前院，而她在后院。前院每每欢歌，后院无限惆绪，此际凄凉，自是难以言说。

跟婆婆提不得，跟丈夫要不得，跟小妾，也抢不得，她唯一有把握的，就是跟女儿，抱怨得，却不料那是对女儿的折磨。

小女儿的得意，不是那种没有负担的恩宠。在祖父那里，她是作为一个林家开启者的代言而受宠，在祖母那里，她是因为和她一样优雅高贵而受宠，在父亲那里，她又是因为自己聪明懂事而受宠。他们，对她都有所期望。

而他们的期望，却和母亲的期望，背道而驰。苔藓，见不到阳光，却对阳光有一种格外的向往。每次看到女儿带着阳光的笑脸回来，她的醋意，她的恨意，都在格外的向往中，借错了风，向邪处生长。哭到最痛，骂到最悲，让小徽因无所适从，她的快乐，成了她的原罪，她的快乐，成了她的折磨。

这只是一百年前，一个小院子里的小小风波，波动的，也只是一个小女孩的心弦。可是对于我们怜爱着这个女孩的人来说，却是一个不小的残忍。

不过，人生哪能一帆风顺，晴天里让人感动，墨雨也有风情。每一种人生经历，都是性格的一种必要历练。这个后世的绝代美女，也许就因为有了这样有点灰色的童年，反而更增加了她的冷艳，她的每一次决策，每一种追求，多多少少，都在童年的阴影里，找到一种投射出来的机智。没有病如西子胜三分，却如比干多一窍。

爱她，也爱她的这个不完美的童年吧。

二、伦敦康桥蝶恋花

天空有云，投影在波心

横眸处，索笑音，剪成暖香如梦，乱影缤纷。才子最怕东风起，柳絮来，情迷双眼，何处断魂？

那一年，是徐志摩的东风年，那一年，是林徽因的小窗欢。一个才子，风流倜傥正得意，一个佳人，二八时节正芬芳。不期而遇，大概是上天准备好了的一段抒情，借由一个才子的慧笔，表达对美丽的偏爱。

在那雾都，在那康桥，在那美丽的晨昏，他们，开始了一场似有似无的恋爱。徐志摩有意，而林徽因，还只处于无心。就像冰轮入水，水中月，终究如梦幻泡影，只不过，月夜，水波，是最醉人的和谐。

那时候，她只有 16 岁，刚刚跟随父亲来到这个陌生的城市。父亲在国内受挫，将一腔抱负，都付与曲线救国。而她，则对未来充满了各种幻想。徐志摩的到来，只不过是她对外交往的一个窗口。况且，徐志摩，还有另一个身份，父亲的恋人。

说起来，倒也有意思。

林长民虽是一个政治家，却并不庸俗，而且有很浓的艺术气息。而徐志摩，来伦敦的本意，也是要为接家族企业而学习金融，可他更喜欢文艺，甚至不惜放弃哥伦比亚大学博士学位，从北美奔赴英国皇家学院，为的只是做罗素的弟子。

这两个人，一个，将性情作为生活的情调，一个，处处行行，全都是性情。两人的相遇，势比林徽因和徐志摩的相遇，更有意蕴。

林长民扮演有室男子，一名苣冬，徐志摩则扮已嫁少妇，一名仲昭，红笺冷泪，鱼雁往返，倾诉情思。那一段时间，月明清露，禅榻茶烟，浸满的，都是浓浓的爱恋。

当然，他们要的，倒不是什么看破红尘，只是在表达对自由的向往。对艺术家来说，还有什么，比爱恋更能引发他们的才思呢？

不过，这到底只是一个虚构的梦境，即使才思来了，也带着那么一种不动心的安宁，少了一种起伏的躁动。而林徽因的出现无疑为徐志摩填补了这个空白。

徐志摩在他的《猛虎集序》说："在二十四岁以前我对于诗的兴味远不如对于相对论或民约论的兴味"，"整十年前我吹着了一阵奇异的风，也许照着了什么奇异的月色，从此起我的思想就倾向于分行的抒写。一份深刻的忧郁占定了我；这忧郁，我信，竟于渐渐地潜化了我的气质。"

这奇异的风，这奇异的月色，就是林徽因了。可惜，他们第一次见面时，在一个宴会，林徽因跟着父亲出现，还羞涩地叫了徐志摩一声"叔叔"。

这一声叔叔，又把两个人的距离拉远了一些。在一开始，仿佛就注定了他们之间，终究难以拉近距离。再近些，也是梦幻泡影，动不得真的。

命里红颜命外欢

明月应笑君，笑君多情。笑染春心，夜半低吟，声声，都为情着，意意，都在芳心。

在第一次拜访林长民家的时候，徐志摩才注意到这个明眸皓齿、笑靥如花、兰心蕙质的女孩子，她的娇艳，她的才情，她的年龄，都让他心动。

才子的热情，一下子被激发出来，他在她家的客厅，在她的面前，大展才情，滔滔不绝，口若悬河。而她，正处在美丽的花季，正需要一种别样的滋养。这俊逸的才子，这灼人的才华，也暂时让她醉了，让她嗅到了自己的豆蔻年华的清香。

在第一次见面之后，他们就通起信来。林徽因大概还是淡淡的，矜持的，不是她故意做作，实在是牵绊太多，她不可能完全投入。首先，她很小，其次，他有小。一个初识爱恋滋味的女孩，面对婚姻里的男人，面对一个有孩子的男人，怯怯，是难免的。

然而，他却已经全情投入。他完全把自己变成了一首诗，一首情诗，他用自己的笔，一字一句地把自己描绘成浓情的云，他要投影，投影在她的波心。

他这样写道：

与你相知，你的风雅、你的单纯、你的含蓄、你的淡淡的忧伤给我刻下幻想的雕塑。

你的天空是纯纯的白云天，蓝天白云中、金色阳光里你的形、你的影、你的音、你的容、你的笑、你的泪一起构成了我浪漫幻想的风景线，你是我快乐的源泉。

这是他写给她的信。
他这样写道：

这颗赤裸裸的心，请收了吧，我的爱神！
因为除了你更无人，给他温慰与生命，
否则，你就将他磨成霏粉，散入西天云，
但他精诚的颜色，却永远点染你春潮的
新思，秋夜的梦境；怜悯吧，我的爱神……

这是他写的情诗。
绽放的鲜花，通常都是才情绽放的理由。如果说，以前，徐志摩就已经才情初露，而遇到林徽因，他的才情瞬间冲向高峰。

他醉在她的美丽里，他醉在自己的诗情中。

他的灼灼的爱恋，一时间让林徽因难以接受。她不得不求助父亲，林长民出面给徐志摩写信劝阻，徐志摩才慢慢有所收敛。

然而，收敛只是表象，那炙热的爱恋，已如沸水，在胸中翻腾，一两句劝慰，又怎能压制那翻腾的热浪。

他不再勤于登门拜访，但信却更加多起来。

多情处，最是无情

才子多情：海色残阳，无端生恨，皓腕红萼，总惹风情。可每一次多情的背后，总有一个旧人，在一处背影，空倚相思树。

遇见林徽因时，徐志摩已经是一个丈夫，是一个父亲，尽管那是不自由的婚姻，可是在这个婚姻里的，是一个一心记挂着他的女人。

她叫张幼仪，在这场徐志摩称之为没有爱情的婚姻里，她无罪可言，只专心为妇。她的世界，是平的，她的视角，是平的。然而，她的情感，却不是平的，虽然，你很难见到"烈"，但那只是她没有表达的习惯，只是，她没有表达的热情。

这就成了她的短处，这就成了他的饮恨。有时候，站在世界之外，你还是会感到故事里某个人内心深处的悲凉。他是众人景仰的徐志摩啊，在这样浓重的背阴下，张幼仪的内心该有着怎样难以言说的颤动。而这颤动，又不能像他一样，无所顾忌地表达。

他们已经有了孩子，可他对她，依然是一百个不耐烦，一千个不情愿，仿佛她的存在，就是不应该。而在他热恋的时候，她从国内来到他身边，就更是罪恶。

他对林徽因，炙热如火，可是一转身，来到她身边，他却寒冷如冰。这个两极世界，居然在一个人的内心深处，得到统一，还无所顾忌地发展，实在让人难以理解。仿佛，她来，就是为了用阴暗的背景，成全一段美好的佳话。她有什么错，要承受这样的悲哀？

张幼仪终于看出了端倪，她的心，是早就冷了的，而他还是一再折磨，任意践踏，她终于还是觉醒了，这个男人，是留不住的，留住他的身，只会留成他的仇。她决定走了，离开伦敦，去哥哥所在的德国。

临行前，她特意和他，一起去和林徽因辞行。她没有勇气挑战，然而林徽因却看到了她的凄怨。

林徽因，是徐志摩的心病，而张幼仪，却是林徽因的心病。张幼仪的悲哀，最后也成了林徽因的禁锢。尽管她在他的炽烈的追求中也情有所动，可是最后，她终于还是决绝地转身，不给徐志摩留一点幻想的余地。

就在徐志摩送张幼仪去德国的时间内，林徽因和父亲回国了。临行前，她给他写了一封信："我走了，带着记忆如锦金，里面藏着我们的情，我们的谊，已经说出和还没有说出的所有的话走了。"

她也是有哀怨的，在这一场爱恋之中，她又有什么错呢？美丽是错吗？才情是错吗？喜欢才子是错吗？喜欢才子对自己的喜欢，是错吗？

不是错，也是错吧。不然她不会这样说："她张着一双哀怨、绝望、祈求和嫉意的眼睛定定地望着我。我颤抖了。那目光直进我心灵的底蕴，那里藏着我的无人知晓的秘密。她全看见了。其实，在您陪着她来向我们辞行时，听说她要单身离你去德国，我就明白你们两人的关系起了变故。起因是什么我不明白，但不会和我无关。"

这里的她，就是张幼仪。林徽因，终于还是判定，自己是错的，徐志摩是错的，这一场恋爱，不管多么美好，终究是错的。

似乎，张幼仪成了林徽因的牵绊，然而世界上的事，谁能说得清呢？若没有张幼仪，徐志摩堂而皇之地和林徽因谈一场恋爱，轰轰烈烈燃烧到底，最后剩下的能是什么呢？

三、一世芳华散迷香

执着，为芳艳一世

望远山残翠，看秀水漩涡，芳草绿波吹尽，回首秀衿，阑珊残影，唯有两眉愁事，欲说还休。

想来，林徽因走后，徐志摩一定是愁眉紧锁，如药穿肠，辛苦瘦东阳。徐志摩说："你有你的，我有我的，方向"，他的头脑多清晰啊，他明明知道，他和林徽因，注定只是温柔乡里梦一场，可是他的理智，他的理智却控制不了情感，因为这话只是林徽因说的，而非他的思考。

而林徽因，尽管很享受这场来自诗人的浪漫爱情的恩赐，可是她心里一直是醒着的。她是活在真实世界中的，儿时的痛苦是真实的，现实的残酷是真实的，所有触手可及的幸福，都来自于理智世界的规则。

她和他毕竟不是活在一个世界里。她是要享受这个世界的美好的，而他，则是来打破世界的规则的。他的享受，必然是

115

规则的打破。而一旦打破了规则，她的幸福就荡然无存。所以，除了浪漫的最初，他们之间，几乎找不到幸福的归宿。

林徽因回到国内后，梁思成就拜访了林家。梁启超和林长民关系很好，两人早就有意结亲。这一次的拜访，其实就是求婚。又是在两家的客厅，又是两个主人公。只是这回，红妆少女依然，激情青年不再，换了一个翩翩少年。翩翩少年没有激情的浪漫，但也没有踏破世俗的不调和。谈话没有电光火石，但依然如逢知己。

那时候，梁思成还没有择定志向。而林徽因则已经明确表示，她要学习建筑，那是能结合艺术和工程技术的一门科学。而梁思成也喜欢艺术，并对林徽因所说的建筑学有了一种好奇的向往。

他和她之间，很少有鱼雁往还，更多的是自然接触，他们一起出去玩，一起讨论未来的方向，一起笑对蓝天，一起思对湖水。一切仿佛都淡淡的，但一切却又是甜甜的，慢慢沁入心脾，让人不能自拔。他们之间的感情，仿佛海棠花，没有甜腻的香甜，但绝对是"嫣然一笑竹篱间，桃李漫山总粗俗"。

一年后，徐志摩回国，他已经知道梁思成和林徽因的事情，旧梦似乎已远，但外界没有他们订婚的传言，心梦或可谱成。此时的徐志摩，已经逼着张幼仪离了婚，这个完全自由的人，再一次鼓起了追逐之帆。

梁思成和林徽因形影不离，徐志摩就对影成三人，梁思成和林徽因出双入对，那么徐志摩就势分三足鼎。

梁启超终于坐不住了，他给这位才华出众的徒弟发出了警告信："若沉迷于不可求得之梦境，挫折数次，生意尽矣。郁悒佗傺以死，死为无名。死犹可也，最可畏者，不死不生而堕落至不复能自拔。呜呼，志摩，可无惧耶？可无惧耶？"

此时的徐志摩，心魔已深，面对恩师的劝谏，他激烈反驳道："我之甘冒世之不韪，竭全力以斗者，非特求免凶惨之苦痛，实求良心之安顿，求人格之确立，求灵魂之救度耳。"

在徐志摩看来，率性的生活态度，才是人生的快意根本，人格需要一个无所顾忌的环境。他是率性的，但他的所求，却并不以他的率性着迷。

梁思成不堪徐志摩对两人的扰乱，他故意在房间门口用英文贴上"Lovers want to be left alone（情人不愿受干扰）"，尽管只是一字禁言，但以情人的身份写就，徐志摩自然从里面读到了林徽因的态度。

这一回，他望而却步了。

祸为福音，徽因心定梁思成

尽管抱得美人归已成事实，但梁思成的人生却并没有因此而一帆风顺。

1923年5月7日，"五四国耻日"，北京的学生游行。梁思成驾驶摩托带着弟弟梁思永追赶游行队伍，结果被金永炎乘坐的大轿车撞倒。梁思成被压在摩托车下面，而金却视而不见。幸亏梁思永受伤不重，他迅速跑回家找来人，等到梁家人赶到出事地点，梁思成已经不省人事。梁思成和梁思永一起被送往医院。

得到消息的林徽因，匆匆跑来，看着梁思成的样子，她泪如泉涌。对于热恋中的人来说，伤了一个人的身，等于伤了另一个人的心。哪一个，都难以言轻。林徽因就是如此，看到梁思成的绷带缠到腰间，她恨不得受伤的是自己。倒是梁思成很乐观，反过来安慰林徽因。

为了让梁思成快速恢复健康，林徽因几乎整天陪在他的身边，和他聊天解闷，为他倒水斟茶，给他擦汗翻身。

美人在侧，悉心照料，即使躺在病床上，梁思成的心里也是快乐的。人生谁没有旦夕祸福，如果祸事能带来福音，那么祸又有什么可怕的呢？为了得到福，有多少人不惜惹祸，也要追求到底呢？想来，如果能得到林徽因这样的恩宠照料，徐志摩宁肯粉身碎骨也在所不惜的吧。

这一场病，反而更拉近了两个人的距离。有些书记载，在这之前，林徽因和梁思成已经订了终身，但是还没有行文定礼。对于林徽因来说，照料自己的未婚夫，是理所应当，可是对于梁思成的母亲李氏来说，这却已经越礼。

你不能责怪这个老人，她生活在旧时代，脑子里根深蒂固的都是旧思想，本来就接受不了男女授受亲，何况其间又有关于林徐暧昧的传言。一个美貌入仙的女子，一个让男人神魂颠倒的女子，如今陪在儿子的身侧，这，怎能不挑战她的危机神经？这，怎能不让她诚惶诚恐？

老太太的介入，让两个人的关系多少有了尴尬，可梁启超还是相信林徽因的，他劝服自己的妻子。他们的危机，暂时得到了化解。

天空爱上大地，白云微微叹气

人在谁边，人在谁边？今夜玉清眠不眠？

没有人知道，徐志摩到底经受了几多煎熬。情思乱如麻，剪不断，理还乱。越到夜深人静，越惹人心痛。月，是凄凉月，夜，是寂寥夜，有风，摇摆剪柳梢让人难熬，有雨，也是叶叶萧萧，让人心焦，偶尔入梦，美女化飞琼，天台玉阶，却也有银河横亘，难以相交。

难道真如林徽因所说，他们注定是平行线？

不管林徽因怎样躲避着，命运还是迎来了又一个相交线。诗人泰戈尔来华访问，林徽因和徐志摩共同担任翻译。徐志摩终于有一个可以堂而皇之亲密相处的机会。他们一起拜访溥仪，他们一起游览北京。

上天派来了红线老儿，他走到哪里，就可以带着他和她走到哪里。他是云，为这段奔走在烈日下的恋人遮阳；他是风，让封闭的心灵撩开情思；他是雨，为干枯的爱情禾苗注水。

那段日子，徐志摩是快乐的，林徽因也仿佛重新找到了浪漫的光阴。两个优秀的大诗人，让整个世界都变成了诗。风轻云淡，都超越了本身的意义，行走奔忙，也鲜有世俗凡音。

也许有那么一刻，林徽因是想要时间停止的吧，不要有尘烟的搅扰，不要让现实再现。她要化作什么，化作什么，飞升，飞升。可是到底要化作什么，她却心神不定，飞升，也绝无可能。

泰戈尔很聪明，他很快就发现了他们之间的秘密，那是一个关于仙境的秘密，奈何他们都只是凡人。

119

临走前，泰戈尔叹息地说：天空的蔚蓝，爱上了大地的碧绿，他们之间的空气叹了声"唉"……

还能怎样呢？纵然有真爱，还能怎样呢？纵然真爱热烈如火，还能怎样呢？它燃烧得了徐志摩的情怀，却燃烧不了林徽因的理智。她始终是一脚踏进尘埃，进不得的。再走进些，她就奔进了广阔的天地，再也寻不见了。

泰戈尔临走的时候，林徽因带着梁思成来与他送别。徐志摩的眼神，是又一次暗淡了。这一次，他甚至没有重新点燃的勇气了。

他要走了，陪同泰戈尔去太原，去香港，去日本。与其说泰戈尔需要他，不如说，是一场大逃亡可以挽救他。

两只比翼双飞，也有泪

不久，梁思成和林徽因也走了，他们去美国留学。从康奈尔大学到宾夕法尼亚大学，他们始终在一起，做同一个梦。

一个是雕梁画栋，一个是燕子入巢。他，就是她的归宿，而她，也终于找到了命运的回归之路。她有很多新奇而又美丽的幻想，而他则不动声色地把她的梦想付诸实践。她超脱而快乐地走着自由之路，而他则宽容而笃定地跟随着她。

说高山流水似乎太过，但说琴瑟和鸣，却无比适合。这个稳重稍缺乏生气的男人，从出生到懂事，一直生活在爸爸的盛名之下，恋爱后，又摆脱不了林徽因的美名之阴。如今，他终于找到了自己的方向，终于发现了自己的梦想。而与此同时，他又能和自己心爱的女子在一起，人生得意莫过于如此了吧。

不过，这得意，也并非容易把握。林徽因骨子里崇尚浪漫自由，经由徐志摩的点拨和启蒙，又是在美国那样自由的天地里，她的性情更加活泼潇洒。这多少让在传统中国思想下成长起来的梁思成有些接受不了。像所有的传统男人一样，他想要管束自己的未婚妻子，想要巩固一个家庭的权威之尊。

不可避免地，林徽因怒了，不可避免地，争吵来了。他不是一个善于吵架的男人，几番较量以后，他终于明白，要么，要约束，要么就要这个女子，给他宽容。

就在两个人稍微安定的时刻，李氏却病重，在这个时刻，她又一次表达了自己不喜欢林徽因的心情。

林徽因失望了，也有了些微的动摇。难道决绝地拒绝，认真地择定，自己表达的真诚还不够吗？

她忽然有了回头的想法。她给徐志摩写了一封信："我的朋友，我不求你做别的什么，这会只求你给我个快信。单说你一切平安，多少也叫我安心……"

在她的内心深处，不管怎样的要拒绝徐志摩，都只是做给别人看的，或者说，是做给活在世俗中的自己看的。她的心，一直有他，寂寞时有他，快乐时也有他。只是，她不敢正视他，也不敢正视自己。只是偶尔被痛苦击中，她的心才会释放出他，让他来为自己疗伤。让他，把那命运的回归之说彻底击碎。

四、牵手终生无悔怨

轻燕绕梁飞

娇花雨露，滴染红尘，簟纹暖灯，慵调人生，红香软帘，梦里醉醒。

既然不能执子之手，也无法与子偕老。在一个决绝转身之后，另一个肯定也要奔赴下一个命定。

很快，徐志摩就到了他感情的下一站，陆小曼。这一站，还是一样的违于世俗，还是一样的烈火长烟。不过这一次突破烽火线的，不是徐志摩一人，陆小曼始终和他一样，夸张地走着自己的路，根本不屑于世俗的围剿。

如果说林徽因是河边秀树下的一朵奇花，那么陆小曼就应该是飞入高空的绚烂的烟火。花美一世，最后总是会输给流年。而烟火之绝美，则是把一生的激情全部集中在一处，绽放，绽放，义无反顾，享受的是一刻的永恒。

对林徽因来说，道德礼仪是她的美的值守，而对陆小曼来说，不屑于道德礼仪则是她煽情的条件。

有人说，徐志摩找到了陆小曼，林徽因心理肯定要失衡。我们不是林徽因，我们无法体会她当时的心境。但以她的性格来说，醋意未必没有，独自占有一个人，一个诗人，一个对爱热烈而执着的人的感情，多少会有那么一点得意。但若真论起短长，徐志摩走的这一步，可能恰恰让林徽因更加安心于自己的选择。

她要的，就是一个细水长流的人生，哪怕韶华都在时光中散走，哪怕体会油盐酱醋的凡尘，她也还是喜欢那种徐徐而来、浸透一生的美的享受。

不久，林徽因和梁思成就在加拿大的姐姐梁思顺家里完婚。这一年，林徽因24岁，从16岁情窦初开，到24岁步入婚姻的殿堂，这一路走来，林徽因一直被爱恩宠着，但在她的内心深处，对爱的悸动，似乎永远没有对家庭的憧憬更浓。在结婚这样重大的节日里，她应该也是淡然的，她亦享受这种淡然。一切都是水到渠成，中间虽有插曲，但山是山，路是路，在水一样的人生中，从来就没有被背景混淆视听。

婚前，梁思成问林徽因："有一句话，我只问这一次，今后我都不会再问，为什么是我？"林徽因微笑着答道："答案很长，我得用一生去回答你，准备好听我了吗？"

他没有读懂她，但是何妨？她给了一个一生的期限，让他来读懂她。她也在用这个一生的期限，来揣摩自己，来验证自己。这浪漫的情人的推敲，再一次体现了林徽因骨子里的别致，以及别致中的情感守恒。

婚后，梁思成曾诙谐地对朋友说："中国有句俗话：'文章是自己的好，老婆是人家的好。'可是对我来说是，老婆是自己的好，文章是老婆的好。"那满满的幸福，就是一切。

四月早天云烟散

林徽因和徐志摩，这两个一直被笼罩在感情烟幕里的人，终于尘埃落定，彼此在对方划定的银河对岸，相望，相守。抽离了爱情，那份友情却情深不减。偶尔的四目相望，徐志摩一定还是会痛断肝肠。不然，他不会在生命的最后一个奔走，也朝向她的方向。

就在林徽因结婚的第三个年头，徐志摩为了赶上在北京协和医学院礼堂关于中国古代建筑的讲演，迫不及待地搭乘了一架邮政机飞往北京。那天有大雾，他原本是不想走的，然而，他还是走了。难道是冥冥之中的召唤，还是终止符的圆满，这个谁也说不清。

飞机在济南党家庄附近触山爆炸。徐志摩，一代英才，魂归天外。身后，留下的是一个女人的惊恐，一个女人的痛哭，一个女人的无语，还有无数人的慨叹。

痛哭的，不是陆小曼，失去了人生依靠的她，已经完全懵了，惊慌中，什么都听不见，什么都看不见，唯有心头突突的乱跳，和那阵阵疼痛，才让她有活着的感觉。

痛哭的，不是张幼仪，泪如泉涌是一定的，可是她对他，是隔着心隔着肝的，她哭着他，他也还是不理解她的。

痛哭的，是林徽因。一直矜持的她这一回却真实地表达着自己的痛。她连夜亲手赶制一个小花圈。去白马山空难现场收敛徐志摩遗骸的梁思成，按照林徽因的叮嘱，带回一片飞机残骸。她就把它挂在自己的卧室，一直。

这是另一种长相厮守，无法触摸，却不必触摸，无法交流，也不必交流。失事，不是徐志摩的选择，但若有这样的结果，徐志摩大概也会义无反顾的吧，为爱，他放弃得太多，一条性命，身外之物，又算得了什么？只是不知道，他这颗心，到底要分成几块？那一处，才能让他真正安身？

花容淡抹，凡尘俗轻

她本是从加拿大结婚，接着又去欧洲蜜月旅行。等到她以新娘子的身份踏进梁家时，几乎所有的人都错认为，她原来，就是梁家的人，梁启超更是欣喜万分。他在给大女儿思顺的信中这样写道："新娘子非常大方，又非常亲热，不解作从前旧家庭虚伪的神容，又没有新时髦的讨厌习气，和我们家的孩子像同一个模型铸出来的。"

生活，真实地扑面而来，它像林徽因设想的一样，亲切，自然，而又需要全心投入。她继续着这样的人生调子，继续着这样清淡执着而又饱蘸盛情的生活。该有的都有了，家庭、事业、孩子，荣誉，该没有的也都渐渐烟消云散了。

在东北大学刚创建的建筑系里，梁思成和林徽因成了开山之师。林徽因讲"雕饰史"和建筑设计，后来又讲"专业英语"，为后世中国培养出很多优秀的才子精英。

张学良任校长时，公开悬赏征校徽和校歌。最终，校徽择定了白山黑水的设计。这，正是林徽因的设计手笔。

从东北回到北平后，夫妻俩开始了定居的生活。这时，林徽因已经生下了女儿梁再冰，他们一家租住在北总布胡同三号，一个有着大大小小四十个房间的院落，还雇佣了两个厨师、两个保姆、一个车夫、一个专管书房的听差。

一个家庭主妇的生活，是没有什么浪漫可言的，林徽因不但要照顾梁思成和女儿的饮食起居，还要组织和协调这些雇佣者来维护这一个家庭的圆满。所有的事情都是琐碎的，所有的事情，又似乎是必须的。就连邻居家房子需要修缮，这样的事情，问到她这里，她也不会弃之不顾，而是热情地并出资帮忙，至于林家、梁家，往来琐事，就更是繁杂。

其实林徽因不胜其扰，但她从来没有躲避过。她是迎着凡尘来的，那阳光下漫洒的尘埃微粒，也是一种别样的景致，被林徽因轻手放在岁月的相框里，从今天来看，怎么看，都有一种淡雅的暖香之气，烟暖天晴，繁华开尽，一路大好心情。

此时的林徽因其实也依然是寂寞的，在丈夫和女儿酣然睡去，在雇佣者做好工作已然安歇，万籁俱寂后，看月满月缺，听小风搏树叶，或感叹红花黄叶，林徽因骨子里的浪漫，才忽然苏醒。那时候，她一定也会质问：这难道就是生活？

如果没有战乱，这已经是生活。但生活总是布满荆棘，战乱的年代会有更多的惊险刺激。尽管梁思成和林徽因抱定主意，不问政治，但政治却无时不刻在影响她的家，影响她。学生们游行，她家成了避难所，战争的爆发，又让一家人从此辗转流离。

但不管怎样，凡是能找到的幸福和美丽，林徽因就不会怠慢。浪漫，其实最平凡。当我们逆着时光，去寻找那散落在生活中的林式美丽，我们会发现，就是一地梨花，也跳动着轻松而协调的乐音，那是成熟的乐音，那是自然的乐音。

奔走河山为梦成

朱启钤是民国时期最关心古建筑的一个官僚，在政治上，他有过极致的得意，然后又是极致的失意，但在对建筑的研究上，是他，开启了林徽因和梁思成一生的得意之事——发掘弘扬即将灭绝的古建筑艺术。

经过一番思索，梁思成和林徽因加入了朱启钤自费创建的中国营造学社，开始对中国古代建筑实地考察勘测。这时，林徽因已经生下了儿子梁从诫，生活渐渐步入了常轨，她的身体也越来越康健，她终于可以抽出时间，和丈夫一起去实现她年轻时的梦想。

古桥、古堡、古寺、古楼、古塔，或带着恢弘的气息，或掩藏着精致的细腻，带着历史的痕迹，与林徽因邂逅，借着她的芊芊素手，摆脱尘封，跳出死寂，活成传下去的艺术。生活的灵光，借着锁在一片片，一层层木板、石阶中的艺术复苏，慢慢氤氲开来，笼罩着林徽因，这位女神，也终于从凡尘的夹缝中，跳脱到艺术的世界。

不过，艺术烂漫，实现艺术的过程，却不能散漫。奔走，是一个最基本的付出，翻山越岭、穿林过瀑、爬梯上柱，都是必须，还有勘测和记录，一个整体的艺术，必须要借助于枯燥而繁多的数字，那让世人惊叹的才华，才能活化成简单易懂的传承。

越是珍贵，就越是难得，越是难得，就越是让人心动。沉浸在古代建筑艺术气息里的林徽因，跟着丈夫，去城市里的古庙，古楼，体会历史的繁荣与复杂，去乡村中的古桥、古寺，体会古代民间的淳朴与自然。她是高兴着的，艰难困苦，反而更激发了她的浪漫情怀，让她去勾勒历史，让她去描摹现实，她这样说：

山中一个夏夜，深得
像没有底一样；
黑影，松林密密的；
周围没有点光亮。
对山闪着只一盏灯———两盏
像夜的眼，夜的眼在看！
满山的风全蹑着脚
像是走路一样；
躲过了各处的枝叶
各处的草，不响。
单是流水，不断地在山谷上
石头的心，石头的口在唱。
均匀的一片静，罩下
像张软垂的慢帐。
疑问不见了，四角里
模糊，是梦在窥探？
夜像在祈祷，无声地在期望
幽郁的虔诚在无声里布漫。

　　静静的夜，没有忧戚，也不是浓暗，轻轻的风，闪着调
皮，带着娇羞，碰撞着，嬉戏着，只有一滴水，一滴水，又一
滴水，在老石的臂窝里，热烈地交流。这是山村的夜，是林徽
因的梦，是林徽因最现实的浪漫。

五、为逐林而居者鸣

此情只应天上有

明月登楼，花空烟水流，长梦不醒，红妆春骑踏月归。人，活着，就有梦，而他，有梦，是为了活着。活在梦里的金岳霖，为林徽因的倩影，再次勾勒了一个不浓不淡的彩晕。

如果没有梁思成，林徽因就像是没有绿叶的红花——孤单，如果没有徐志摩，林徽因就像是烈日下的明珠——无光，如果没有金岳霖，林徽因就像是古书散落民间无人识——落寞。

当你把这三人放在一起，你会发现：徐志摩的爱，是属于他自己的激情；梁思成的爱，是属于旧式的因循传承；而金岳霖的爱，才是让林徽因自由的基因。当然，这自由，最后还是因着因循者的守护，才得以安全着陆，成就一段没有桃色也生香的三角佳话。

一生一代一双人，争教两处销魂？相思相望不相亲，天为谁春！和情人不能厮守的现实，给纳兰带来的是痛苦惆怅，而给金岳霖带来的，却是自我灵魂的保真。

爱一个人爱到极致，不但是对对方的呵护，也是对自我的忠守。徐志摩的爱很炽烈，但他的爱，有一种自我灵魂放逐的味道，这让林徽因有些吃不消。他在林徽因这里碰壁后，转身

129

又在世俗中找到了另一处繁华。

梁思成的爱很浓厚，但他的爱，稍有一种世俗权威感的失落，压力肯定会在岁月里滋生。他在林徽因逝世后，又和别人牵手，大概很想补足灵魂里的缺憾。

而金岳霖，为了林徽因，终生未婚，为了林徽因，一辈子逐林而居。在林徽因逝世后，他像个失魂的女人一样，泪染尘沙。在最后的岁月里，他像个落魄的游子，在听到林徽因的名字，才有回到家乡一样的欣然。

年轻时，金岳霖未必没有想过，留云借月，抱得美人归。可是当他看到梁思成为了林徽因，可以宽容一切后，他马上打定注意，退守终身。他愿意在梁思成护栏的外面，再建一道护栏，既护庭院，也护第一道护栏。

因着林徽因，这两个男人，在友情以内，也终于有了惺惺相惜的真情，也有了眷眷相顾的亲情。一个有的，另一个不会锦上添花，一个没有的，另一个马上会雪中送炭。梁家有什么大事小情，金岳霖都是一个冷静的参与者。就连梁思成和林徽因吵架的时候，金岳霖也是他们最理智公平的裁判，还是最温暖贴心的护和者。

有了金岳霖，林徽因的生活，在圆满之后，才会又有升级。凤凰不用浴火，不用涅槃，也能重生！

初识倾城风韵

人未见，声未闻，风韵浑然已现，待得见面，更是光艳，惹人销魂。

说起金岳霖和林徽因的相识，还得从徐志摩说起。

在伦敦遇到林徽因的徐志摩，神魂颠倒，毫不留情地和妻子提出离婚，然后又神秘失踪。那时候，张幼仪已经怀孕两个多月。再见面后，徐志摩面无表情地让她去打胎，别说孩子的生命，就是发妻的生命，也是顾及不得。在那个年月，打胎是很危险的，陆小曼就是因为打胎失败而终身不育。

心灰意冷的张幼仪终于决定离婚，金岳霖作为徐志摩的同学，被邀请参加这个离婚见面会。在这个仪式上，徐志摩公然宣称，离婚要快，因为林徽因就要离开英国了。

离婚之后的徐志摩，又马不停蹄地跟着林徽因父女回到北京，他的"销魂今日进燕京"诗句，让金岳霖再一次见识到林徽因对徐志摩的吸引力。

不过，以对老友的认识，金岳霖大概也只是把林当成了一个美娇娘而已。及至后来见面，发现她不但拥有绝世美貌，才华和品质也同样让人称赞。这位中国最著名的哲学家，中国"逻辑学"之父，一下子就被她给迷住了，而且自此以后，一发不可收拾。

徐志摩大概也没有想到，自己为林徽因送上那么浓厚的追求，林徽因没有接受，但是他给她送去的这个朋友，她却慢慢地慢慢地，接受了。

由于金岳霖从清华大学毕业后就到美国、欧洲留学，受西化自由思想的影响，他崇尚浪漫、自由的婚姻制度。在认识林徽因之前，一位主张不结婚而对中国的婚姻家庭又充满浓厚兴趣的美国美女，曾跟随金岳霖来到中国。

得知金岳霖喜欢上林徽因后，那位金发女子马上提出分手，并从金岳霖身边神秘消失了。这是一个非常干脆的女人。而金岳霖也是一个率性的人，居然卷了自己的行李，干脆搬到林徽因家后院去住。

他和她的开始，似乎也是一场伤害和被伤害的故事，一如徐志摩。但从道德理论上，你是找不到金岳霖的茬的。他，和曾经的那个她，在一个主义的指引下，行走了一段人生。而这之后，他发现了自己的女神，什么自由的主义，什么自由的婚姻，什么自由的思想，全都夭折，他完完全全地被自己那颗痴爱的心捆缚住了，一生不能自拔。

钟爱一生，无悔

今古感情无定局，琴瑟和也，红粉蓝颜多折磨。

金岳霖个头高，行事直率而坦荡，自有一种浩然之气，常被身边的人称为绅士。但其实他对绅士一词也是不屑的。他自己有一只大斗鸡，每次，他吃饭的时候，大斗鸡就把脖子伸到桌子上，和他一起进食，他居然安之若素。

不光如此，他每次买来水果，都不是先吃掉，而是拿来和同事家的孩子比大小，若是自己的小，他就会把水果送给那个孩子，自己再跑一趟，去买回新的水果。

不知道林徽因是喜欢他的率性天真，还是喜欢他的机智幽默，抑或是喜欢他的温柔憨厚。反正，面对这个比她大9岁的男人，她心动了。

她很苦恼，她尽管得意着自己的美丽，也喜欢被人宠爱的感觉，但她并不想做感情的背叛者。她向梁思成坦白了，她说："我苦恼极了，因为我同时爱上了两个人，不知道怎么办才好？"

听到这话的梁思成，痛苦非常。尽管他和林徽因的爱情之路，走得很稳，但结婚之前的吵吵闹闹，风风雨雨，使他一直都处于清醒之中，柔柳红花多情人。

经过一夜的痛苦思索，他认真地告诉林徽因："你是自由的，如果你选择了老金，我祝愿你们永远幸福。"他把林徽因抛给他的火球，再一次抛回去，把选择权完全给了林徽因。他并非释然，但却是理智的，他知道，对于这样一个优秀的女人来说，抓得越紧，失去得也就越快。

有趣的是，当金岳霖从林徽因那知道了梁思成的态度后，他居然被震住了。他说："看来思成是真正爱你的，我不能伤害一个真正爱你的人，我应该退出。"

两情若是久长时，又岂在朝朝暮暮。这道理，梁思成懂，金岳霖也懂。两个本该站在敌对立场上的人，本来要进行一场生死搏斗，如今却一下子顿悟，真真是放下屠刀立地成佛。而且，从此以后，两人比邻而居，居然也心无芥蒂。没有这胸怀，没有这胸襟，这故事也就不会这样美丽了。

这两个男人，以自身魅力的美，烘托了林徽因的魅力，而又以烘托林徽因魅力的美，反衬了自己的美。这，是两个值得尊重的男人。

林徽因后来生病，容颜憔悴，早已不复当年的美丽，但金岳霖依然对她痴情不改，在梁思成不在的时候，是他，悉心照顾她。即使林逝世后，梁思成娶了他的学生林洙，金岳霖还是对林徽因念念不忘。一天，他请一些朋友去北京饭店聚餐，开席前，他说："今天是林徽因的生日。"在座的朋友闻听此言，唏嘘不已。为美人的不再，也为金的痴守。

其实，在梁思成和金岳霖之间活着的林徽因，生活并非如人们想象的那样，入仙如梦。她在给胡适的信中说，一方面要对得起自己的丈夫、家庭，一方面要对得起另一个爱自己的人，心和性情都会变得为难。就连享受，也有一定的痛苦反射，这，就是人生，始终让人捉摸不定。

林徽因的故事，借由三个男人的追爱步履，连贯成了一生。金岳霖在林徽因的追悼会上，送上一副挽联："一生诗意千寻瀑，万古人间四月天。"只要人间有四月天，那么这个美丽女子的故事，还会继续传下去的吧。或者，不管你怎么想，她都在那里，在那春光娇艳的变里，在那黄昏吹着风的软里，在嫩芽初黄的惊喜中。聘婷的百花，高悬的明月，都是她的身影。有一天，你在水光里看到一朵别致的白莲，那，或许，就是她永久的落脚点。

第五章
冷艳逸韵梅花魂——石评梅

那寒风里，那墙角处，似梨花，点点白香雪，却原是，梅花一缕魂。没有游丝飘絮，更不向春风借暖，只于松竹绿荫下，淡抹胭脂，浓情雨雪。

蓬莱文章，她信手拈来，格调架构，不输建安风骨。笔走天下，落定四方。有一方一地情，有民众疾苦社会风。于黑暗处，她敢于呐喊，于阳光里，她又温柔多情。

她是孤傲的，不与百花红氤氲，春风吹尽，哪里多情，不过让人空留余恨常怅春；她是爱梅的，取的是"花中节气最高坚"，一场坚守，驻进骨髓，铸成了生命永恒的格调。

她曾有两段爱情，一场春恨，一抹柔情。情窦开启时，所遇非人，断伤愁肠，直叫她誓言独守终身。谁知，时间刚拐角，再遇爱情，还是凄惶，一样的悲伤。等到尘埃落定时，斯人已去，只剩相思。唯有做绛珠仙草，把那多情，报于一处。明媚鲜妍，终于红消香断。

她纯情痴情，却也无情。从生命的绽放，到香雪飘零，短短二十六载。生命真如白驹过隙，只留下惊鸿一瞥，定格在那花开季节。

没有年少，因为不曾春老。倒别怨她，生命本就是一指流沙，还没等握紧，已经滑开。而且，香魂太净，黯风浑雨又太盛，似这般，不适人间，只应在仙境。

记否，在乱花飞絮中，有一个多情女子，扛着花锄，洒泪花丛："未若锦囊收艳骨，一杯净土掩风流。质本洁来还洁去，强于污淖陷渠沟。"

与她，这样定格，也许，万般都好。

私人档案

中 文 名： 石评梅

乳 　 名： 心珠

学 　 名： 汝璧

正 　 名： 评梅

笔 　 名： 评梅女士、波微、漱雪、冰华、心珠、梦黛、林娜

民 　 族： 汉族

出 生 地： 山西省阳泉市郊区义井镇小河村

出生日期： 1902 年 9 月 20 日

逝世日期： 1928 年 9 月 30 日

家世背景： 父亲石铭（又名鼎丞），系清末举人，母亲是续弦，也出自书香门第。

婚姻状况： 终生未婚

职 　 业： 作家

毕业院校： 北京女子高等师范学校

主要成就： 主创《京报》副刊——《妇女周刊》

代表作品： 《墓畔哀歌》、《心之波》、《天辛》、《象牙戒指》，小说《红鬃马》，选集有《偶然草》、《涛语》、《石评

梅选集》、《石评梅作品集》。

经典语录：晶莹光辉的一轮明月，她将一手蕴藏的光明，都兴尽地照遍宇宙了。

假如我的眼泪真凝成一粒一粒珍珠，到如今我已替你缀织成绕你玉颈的围巾。假如我的相思真化作一颗一颗的红豆，到如今我已替你堆集永久勿忘的爱心。

一、嫩蕊心珠几多愁

农家庭院光阴好

朱门屏风里，隐蔽石墙内，桃李芬芳，蝶鸟争艳。葡萄架下侧耳听，隐隐当年小儿稚语，哭有潺潺声，笑也滴滴脆。她真的走了吗？故里老房，为什么就没有一丝梅花的清香？只是那暗香浮动处，难免让人缠绵缱绻。

再看那农家小院，青石阶，古砖墙，高楼门，深院落，连木门铜扣都是好的，因它不曾强留那欲飞的凤凰。婉转回廊，依山九曲，院通门，门通廊，隐秘通幽都不错，是藏童躲猫的好地方。

评梅曾这样描述过她在平定的孩童生活：

"午餐后，上窑顶，望远山含翠，山坡上有白羊数只，游憩其间，有山，有水，有田地，有青草原，有寺院，有古塔，有磬钹声。"

"黄昏时登楼一望，见暮云笼翠，青山一线，如镶天边，地上青草寸余，如铺翡翠毡，最妙的高低布置，参差起伏，各尽其趣。"

139

小儿无赖不荒唐

童年的她是幸福的。她肆无忌惮地做着顽童，在静美绣楼之下，曲径庭院之中，牵着父亲的手，听他朗朗吟诵古诗词，或者，让他听自己古灵精怪的无赖话。

父亲教她《三字经》、《百家姓》、《千字文》，再到《幼学琼林》，她却教父亲新生命的轻灵和乐事。想他46岁得此女，自然百般珍爱。给她起的名字，也是别致。乳名心珠，非掌上明珠，而是心里灵珠。又名汝璧，你是美玉，"抱玉将何适，良工正在斯"。

说父亲是良工，再合适不过。他叫石铭，26岁时（光绪八年）即考取壬午科榜元，是响当当的举人。只是他为人耿直率真，不喜官场污秽，才只做了儒学教官，而没有混迹宦海。

真是玉汝于成。她古典文学素养极好，正是得益于父亲的殷勤教诲。不过在当时，父亲则似乎更喜欢小儿的胡闹。

小儿性灵，常问些稀奇古怪的问题。诸如"我从哪里来"这样的事情，她也是好奇的。去问母亲，母亲笑着说，三月三日观音堂降香，她求子心切，想偷个菩萨座下的泥娃娃，谁知手忙脚乱中，偷了个扎毛桃的丫头，所以生下了她。

她当了真，心下窃喜，觉得不能白白玷污了这菩萨座下仙童的名誉。偶尔发现一张黄裱纸，于是拿来，裁剪得当，备笔研磨，提笔而作，潇潇洒洒写下"仙姑在此，诸神退位"的字样，端端正正放在西房里。

母亲骤然发现家里多了位"神仙"，还如此不知天高地厚，

140

不禁勃然大怒，拿起鸡毛掸子，准备让她体会一下人间真滋味。

谁知道她昂首而立，正气凛然地说："我是观音老母的玉女仙姑，神鬼都害怕，你打我要遭罪的。"

虽童声稚嫩，却有不怒自威的气势，母亲被喝愣住了，忍俊不禁。就连父亲知道后，也禁不住仰头大笑。

原来，自小，她就不恋尘凡。如今仙凡两道，她轻飞弄月，阆苑无踪。唯留后人仰天望月、低首问梅：他年香气里，是否驻仙魂？抑或桃花人面，别处好童年？

不弄雪，自得梅

最喜儿时情趣，欢娱常见，父母多怜。娇憨稚女给父母亲带来了很多乐事，窗下桌前读书，屋前屋后寻乐，都是美的。偶尔闯个小祸，也大多只是让父母摇头偷笑一番。

看看日渐成事，石铭又转动了心思。时代已然不同，女孩子也可以独闯天地。不能藏匿于父母的心头，做心珠一颗。因此，她还需要一个正名。一个可以冠带于形外，又体现她真性灵的名字。

汝璧倒是好的，璧乃和氏璧，是古代赵国的国宝。而石铭曾经于赵城做儒学教官。取名汝璧，即为赵之至宝，很能说明父亲对女儿的高远期待，绝非一对父母的珍珠，而是一国之宝玉。汝璧虽好，但灌筑的是期待，还需些精神气魄。

那天，石铭正和女儿一起欣赏《喜神梅图》。梅花向来是文人志士最爱，它典雅高洁，不惧严寒，不为争艳。

石铭也不例外，他一边看，一边点评："老夫自幼喜那梅花，梅乃高雅之士，寒香之友。你看那茎节刚劲，气直挺拔，那花朵吐艳飘香，俏丽坚贞，傲严寒，立瑞雪，突兀峥嵘，形神俊逸，真乃'梅兄'是也。"

石铭的妻子李氏也出自书香门第，一样的能读诗善画，就连《前赤壁赋》、《陈密陈情表》这样的文章，也朗朗上口，背诵如流。

她听夫婿这样说，不由得也开口称赞："最喜梅花颜色好啊，这梅花，从来就不拘泥于一种颜色，你看，红的、白的、粉的，咱们家腊梅开出来更好看。还有孙筍经拉翰林的那年，'学坊院'的腊梅全然开了，这梅花是个喜兆啊!"

石铭连连点头，低头再看，只见小女正伏案作画，一支小毛笔，一张毛头纸，刷刷点点，瞬间疏条已现，艳溢花出。他不由心头一动，大声说道："你们母女，赏梅、画梅、说梅，这且不说，且品论起梅神来了，也罢，就给元珠起个堂堂正正的大名——石评梅吧!"

何必去那蓬莱，又做寻春问蜡，冷风暂去，梅君即来，点点羞开，颜色正好，香气萦绕。

书香续生命

从来才女最惹人，香外溢香，韵里藏韵。

尚在襁褓之中，她就表现出了一生对文学的挚爱。

呱呱坠地后，她日夜啼哭，不吃奶，无睡眠。父亲愁眉不展，母亲泪珠连连。迷信的邻居家阿公，讨厌女孩的哭声，于是告诉石铭：这哭声会妨碍石家家运，需得溺死这孩子才行。

真真是才女未出世，磨难已先行。

好在慈母有妙方，她说：把书拿来，镇一镇。这本是无稽之谈，虽有书能压邪镇宅之说，但毕竟都是虚言妄语，信不得真的。谁知竟然歪打正着，书本一到，哭声立除。仿佛，她等的，就是这书。

父亲暗自思忖，看来这小丫头，与这书本，必有一世的渊源，若不好好教化，岂不枉费这自然天赋。

母亲更是得意，倒不是为女儿后世博学，只因她懂得驳斥迷信之声。想来无论世道怎样，女儿一定不会任人欺凌，岂不高兴？

这种宣告似乎还不够，父亲母亲也多有怀疑，因此，周岁时，他们又特意给她办了"抓周礼"。她果然笃定地去抓书册，对其他物品视若不见。母亲定是惊讶地轻笑了，父亲也肯定是捋着胡须、心中暗喜的吧。

书为魂，香续命。想宝玉当年，是衔着通灵宝玉出生，玉在人在。而石评梅，却是得书香诞生，别有一番韵味。母亲疼她，给她缝制了一个绿丝线绣的荷包，不装女红之物，但存笔墨书香。

也只有书笔，才能在她的人生中，论短长。

天赋堪怜咏絮才

有了这样的已卜前程，父亲自然不敢怠慢，谆谆教导着，而女儿也果然不辜负父亲的厚望，才华初露。

石铭读东方朔，兴之所至，提笔作画，成一幅赤脚老翁衔

143

桃图，挂在中堂，自品自赏。小评梅发现后，一时兴起，挥毫泼墨，一蹴而就："我乃上方一老仙，东方几次窃桃还，想因王母朝天去，白鹤仙童树下眠。"稚气未脱，却满纸趣味，让画作自得一份童真之美和天外仙气。

冲动之作，三分想得鼓励，七分却害怕训责。及至父亲看到涂鸦，连连点头，小评梅的忐忑之心方定，随之信心倍增。再题诗时，毫不犹豫，落笔即成。

她有一位玩伴，叫张金荷，颇有诗才。张金荷的母亲善剪纸，曾经剪得一枝梅。小评梅最爱梅，乍看那梅花皓态孤芳，颇有神韵。欣喜之下，未免技痒，又找来笔墨纸砚，题诗："有梅无雪不精神，有雪无梅俗了人，日暮诗成天又雪，与梅并做十分春。"到底还是梅花，惹她才情绽放，虽不惊风雨，却也不输神韵。

如果时光能定格，得有多少得意，都留在少年时。纵是寒梅魂归，幽香傲放，也怨，少有儿童的快乐和随心。那叮叮嘤嘤的童声，在梅花开处，可录心声？

二、正是苦心读书时

才情初露，入校园深读

号角响，车尘马迹乱，风雨时代变。1911 年，武昌起义爆发，辛亥革命开始。翌年，元旦，中华民国成立。新旧更迭，山西也不怠慢，一时间，新人新事新气象，乱人眼。

1913 年，石铭受朋友之邀，到山西省图书馆任职。小评梅随着父母来到省城，很快就被安排进入太原女子师范附属小学读书。

深闺出户外，别有一番情。一直在家里读书作画，和所请的教师吟诗写对，如今走出老屋，进入新校，那种雀跃，自是难以言说。环顾左右，同学少年，都是爱书之人，粉红知己，也都识字颇精。

本是园中葵，自然不肯落后待秋霜。学校学得的知识尚嫌不够，回家后，她还会跟着父亲继续古学学习。四书五经读遍，古文史鉴阅完，琴棋书画，技技让人刮目，诗词文赋，样样惹人垂青。论新思想，敢弄潮儿，说旧学识，势比老生。

一年后，她就考进预科班，因各科成绩都十分优秀，她成了公费生，被免除学杂费。又因学校是寄宿制，自此，她离别父母，投入更难的学习之中。

读书不倦难尽兴

都说书好，藏如玉颜，备黄金屋。不需颜如玉，也不喜黄金屋，但评梅还是手不释卷，离不得书。

同学高新铭居书屋附近，经常租书回学校，《包公案》、《火烧红莲寺》、《粉妆楼》、《绿牡丹》……数不胜数，虽是消遣之作，也不无精品之言。女孩子对之都爱不释手，评梅读后也喜不自胜。

但太原女子师范学校纪律森严，夜半熄灯后，学生必须就寝，不能嬉戏，也不能读书。评梅曾因宿舍失火、常开灯而被女学监训斥，但对于无书即无乐的评梅来说，这规则就是束缚。

那时，她住在好友陈家珍的宿舍。为半夜读书，两人把一床棉被挂在窗上。规则暂时消失，两人可以安然进入书的世界，与纸上人一同品味人生。

评梅读的是《老残游记》，作者刘鹗说："棋局已残，吾人将老，欲不哭泣也得乎？"同在封建末世，体味的也是"棋局已残"，到底有怎样的英雄探险，还是侠肝义胆，可以于乱世中，得些安慰呢？评梅被深深地吸引住了，如醉如痴。

爱书之人都懂得，读到高兴处，必是手舞足蹈，难以自抑。随着故事情节的深入，评梅的情绪也渐渐激动，读到"王小玉便启朱唇，发皓齿，唱了几句书儿。声音初不甚大，只觉耳有说不出来的妙境：五脏六腑里，像熨斗熨过，无一处不服帖；三万六千个毛孔，像吃了人参果，无一处不畅快……"她再也忍不住了，不由得高声喊道："妙哉，妙哉！实在于我心有戚戚焉！"

此话一出，如银瓶乍破，于寂静处，更是惊人。巡守在外的女学监听到后，火冒三丈，敲开门，狠狠训斥了她。

跟随女学监而来的，还有当时掌管山西政权的头号人物阎锡山的夫人。家珍吓坏了，想这阎夫人与评梅曾有一段恩怨，如今落在她的手上，岂能全身而退？

原来，阎夫人曾经来学校训话，但所言之事，皆是封建礼教束缚女性的那套废话。评梅对无故占用学生上课时间，讲这

146

些没来由的话感觉气愤，当场向同学表示反感，引来一片反对斥责之声，迫使阎夫人羞怒而退。

那阎夫人早就认出了评梅，问她姓名，又斥责道："我听说你才学出众，但深夜偷看禁书，也太出格了吧？"

评梅居然面无惧色，回道："我不知道什么叫禁书。"又说自己读的是《老残游记》。阎夫人一时抓不到把柄，于是让她背诵一段。评梅张口就来："话说山西登州府东门外有一座大山，名叫蓬莱山，山上有个阁子，名叫蓬莱阁，这阁造得画栋飞云珠帘掷雨，十分壮丽。"

滔滔不绝，出口成章，家珍、女学监为之侧目，连阎夫人也叹服了。大概败在这样的女生手里，她也心甘。

谁说女子韵胜，不耐风柔

小阁闺深，藏尽春色，万般才华终辱没。古代的女子，纵然生在达官显贵家，也要被拘于一方，难见天日。直到清末，维新派将西方"天赋人权"的意识传来后，女性意识逐渐觉醒。方寸世界，再也容不下胸怀日月的女人心。

评梅的母亲，虽是大家闺秀，但也受了这风潮的些许影响。遵循古例，追随夫君，母亲也教女儿《古文观止》《幼学琼林》，但从内心深处，她更喜欢花木兰、李清照、卓文君，还有当时名噪一时的鉴湖女侠"秋瑾"……女人最懂女人的挣扎，也最叹女人的才华。

在母亲，那些崇拜，也只是抒怀压抑和哀怨；在女儿，那女英雄的形象，却不只让人叹服，还让天门大开，那红粉世界，不再柔风不耐。

十几岁的时候，胆小而不善争辩的她，居然在被斥责女孩不能到窑顶放风筝时，大声反驳道："都民国了，又不是满清朝代，你不让在这地方玩，就给我找下地方。整天读书、绣花还不愁死人？"一朝觉醒，言惊旧人梦。

及至进入女子师范学校，她那女性的意识就更加强烈。一次考试，踌躇满志的她，进得考场，却心下一凉，原来，这作文题目竟然是"女子无才便是德"。女子就坐在侧，何以用这样的言语来这当头一棒？

才华初现，心血正盛，她岂能在这样的题目下屈服，她饱蘸笔墨，洋洋洒洒，直抒胸臆："夫正气乾坤，日用星泽，五行八位，左右上下，盘古迄今，阴阳为主。男女为天界之柱基，正负乃宇宙之极象，一体为统，焉有主次？"

一开篇，就是开天辟地，一揽乾坤，把一个要闯大千世界的女子描摹得分外豪情，一点也没有绵力薄材的脂粉气。连阅卷大人陈锡康看后，也是深吸了一口凉气。

接下来，她笔走龙蛇，一一叙写千古女才良淑："女娲补天，采玑炼石，巫山神姑，起脉水，至那大家书传，文姬拍茄、文君操炉、木兰从军，至那红线盗宝、红玉击鼓，谁说巾帼不丈夫？还有清照千古绝唱、秋瑾百世流芳，谁说女子无良才？"

文章一气呵成，读来让男子气短，让女人振奋。这倒也罢了。再下来，她笔峰直指出题人："故堂堂女界学府，集良淑之精华，竟然点此小题，是启以女子振兴耶？是欲使晋城女子皆倒笔罢试归里，甘做那炉边、炕边、磨边之生涯，评梅未察其情，斗胆冒问大人，此举意欲何为焉？"

笔锋犀利，让主考官也为之色变。

女子的彪悍，原来是舍弃哀怨，敢于挑战。

恨别传统，险被开除

枯湖遇甘霖，山色愈重，湖水愈清。1912年，孙中山任中华民国大总统，开启了民国的序幕。他崇尚民主、民权、民生，深得民众的拥护。此风吹到山西，民心大为震动。石铭虽是儒学教官，却不迂腐，他干脆利落地剪掉了辫子，和旧制一刀两断。

校园里的评梅，耳听进步声，日有新思想，更有一种扯暗色天幕、为国上新妆的决心。五四运动爆发后，全国的学生都愤而起之，组织集会，声援北京的学生。太原各校学生集会海子边，成立太原市大中学校学生联合会，罢课，上街，示威，撩拨虎须。

学校虽不乏进步人士，但还以校纪为重，禁足学生。一方攻，一方守，一时乱作一团。到底是学生拧不过校纪，纵有满腔豪情，却无处释放，学生们一时陷入寂寂之中。

战斗着的人方法百出。行受阻，言可传。很快，学生转战，于言论取胜，校园里，墙壁上，布满了战斗檄文。其中，评梅的文章，更是如一把利剑，剑剑刺中封建腐朽的要害。但她总有一种隔靴搔痒的感觉，于是自行创办校刊，引各方志士来发表意见。

撩拨虎须，人岂能安然？此刊仅维持两三期，便被查封了。

督军阎锡山也下了一纸手令，要严办这些"闹事"的学生。石评梅作为主创，自是风口浪尖，险上加险。

一日，学校贴出特大通告：开除石评梅的学籍，以儆效尤。她也不争辩，收拾行装，准备离开。此事惹怒校长，上书山西省督军，提出辞职。督军无奈，只得取消开除的决定，予以警告，准她继续留校。

春光苦短，岁月蹉跎。转眼，她已于师范学校毕业。第一段校园生活，就此结束。回想近五年的时间，有风生水起，也险象环生。于少年人，风雨，却经常是最好的社会启蒙。如果她是彩凤，在这里，不光体会到了栖居的温暖，也找到了起飞的方向。

三、不做庸人飞凤远

青春年少不怕征程

山崇岭峻，绿草香兰，留不住，溪水远走的脚步，纵九曲回旋，一汪凝固，还是闲不住，溢出。一朝弦响，叮咚之作，必将是前路。

石评梅就是那一汪溪水，温馨和美的家，留不住她，古城草木的美，也圈不了她。那千万个姐妹走过的路，嫁做人妇，生个孩子，她是不愿的。深居简出纵然好，房前屋后，锅碗瓢盆，针头线脑，一切云云，却是糊涂。已经撩起大千世界一角，见过更美妙的人生，她又如何能心甘情愿回到绣房，走进新房，旋入厨房，然后惊节序，叹浮沉，终老残生？

她毫不犹豫地决定，到北京女子高等师范学校学习。老父已经七十有余，成了名副其实的老翁，眷眷殷殷，舐犊情深，但让她留下的话，他是不说的。

慈母最哀，她有一万个挽留的理由，有一万句牵绊女儿的话语，一张口，却只是涕泪横流。女儿的心，她懂，即使远走，也不过是要保护慈母。她是续弦，在家族中的命运堪忧，唯有女儿更强大，才能让母亲出头。

千般不舍，万般想留，她终于还是决定，远走北京，报考北京女子高等师范学校。收拾好行装，洒泪辞别父母。跨万水，转千山，忧愁暂歇，豪情再展。

北京的天空，格外不同。尤其是经历五四运动的洗礼后，就连空气，呼吸起来也都是一种革命风，这不能不让她心动。

可惜的是，那一年，北京女子高等师范学校不招国文。失望虽有，但希望并没有落空。她转而报了体育系。在那一年，成为北京女子高等师范学校体育系的学生。

初恋最多情，迷恨终生

雏燕新飞，牵动父母心。尽管石铭夫妇没有阻拦评梅的行程，但关于这趟远走求学，他们还是揪心，于是四处打听是否有同行者。还不错，有一个叫吴天放的后生，恰好在北京大学国文系读书，和评梅是老乡，又是一路，能互相照应。

他们一起踏上了火车，娘子关一站，还一起下车观赏了娘子关瀑布——飞泉。雄伟的山，险峻的关，还有那飞瀑潺潺、历史，让评梅离家的忧愁暂时飘远了。她情不自禁地赞道："真是平地突起，下赴绝涧，悬流百丈，散缕似珠！"

作为国文系的高材生，吴天放自然不能静以待之，不为美景，也为美人。他略一沉吟，脱口而出：

江山千年秀，雪浪百丈飞。
不闻雷声吼，洞天挂帘帷。

紧接着又吟诵道：

莽野叠重岭，瀑布化潜龙。
珠飞玉飘逸，铺面化长虹。

她静静地听着，嘴角渐渐浮上一缕笑容。对他，她没有一见倾心，但至此，却也佩服他的才华。

重新上路，她依然羞涩缄默，他依然温柔多情，对她呵护备至。此时的他，不俊朗，俊逸，美人在侧，庸人也会风情万种，才女随行，俗人也会意气风发。

她没有很多的表示，只是默然微笑。那细细的弯眉，是舒展的，那忧郁的双眼，是清亮的，那小巧的嘴唇，是柔软的。忧郁与明朗同在，才华与风韵共存，他真的醉了。这样细致的女子，与之促膝谈心一夕，都是美的。如果能揽她入怀，如果能与她相谐相偎，生死与共，那该是多丰富的人生啊。

然而，他的心，还是缩了一缩，在心底，有一个声音大声呵斥，他，不能。他是有妇之夫。

凭什么不能？这是他的欲望在嚎叫，可惜，已经，变了声调。

鸿儒谈笑清风生

如果有三五好友，纵无诗酒，也不负良辰，也不辜美景。看天看地看风月，谈心谈事谈感情。

北京女子高等师范学校，从来不缺才俊，也不少才女。这个被太原人推崇为晋东才女的小女子，学的是体育，却以文学见长。人以群分，很快，她就认识了几位才华同样横溢的女生。她们分别是庐隐、陆晶清、苏雪林、冯沅君。

同样有出众的才华，同样是如花美眷，相聚在一起，那就是一场至美的盛宴。莺歌燕语里，有广博高深的思想慧根，闲谈聊天时，也在编制美丽浪漫的神话，要么推杯换盏，小女子煮酒论英雄，也如闲云野鹤，对月吟诗，与花唱和。那时光，无论凝固在哪一位，哪一段，都是一幅别致的洛神赋。

她和陆晶清，两人感情更深。一个唤一个为梅花，一个称一个是小鹿。两个人在校园回廊里徘徊，在葡萄架下栖息，抬头，是嬉戏的白云，细听，是流动的风声。它们，都成了她们友情的背景，把感情定格在最温暖的温度。

她们是不同的，评梅，是冷艳的，小鹿，却是灵动的。当冷艳一遇灵动，世界也会朦胧入梦。难怪石评梅要说："虽是很理想的实现，但在这个朦胧梦里，我依稀坐着神女的皇辇，斑驳可爱的梅花小鹿驾驰在白云迷漫途中。"这是她们共同合作的诗集，名字就叫《梅花小鹿》。

子期与伯牙，高山复流水，梅花和小鹿，美月共婵娟。对于这样的友情，小鹿也喜不自胜，她说："你是金弦，我是玉琴，心波协和着波动，把人类都沉醉在这凄伤的音韵里。"

如果爱情使一个人升华，那么友情就会让一个人稳定。没有爱情的日子，友情是一切，爱情突袭的日子，友情退避一切，在受爱情伤害的日子，一切又都是友情。

满纸辛酸泪，冷艳是文章

花开花谢飞满天，飘絮无人怜。纵是春风颜色好，满纸是心酸。

两弯秀眉非胃烟，似蹙非蹙，一双眉目含晶露，似泣非泣。评梅生就的一副弱骨，四两风流，她的文章也是秀美中带着清婉，清婉里夹着冷艳，冷艳中有些许悲情。不知是为了验证人生，还是人生以诗词为证。

她一路走，一路高歌曼舞，或低吟浅唱。她的创作生涯非常短暂，给世人留下的文章却数不胜数。

家乡的山水，呈现在思念的笔端：落日光辉、烟雾迷蒙的西山，暮色苍茫、光影错落的花园假山，紫霞蒙羞、迎风摇曳的桐树，她是自然的情人，眼里所到之处，只有美，大美，圣美。

友情的浓情，流淌在纯洁真挚的纸面：痴情凄苦、怅惘留连的同学，成熟稳重、才华出众的前辈，还有初生牛犊、青涩纯情的后生，她有着人际的纯情，所遇之人，只有爱，大爱，圣爱。

当然，她并没有生活在大观园里，所以也不必无病呻吟，社会的动荡，改革的春风，也让她斗志昂扬，不管世界怎样，她肯定要找那最艰辛却一定是最美的希望。

她看李大钊的文章，听鲁迅的演讲，在黑云压城之际，她并不悲观失望。看，那行进中的前锋部队，有斗志，有力量，还有正确的方向。

她是聪明的，在第一首诗里，就写出了无限的光明。

它叫《夜行》，"夜气蒙蒙"，"松柏萧条"，"荆棘夹道"，本是险恶环境，"怎叫我前进"？惟其如此，更不能怠慢，需要"奋斗啊"！"你不要踌躇"！因为再往前行，有"车声辚辚"，有"萤火烁烁"，那就是一条"光明的路"！紧接着，"山色碧翠"，"溪水曲径"，"鸟声喈喈"，原来那桃花源，就在斗争的深处，就在时间和自然的交接处。

她在召唤处于沉寂、绝望中的人们：柳暗不怕，花明在前；山重无路，水复多程。鲁迅不是这样说过吗：世界上本没有路，走得人多了，就成了路。

她用一只描写自然的笔，勾勒了社会的前景。她告诉那些栉风沐雨之人，前方的路，一定会多云转晴。

她用作品，表达了自己的感情，也用作品，给在黑暗中徘徊的人们带来了一缕春风。晋东才女，一转身，名满京城。至此，当初她选择远走的决定，更显得有先见之明。

据说花神最感动人的地方，不是她的美丽，而是她的多情，

155

尽吻众生。如果她要绽放，一定要让自己的能量炉火纯青。女高师的修炼，新思想的沉淀，让她在最美的时刻，灿烂，永恒。

四、最是纯情木石盟

独身悲剧从头看

空山梵呗，水月影沉，烟尘不侵，悠然无心。如果不到伤心处，何必看破红尘躲山林。曾经，带着怎样热烈的感情，来到了青春最美的恋爱时节，曾经又以怎样的纯情，沐浴在暖风醉人的风景中，然一夕梦醒，醉眼重看，魔上心头。

如果不是遇到了多情浪子，如果多情浪子没有任何欺瞒，那么也许，她会享受青春那美好的感情，一路娉婷。

她当然是做着那个美梦的。不是说好：一个是阆苑仙葩，一个是美玉无瑕吗？她是痴了，款款多情，却发现卿本无情。

那个和她一起走出太原、走进北京的北大才子吴天放，那个在她面前豪言壮语、诗性频发的人，原来，制造的都是爱情幻境。他早有妻室，且在享受着小儿的绕膝之欢。凭他如此狂蝶，怎对着未开之花，大谈纯情？

当她赫然发现这个事实，惊悚、伤心。那一转身的决绝，本不让心头滴血，也曾经把背影缩进胸怀，不留给他一点想念。然而，一路行来，声声念念，都是杜鹃啼血，低语流连，只把自己当作孤鸿独燕。

该受惩罚的，不该是他吗？是他，和少妇低语缠绵，赫然看到少女来到眼前；是他，居然瞬间变脸，把少妇弃之一边，起身奔赴少女；是他，要把这一切作一番修饰，演绎一场被逼婚的无奈心酸。他的心到底在哪里呢？他，负了一个专情少妇，一转身，又负了一个纯情少女。

天地不应该为之色变吗？鬼神不应该为之惊魂吗？然而于他，却有什么算是惩罚的吗？看得见的，他在痛哭流涕，听得见的，他在舌尖上把信誓再作莲花轻绽。看不见的，听不见的呢？他那欲望之心，焦灼着，不过是为了拥花揽月，他那多情之意，纠缠着，不过是为了一己缠绵。他不想离婚，却想要她，做他的情人。他想要留住她，一边忏悔，却一边威胁：要是不同意，就公开情书。他，何曾有心呢？

他的卑鄙，就是她的心酸，如此不堪，竟然曾经相恋，让她怎能没有哀怨："缠不清的过去，猜不透的将来？一颗心！他怎样找到怡静的地方？"

她，才是那个有心之人，那颗心，也才是受尽惩罚的心。对他，不再幽怨，对自己，却是下了狠心通牒：从此，要孑然一身，隐居孤山，植梅养鹤吧。

真情现，当时已惘然

可叹高君宇，真郎未现身，早有假狼入侵，充情郎，惹少女彷徨，终生怏怏，不再入情场。后世人应叹：为什么你要复制那无情人的风月，为什么你要拨动那苦情人的心弦？

157

早在她看清爱情嘴脸之前，他们就已经相识。那是同乡会上，吴天放带她认识的在北京的山西老乡。

会上，他发表了演讲，他，热情奔放，他，慷慨激昂。他有这样的资本，五四运动，他是急先锋；天安门游行，他在列，赵家胡同怒火，他点燃。他饱蘸浓情，要把一腔热血，都赋予革命事业，为黑暗中的生灵，借一盏刺眼的天灯。

在吴天放，他是激进的，他是危险的。而于石评梅，他，却是社会的希望，他，是在用自己的生命，来燃起这希望。因此，同乡会一结束，她就决定要认识一下他，表达自己的景仰。吴天放是不屑的，他也不愿意读懂她的激情。她让他先走，他就转身立刻消失，仿佛，那革命的激情，一旦沾染，将荼毒一生。

第一次相见，她，没有一低头的温柔，他，也不是风情浪子，不会一见钟情，只是寻常对话，等闲聊天。叙长道短，两人还有甚深的渊源。高君宇，原本是石铭的得意弟子。小评梅在很小的时候，就听父亲对他夸赞连声。

父亲赞他，不光因为他文采斐然，还因为他刚肠嫉恶，至真至纯。他是血性的汉子，在血气方刚的年纪，被父母指定婚姻，他是学生，对方也有恋人，他激烈反抗，在被强行推进洞房，居然气血倒转，吐血病倒。

当年他病倒，向父亲申请静养之地，就是师傅石铭的石家小院，因此，关于他的一切，她知之甚详。见到师傅的爱女，他自是高兴，及至两人聊起来，也是如遇知音，相谈甚欢。

这之后，两人虽然天各一方，但却鸿雁传书，友情甚笃。

那时的吴天放，还以一个优秀爱人的模样，告诫她：他是有妻室的人，怎好把妻子撇置家中，在外面和女孩谈长论短？她并不以为然，在她的心中，他，只是她的一个人生方向。

与吴情断，评梅黯然神伤，但她不愿沉沦，她在日记中写道："心头的酸泪逆流着，喉头的荆辣横梗着；在人前——都化作了，轻浅的微笑！"

尽管如此，高君宇还是觉察到了她的哀愁。后来，又听到小鹿提及她的事情，他的心忽然一缩。那时候，他的确是痛的了。他怎能不知道，她是纯情女子，这样的背叛，会让她情断。他也直言安慰，但仅止于此。

他是斗士，全部的心思，都在社会的疾苦。他组织学生，建立研究会，讨论光明的未来，探索救国的方法。开始，他是想不到她的吧。他也是北京大学的才子，身边不乏怡红翠绿，但他夙志在心，不为所动。

可是知道评梅的遭遇以后，他开始变了。每当累到精疲力尽，每当忙到夜深人静，就有一个娇红倩影，忽然掠上心头，让他一阵心惊。那又是一种温暖，一种想要让他暂时停下来的牵挂。

他不能，他是真的不能，他必须压抑自己，他不能让吴天放的伤害，再通过自己，给她来第二重。

志士四处奔走，感情情归一处

高君宇太忙了。今日北京，明天上海，才下嘉兴游船，又要辗转黑龙江的爬犁之上。有那么多的事情，在等着他。有那

159

么多的朋友，在等着他。

他的朋友，不光是斗士，是英雄，还是智者。他们要组织的，不是一场哗众取宠的玩闹，而是一场披肝沥胆的斗争。

1920年3月，高君宇在李大钊的指导下，和十八九个北大学生，多次讨论酝酿，发起组织了马克思学说研究会。接下来，他又参与筹备建立北京社会主义青年团，此团成立后，他又被选为书记。

有那么多声音要听，有那么力量需要组织，他不能停，他没有时间停。别说花前月下，就是午夜梦回，那个情字，也不敢轻易说出来。他还是一如既往地会接到她的来信，他也始终如一地会寄出他的去信。

一年之后，1921年7月23日，在上海法租界望志路106号，有一个新的政党成立了。那就是中国共产党。高君宇，就是首批53名共产党员中的一名。这之后，他就更忙了，参加共产国际召开的大会，然后又绕道欧洲，曲线回国。

回来的时候，他曾经过来看望她。她惊喜于他的见闻，他却只是不动声色地和她谈天说地。他说："人生在世，当匡济艰危以吐抱负。"这是秋瑾的话，这话让她一扫忧郁，神情振奋。

他为之奋斗的事情，她，愿意听；他，愿意为她说，他为之奋斗的事情。不到情投意合，只是志同道合。来今雨轩，有她、她的密友和他毫无隔阂的谈天；陶然亭内，有他、他的高朋和她热血沸腾的说地。

他们，有过多少交集了。可是他，始终不敢，看看自己的内心。之后，又是各奔西东。云归云，雨是雨，就是相遇，也是分离。

他继续他的事业，那命悬一线的事业。而她，则只能在报纸上，听到旧军阀通缉他的新闻。她的心，揪紧了。有那么一刻，她甚至希望他，不要再做那么危险的事情了。可是她知道，他把那当成了使命。

梅窟做梅巢，招待远来的英雄

金戈铁马，转战万里河山。疏影横斜，静卧一隅留香。

在没有接到红叶传情之前，评梅已经从女高师毕业了。当时任男师大附中主任的林砺儒先生，非常欣赏石评梅的才华、品性和能力。那一年，他和女高师的许寿裳校长商妥，请石评梅去附中担任女子部学级主任。

附中教师宿舍是一座荒废的古庙，砖残瓦破，古藤乱枝，在门前窗外纠缠不清。石评梅一见，不由叹道："真是东倒西歪三间屋。"推门进屋，蛛丝飞，顶棚纸落，满目是屑尘，更是凄凉无处看。

不过，好在有活泼可爱的小鹿随行，她三言两语几句话就让这凄凉变成了幽静。她说："这去处，好神秘。"

两人将行李放好，施展功夫，一会儿，一座荒凉古庙，就变成了一座深闺秀园。评梅说："刚进这里，仿佛一座魔窟，就叫梅窟吧。"小鹿嫌"梅窟"太阴森，评梅于是改口说："那就叫梅巢吧。"

八月十五，就在评梅独自望月、兴怀感叹时，有一个人悄

161

然而至。皎月下，俊影英姿，她一下子看呆了，不禁高喊："君宇，是你……"

来的就是高君宇。听见她如此唤他，他有点羞赧，赶紧举起手里的条幅，说："恭贺你乔迁之喜。"

那是一首他抄录的《陋室铭》，他说的，当然不只指陋室，他是要借刘禹锡的嘴，表达自己对她德行的赞美。

她也羞红了脸，谦虚一番，又转过话题，邀他晚间一同赏月。然而他居然留不得，他还有很多事情要做。

匆匆见一面，又是别离。

幽园，古庙、情深，终究是迷离。

他和她，这开始，是高山流水，琴瑟和谐。情到深处，却是荒原古道，无以言说。面对事业，纵然千难万险，他亦是不惧的，名士也倾城，可是在她面前，他却惆怅徘徊，如倦鸟，却不敢入林，英雄，原来也气短。

五、相爱只恨别离多

红叶寄相思，相思成愁

身体，在四处游走，心灵，却已归寄。他的志向，始终不渝，然而他的心，却越来越管不住了。

他不停地读她过去写的信。那信，字里行间，都是痛。是他的心也在痛，却是无法把握的痛。如果……如果……如果……他多希望有那么几个"如果"，能帮助他改变这种局面。人生，不是才刚刚开始吗？可是，为什么他看到的，就是好事难成？可又为什么，他总是觉得，她就是他的命定？

他病了，在香山疗养。看着满山的红叶，他再也按捺不住那颗悸动的心，他给她寄去了一片红叶，在红叶上，他写道：

满山秋色关不住，

一片红叶寄相思。

下面，他郑重地写上了自己常用的、她比较喜欢的那个名字：天辛。

收到信的一刹那，她绯红了脸。她是喜欢他的，他那样真诚，那样热血。可现在横亘在他们面前的，不是双方的感情，而是他的身份、她的过往。他，依然是人夫，她，被人夫伤过。

他，在苦苦求父亲让自己离婚未果后，曾经说过：我不认可这个妻子，但我也是不能再结婚的了。而她，在被伤害后，也曾经说过：我是要终身独自一人走过了。

他们的结局，恐怕只能隔江相望，同饮长江水吧？

她本不忍驳他，可却也不愿负他。她一狠心，提笔在红叶背后写下了几个字："枯萎的花篮不敢承受这片鲜红的叶儿。"然后也署上了自己的名字。

寄出这封信后，她一定恨透了自己：她，是辱了这鲜红的叶，她，是揉碎了那颗鲜红的心。

不久，她就收到他的来信，他没有责怨，只是平静地说：

163

"红叶题诗，那是久已在一个灵魂中孕育的产儿。但是，朋友，请不要为红叶而存心，要了解是双方的，我至今不能使你更了解我，是我的错，但也有客观不允许的理由，这只好请你原谅了。"

她的心，再一次震颤了。

情意缠绵，也不过是小楼春深，帘外有春风。那素娥粉黛，宁于琼楼玉宇，自品高寒，也不肯人间留情。真是让那情郎，心碎梦断。

远行有牵挂，一辞休

一夜，风雨大作，树动风铃摇。评梅大病初愈，正在写家信，忽听有人说话，一会儿，校工玉玲带来了一个男子。

那人穿着黑色的雨衣，大檐帽把整个脸的上部都遮得严严实实，只看见一副金丝眼镜的下半边，还有一撇奇怪的小胡子。

评梅愕然，素不相识，于风雨夜，突然闯进闺房，成何体统？她正要责怪玉玲，就听那人喊了一句："评梅……"

那是熟悉的声音，是他的声音。

他住的秘密工作点已经暴露，一位同志被捕叛变，他现在必须要撤离。可是这一走，就是天长水远，很可能永不相见。他舍不得她，纵然不能拥她入怀，也要再看一看那张可人的脸。

她看着他疲惫的身躯，一阵心酸。他惨白的脸庞居然和初愈的她一样。这个人，是无论如何，也要完成那未竟的事业，可唯如此，他还是放心不下他心爱的姑娘。

须臾，他又要远走了。此时，她忽然想要让他留下，哪怕只是在风雨夜，在这个僻静的地方，歇上一歇。她叫玉玲来，为他找一个可以栖息的地方。

他的渴望，就写在脸上，他多么想，留下来陪她到地老天荒。可是他明明白白地拒绝了。他的生命，不是他自己的，那是和同志共有的。

他深情地望着她，万般不舍，终于，他忍不住脱口而出："评梅，你我……我好想……你能……那红叶……"然而，话仅尽于此。评梅已经在摇头。再多说，两人都为难。

他一咬牙，转身，又没入风雨中。古庙的风铃，又是阵阵叮咚声。身后，只留下评梅纤手情深，悬在空中，伸得再远，也拦不住他奔走的心。江山如画，英雄为之竞折腰。

病深深，一夕永诀

四处奔走，他不但没有忘记她，反而爱得更深了。他写信告诉她："我是飞入你手心的雪花，在你面前，我没有自己。你的所愿，我愿赴汤蹈火以求之；你的所不愿，我愿赴汤蹈火以阻之。不能这样，我怎能说是爱你！"他还叮嘱自己的弟弟，在自己远走的日子，多帮帮她。

半年后，他们终于再见了。可一个是在病床，昏睡，一个匆匆赶来，悄然垂泪。她轻轻地说："君宇，我接受你了。我接受你了。"他兴奋地醒来，再去验证，听到的却是："我接受你的爱，但请你接受我的主义——独身主义。"

此时的他，已经和妻子协议离了婚。可这个姑娘，还是铁了心，不想结婚。冰冷的心，也热了，又冷了。他最后和她相约，纵然不能终生相守，也要一世相恋。他送给她一枚象牙戒指，她欣然戴在了手上。

没等痊愈，他又走了。开会，斗争，期间也做闲情，伴红娘，促成了革命情侣周恩来、邓颖超的婚姻。

国民会议促成会期间，一场政治风暴，眼看要席卷全国。那时高君宇特别忙，连和评梅见面都难。

1925 年 3 月 1 日，国民会议促成会全国代表大会，在北京开幕了。可是三天后，高君宇再次病倒。

泪眼朦胧，看到的是形销骨立，纤手轻握，摸到的是病骨支离。她嗔怪道："为什么不听医生的话，好好休养呢?"

他无力地一笑，指着书桌抽屉，告诉她："你如果愿意更多地了解我，我的日记本就送给你吧。我是个多情的人，但我不会殉情而死，我不喜欢那种浅薄的死法，你也不要……"

日记本，她是愿意接受的，可是这种遗言似的谈话方式，她不喜欢。他还那么年轻，上天不会如此残忍，夺走他的生命。她是绝对不相信的。

他去住院了，让她回学校，她也正好有事物需要料理，他们约好之后再见。她怎么也想不到，此一别，就是永诀。

她，是从朋友那里，得悉噩耗。她哪里相信，那样深爱着她，走到哪里都牵挂着她的人，却如此决绝地走了，连等都没等她，看都没看她一眼，而且一走，就是永不回头。

她不相信，她直奔医院，可是没走多远，她就晕过去了。她从来不认为，他们的结局会是阳光灿烂，可也从来没有想过他们的结局是如此的凄婉。苍天落泪，长歌当哭。

她的心在狂喊："我早已经后悔了，我已经决定把这颗心完完整整地交给你了。可你，真的已经没有耐心了吗？既然你走，就带了我的魂去吧。"

任怎样的哀伤，也换不回远去的英魂。只依稀间，他还站在梅花前，呢喃："花儿不常红，草儿不常青，徒苦了我的忠诚。'"

叫她怎能没有恨？

墓畔哀歌，杜鹃啼血声声泪

没有了他的日子，她成了露梅。凄凄戚戚，冷泪成冰。

他葬在了陶然亭。那里，就成了她的心寄存的地方。绕墓三匝，苦寻，人已不可依。吻坟头青草，祈年少英灵，梦里相见，魂相依。

多情的你，难道看不到她的泪，看不到她的相思吗？

"假如我的眼泪真凝成一粒一粒珍珠，到如今我已替你缀织成绕你玉颈的围巾。

"假如我的相思真化作一颗一颗的红豆，到如今我已替你堆集永久勿忘的爱心。"

他，或许不曾预料到她的伤心如此之重，他也无法料到，他的身后，社会的黑暗更上一层。

好在评梅是醒着的，她，不能像他一样，转战南北，奔走呼告，但她有她独特的武器，她的那只细腻柔情的笔，在指破黑暗的瞬间，就是他曾经使用过的那把利剑："我不怕狂飚怒号的威胁，我不怕淋漓暴雨的袭击！恃着抗争造物的雄怀，咬紧牙关，冲风急趋，做一林雨中蓬勃的青松！"

167

希望"我们这区区的热忱，能够在狂沙飞舞云天惨淡、举国悲愤一致抗日声中，激动磅礴的敌忾，得到些须的收获。"

她活着，他就是不死的。

然而，她活着，她的心已经死了。刮风的日子，她能想到他，下雨的日子，她能想到他，天晴的日子，想的还是他。思念，在苦苦煎熬着她的心，忏悔，占领了她的灵魂。

她唯一的一线希望就是：生前未能相依共处，愿死后得并葬荒丘。生，是别离，死，才是长相守。

三年后，她患急性脑膜炎住进医院，在昏迷中，被转送到他生前住的协和医院，住进他去世前住的病房。几天后，她在他去世的时刻——凌晨 2 点左右——病逝，然后，葬于他陶然亭的墓旁。

质本洁来还洁去，一抔净土掩风流。

后人去陶然亭，常常看到有成双入对的蝴蝶，或轻盈曼舞，或环绕盘旋。那，该是他们快乐的影子。

化蝶，终是虚无，他和她，是另一种存在，真实，永久。

第六章
雨湿断虹银月饰——萧　红

　　这竟是怎样的生命呢？生也不欢，死也不甘。活着，每一天，都在演绎离开，永远的辗转，从家乡逃离，从背弃处逃离，从战事处逃离，又从曾经的恋人处逃离。这流转的年华，都赋予奔走的命定，实在可叹可惜。家是早就没有的了，每一天，都是离开异地，走向异地。

　　无家可归，也无人可依，别说父母之命的那个，离开回来，回来离开，最终杳无踪迹；就是曾经如侠士一样从天而降的那个，也如蜃楼，今日欢情，明日薄情；至于以为终于情投意合的那个，不过也是同林而宿，灾难来临时，见不着踪影。

他们，各有各的别情，各有各的宿怨，可怎么说，她不过是一个柔弱的生命，一个正在受苦受难的生命，一个曾经那么信赖地靠在他们身上的生命。而他们，就像对待菟丝子一样，毫不留情，连根拔掉。以至于她在生命中的每个节点处，总是在说："他是不会回来了。"

她当然不是为了他们而挣扎，也不是为了爱情而受难。她本是地主家的小姐，世界再怎么变化，她还是可以享受属于自己的一隅安宁，相夫教子，和全国的女子一样。可她总觉得，还有一个更广阔的天地，那里有一个更完美的自己。她要寻到自己，为此不惜代价。

可在那样一个男权时代，叛离了生活的主流，她就成了浮萍，必然要面临背弃，雨打还不要紧，风吹才最要命。那盘根错节的生命，谁会理解飘碎不圆的浮萍？

走得越远，她反而越是怀念生命之初。那曾经的荒原，那质朴的亲眷，还有玩累了随时可以靠在那里睡个懒觉的断墙残垣，一切都那么安然，那么理所当然。不用懂什么上天之理，也不用管什么地方之情。反正，那样就是自己，完整的自己，真正的自己。

如果把生命里全部的奔走都抽离，那她剩下的，就只有一个迷离，正在寻找社会的主题。她终究不是她自己的，即使叛离，也要沿着社会的经纬，粘着时代的气息。这逃离，又哪里逃离得了。就像雨后断虹，再光艳，粘着的还是雨的晕湿。

170

当生活终于可以安定，可却要结束生命。窄窄的卅一岁月，安能度得了她全部的才情？临终泣泪如血，这样的不甘，却又有何人听？倒是明月向心，照得离人归。银星点点，诉尽人间情！

私人档案

中 文 名： 张逎莹

乳　　名： 荣华秀环

笔　　名： 萧红悄吟

国　　籍： 中国

民　　族： 汉族

出 生 地： 黑龙江省哈尔滨市呼兰区

出生日期： 1911 年 6 月 2 日

逝世日期： 1942 年 1 月 22 日

家庭背景： 祖父张维祯。父亲张廷举，早年毕业于黑龙江省立优级师范学堂，长期担任官吏，具有浓厚的封建统治阶级思想，对萧红既凶狠又无情。母亲姜玉兰，生一女三子，萧红是第一个孩子。1919 年 8 月母亲病故。11 月，张廷举续娶梁亚兰。

婚姻状况： 曾与军阀之子汪恩甲有婚约，并且同居，孕一女。后遭汪抛弃，遇侠士萧军，两人相互有好感，遂出双入对。直到端木蕻良，才是萧红一生中唯一的一次正式婚姻。

职　　业： 作家，被誉为 20 世纪 30 年代的"文学洛神"。

毕业院校： 女师大附中

主要成就：《中国文艺工作者宣言》

代表作品： 《生死场》、《呼兰河传》、《小城三月》。

经典语录： 黄瓜愿意开一个谎花，就开一个谎花，愿意结一个黄瓜，就结一个黄瓜。若都不愿意，就是一个黄瓜也不结，一朵花也不开，也没有人问它。

心中感到幽长和无底，好像把我放下一个煤洞去，并且没有灯笼，使我一个人走沉下去。屋子虽然小，在我觉得和一个荒凉的广场样，屋子墙壁离我比天还远，那是说一切不和我发生关系；那是说我的肚子太空了！

他就像一场大雨，很快就可以淋湿你，可是云彩飘走了，他淋湿的就是别人。

我就像他划过的一根火柴，转眼就成为灰烬，然后他当着我的面划另一根火柴。

一、金风玉露燥相逢

荒原素朴锦绣童年

在所有民国才女之中，萧红的日子过得是真正的凄苦，那山穷水尽，都是绝处，头无片瓦遮顶，脚底寸步难行，以至于被人要挟着要卖掉她还债。这样的命运，就连赎回百里奚的五张黑公羊皮，也要叹息了吧？

这个满腹诗书的女子，曾经望着茫茫的天，看着空荡荡的屋，萧萧地说："这桌子能吃吗？这被褥能吃吗？"

世界的一切都是不存在的，因为已经被一个"饿"字遮得严严实实。一代才女，落魄至此，看着就让人心酸。

这，还只是其中的一个片段，其后的生活，虽然有了起色，但依然是漂泊不定，依然是无着无落。

在生命的各个心酸的间隙，她总是会想到童年，想到她的祖父，想到那个在里面想要怎样玩就能怎样玩的荒园，想到荒园里那些想要怎样活着就怎样活着的动物植物，还有非生命物。他们都活着，一直活着，活在她的思想里。

走得越远，她的思她的想就越浓，一直走到香港的浅水湾，她的心里，她的脑子里，已经描出了完完美美的呼兰河，她已经嗅到那温温暖暖的童年气息。记忆到了嘴边，呼之欲出。于是，在那一年，她写下了《呼兰河传》。

"从南到北，从东到西，几尺长的，一丈长的，还有好几丈长的，它们毫无方向地，便随时随地，只要严冬一到，大地就裂开口了。"

那是一个严酷的世界吧，与香港的暖风扶柳肯定是不同的吧？冬天到底是荒凉些，然而到了夏季，又是完全不同的景象。她的那片荒园，成了世界上最热闹的地带，蝴蝶，蚂蚱，蜻蜓，都来凑趣了，就连早晨的露珠，太阳花上的晚霞，也都是浓浓的，艳艳的，裹挟着静美扑面而来。

那是世界上最美丽的荒园吧，因为那荒园里，有和他一起笑着的祖父，有和她一起玩着的蜻蜓、蝴蝶，还有和她打着嘴架却又极疼爱她的有二伯、老厨子，还有那个一年到头在磨坊里忙着的冯歪嘴子，他会毫不吝啬地送上一小条黄年糕。

那荒园，是她的饭堂，也是她的卧室。那里到处散落着满天星，满天星里长"葡萄"，"葡萄"送进嘴里，就是一嘴的酸甜。这酸甜满布整个童年。

满天星下是蒿草，蒿草是软褥子，又是高房梁，上面，给她头顶遮阴，下面，给她脚底铺垫。她的童年，不知道有多少欢乐，都编织在这满天星下。

然而这童年终究是短的，短到在她的记忆深处，只有那么几年。

父亲，让求学美梦成遥隔

魂梦处，香销，凉云灵雨不逍遥。萧红出生的那一天，正是端午节，屈原投汨罗江的日子。"心冤结而内伤"，秋水明月都成怅惘，豪情不再，一光入江。诗情、抱负全都付之东流水，才华、理想也都卷入浪潮中。

这是一个悲情的日子，却也昭示着才情的觉醒。斯人已去，才华盈空。她在这一天出生，浸了他的悲伤，也染了他的才情。如果这样去看萧红的一生，似乎一切才可以解释得通。她也深思高举，她也洁白清忠。为了追求一个冥冥中的理想，她一直在寻找，一直在抗争。

没有书读，抗争，早早定亲，抗争。姐妹兄弟，全都远走读书，没有功名，也求得一身智慧，凭什么就囚禁她在家中？这是不公平，自然要抗争！

父亲是强硬派，心如铁：不吃饭，没关系，不睡觉，没关系，不说话，更没有关系，只要一条小命在，对亲家有个交代，那一切足矣。

他就是一堵墙，站在世界的对面，站在她的前面，挡着春光，遮着日月，甚至可以阻断呼吸。生命的本能，骨子里的向上的本能，让她把自己当成了钻，去钻洞吧，寻得呼吸的自由，去到那可以自由奔跑的天地。

她对父亲说，如果没有书读，那就去出家。这可是不名誉的事情，父亲终于没有办法，放她去哈尔滨读中学。书是可以读了，父女俩的关系却越来越坏了。

母亲是早就去了的，这个父亲（也有说他不是她的亲生父亲的），不管怎样，他是全然没有一点血亲之情，每时每刻都想捉了她的命，送回到旧时光中。在他的世界中，她本就不该出生。于是，世界在她面前，处处是冷风，玉栗寒生。

勉强挨到中学毕业，父亲婚嫁的命令催逼更紧，而她求学的欲望则更深。出了哈尔滨，还可以去北平。那里有更广阔的世界，那里有更美的灵智。

然而父亲是再也不能容忍的了。她只好假意应承，得到了一笔嫁妆，然后找个机会逃走，和去北平读书的表哥相会。

北平的风光，果然大不同。那里有思想新潮的五四青年，那里有跃跃欲试的新新女性。那里的美，都是难以捉摸的。

然而，她生活的惊险已经拉开了帷幕，新生活的洗礼还没等结束，得到知识的兴奋，刚在腔子里转了一个来回，新的困境就已经现出苗头。她的嫁妆早已经告罄，表哥的生活费用，也失了源头，向父母一催再催，父母一方，则催他离开她，两厢较劲。

表哥终于倦了，他屈从于父母，决定回家。她又能怎样呢？只得随了他的脚步，回家。表哥，是有家可回的，对于一个男人来说，他生下来，就已经扎了根。

而她，其实已经无家可归。回去，就意味着从张家走到汪家（她的未婚夫家），从她出生的人家，走到她要终生埋没在那里的人家。

她的未婚夫，她是见过的，叫汪恩甲，是个小学教员，说不上好，但也看不出坏。他们通过信，却没有多少共同语言。他不是她的未来，她看得出来，但她还是抱着幻想，或许，他，能给她一个通向未来的通道。

她这个梦，还没有编织好，就已经被父亲咆哮的声音惊醒。

一回到家，她就被父亲谴到阿城县福昌号屯老家，囚禁。那个巴掌大的地方，四周全都是沟壕，沟壕外，林木萧萧处，常有野兽出没。独自一人出屯子，绝没有生还的希望。

这一禁，就是十个月，冷重的房阴，青湿的苔藓，把那暖暖的太阳，也氤氲成了冷色。月夜不明，混沌寒风，入梦处，全都是刀光剑影。

凄冷的地狱边缘，也有闪着暗光的天使。屯子里住着几个朴素的农户。萧红在他们那里，居然消化了很多民间杂事。长工的乐与苦，地主的情与伤，无知和有知在无意间碰撞，灵性和混沌在一忽间杂生。

对于一个作家来说，这就是滋养。生活是苦的，思想却是乐的。

不过，她的生命毕竟是流动的，一夕休养后，接着又要进行激烈的战斗。十个月后，她在一些唤为姑姑、婶娘等人的帮助下，坐着白菜车，逃离了这个屯子。

风筝挣断了线，命运从此就与风相惜相依。

逃婚，逃婚，逃回婚姻

女性作为第二性，已经被淹没了那么多年。终于，娜拉（易普生的《玩偶之家》里的主人公）觉醒了，开始抗争，震动天地。于是第二个娜拉，第三个娜拉，纷纷醒来。然而，不是每一个觉醒，都会有有力的抗争。

有些女人的武器，居然就是男人的支持，这样的抗争，怎么说，都是自相矛盾，从一开始，就根基不稳。鲁迅说：娜拉无法独活，要么堕落，要么回家。萧红回过家，但家说她堕落了，她只得再次离家，等待她的，难道真是堕落？

她是无路可走的，每向前一步，都会带着堕落的惊悚，就连空气中的灰尘，都带着沉坠的脏腐。那一刻，她自己是震惊了，她是做不了娜拉的。

此时的她，已经被开除族籍，然而，她，却要循着家的意愿，去找她曾经的命定，那个叫汪恩甲的未婚夫。她的幻想，在风声雨声中，交织着电闪雷鸣，又来了。或许，他会给她一个未来的通道。如果那样，也好。

没有礼聘，没有仪式，甚至都没有听到他的誓言，也没有任何人的祝愿，她就这样和他在一起了，草率的，绝望的，被一丝热辣辣酸腐的希望支撑着的，她成了他的女人。

可是她饱含了热情，悄悄祈祷安定。一个柔弱的女性，谁生来就是一个扛枪的战士呢？那强大的社会主潮，只要撒下一点点波涛，就足以吞噬她柔弱的生命。在一刹那，她畏惧着，也妥协着。

一个经济不独立的女性，绕不开那磨盘的命运，所有的奔走，不过是从原点走向原点，方寸天涯，落步咫尺，那所谓的前方，也不过是给自己的一个虚假的希望。

然而，就这磨盘的命运，也不是她的。命运催逼着她，连缴械投降，也容不下她。她被打进一个更凶狠的浪涛中。

她身怀六甲，他于是借口回家为她争取地位和名分。因为此前的一再出走，已经让汪家视她为怪物。汪恩甲的哥哥为此替弟休妻。她一纸状书，将其告上法庭，却终以失败收场。这婚约，偏在她想要回归的时候，泡了汤。

他信誓旦旦，她满怀希望。生活，耍弄她，玩笑开了一遍又一遍，这回，应该会正儿八经的了吧？如果从此以后可以安定，那么过往的叛逆，她都可以拿过来，作为忏悔的依据和旁证，永远，永远监督她。

可谁知，这不过是他的虚枪一晃。他从这里一走，就永远地消失了。当年她逃婚，逃婚，逃出他的手掌心，如今又送上门来，任由他把玩揉捏。这转回身，他开始逃婚，逃婚，逃婚，逃出她的骨肉连筋。

他隐了，心头恨也泄了，连快意的笑声都还没有来得及放纵，就隐没得干干净净。让她哭也不得，笑也不得。生活，终于还是没有放过她的错漏，让她尝遍苦情。

住，是欠着债的旅馆，吃，颗粒没有，水米全无。她漫天挺着个大肚子，在房间里打着转，那一双明亮的大眼睛，日渐暗淡下来。

旅店老板把她驱赶至杂物间，还怒吼着，再不还债，就要拉去卖掉。尽管她孕育着新的生命，可她自己的生命迹象，却越来越微弱。这该是她的生命终结了吧？如果就这样死掉，也应该是圆满的了吧，逃离，被逃离，开始，然后结束。仓促是仓促，可是因果都已经齐全了，结束也就理所当然。

二、侠义儿女行江湖

侠士春风吹又生

歧路没有，回头路也没有，就更别说什么光明坦途。自从开始与命运抗争的那一刻，她其实就已经没有路，她被挤到随时可以断流的小溪中，游不得，走不得。

在那个小旅馆里，她慢慢开始绝望。"七个月了，共欠了（旅馆）400 元钱。王（汪）先生是不能回来的。男人不在，（旅馆的老板）当然要向女人算账……"在她的《弃儿》里，她这样描述了那一场灭顶之灾。

旅馆老板不停来催债，甚至扬言要把她卖掉还债。时间也变成了债务的刀，每延长一刻，那催逼的刀就又锋利一些。她连梦也不做了，还有什么希望可言呢？她就像是驶向断壁悬崖的小舟，一点点，步向那恐怖的死亡，毫无挽回的余地。

没有希望，她也还是挣扎，她向哈尔滨《国际协报》的副刊编辑裴馨园写求助信。就当是胡言乱语吧，至少，在这糟糕的命运面前，她总可以发出一声叹息吧。

她断然没有想到，这绝望的叹息，倒救了她。萧军——那时候，他还叫三郎——来了。这个萧红生命中最重要的男人，就像一个侠士一样从天而降，给了她"短衣匹马，仗剑天涯"

181

的英雄想象。

而他，对她，则是另一重想象：她逃婚出来，却又一头钻进婚姻的圈套里，命运是悲惨，可是思想却站在前沿。她不光是带着清香的姑娘，还是多情的才女，你看她一抬手，就是细腻多情："这边树叶绿了，那边清溪唱着：姑娘啊，春天到了……去年在北平，正是吃着青杏的时候，今年我的命运，却比青杏还酸。"

一个白马西风，一个尘世才女，不肖什么郎才女貌，只要春风一点，就是万种风情。江湖儿女，于此处最是惺惺。

然而事实上，他不过是一个尚武的穷苦书生，既没有武士剑的灵光，也没有商贾钱的荣耀。在得到求助消息的最初，他甚至冷漠地不置一词。他是一个穷苦人，这世界上的穷苦人那么多，他就是其中一个，如果能救得了她，他岂不是早就给自己一个更好的命运交代了。

因此，第一拨去旅馆探望萧红的人中，根本就没有萧军。见报社的人一去无音信，萧红不得不连打电话急催。于是，萧军作为代表，才现身旅馆，这二萧的爱情序幕，也才有了开始的机缘。

只是，他面对她的凄惨命运，也还是没奈何，抢，抢不了，赎，也赎不下。他眼看着她受苦，却救不了她。他怅然把随身仅有的车费钱，都给了她，回头再作新的打算。

不久，天降大雨，松花江决堤，水流满街，小旅馆被淹泡。普天灾难的一刻，倒成了她的福音。趁着老板不在，她搭乘一艘救援船，终于逃脱，到了裴馨园家，与萧军会合。

新的希望，在浊流之中诞生了。她挺着圆圆的肚子，终于可以长舒一口气，也终于可以对未来的生活作新一轮的幻想。世间的灾难，原来都是为侠士们准备的，只有这样恶劣的环境，才可以召唤骄子现身。

逃离，奔向爱的踟蹰

尽管从小旅馆逃出来，日子也还是绝望的。她投奔的，是在裴馨园家的萧军。就这样，他和她，住在了一起。

她没有选择，尤其是面对一个拯救自己的侠士，他也没有选择，在面对把自己当成侠士的弱女面前。

这最初的结合，终归有些不妥当的。他是有妇之夫，而她，还怀着别人的孩子。而且，他们认识，还只有几天。

他不是她的爱，他不过是她仓促间抓住的一颗救命的稻草。但她愿意用爱来描绘他们的关系，愿意用爱来弥补她在他面前的缺陷。

从一开始，这爱就带着不公的色彩，她必须要卑屈，必须要全力以赴，或许才能挽回她最初在他面前丧失殆尽的尊严。如果他真是侠士，那倒也罢了。可是什么才叫侠士呢？有爱的时候，侠士的一切都是可以做的吧。

不管怎么说，他们是在一起了。她苍白的脸，也终于慢慢有了喜色，那惨淡的唇，也充满了诱惑。那段日子，他们是快乐的。这快乐激发了她的创作激情：

只有爱的踟蹰美丽，

三郎，我并不是残忍，

只喜欢看你立起来又坐下，

坐下又立起，

这其间，

正有说不出的风月。

她看着他的一切，都是美的，她念着他的一切，都是好的。他的确是一个天降之神，无论做什么，无论在哪里，都带着七彩的光环，就连为生活愁楚，在房间里如困兽一样徘徊，也还是美的，美得让她痴迷。

命运终于有了一夕安宁，她是完全沉浸其中了。凄风冷雨，来吧，她是不怕的了，因为身边有三郎；坎坷浮沉，来吧，她是不怕的了，因为身边有三郎。

新生来了又送走

不久，她面临生产。没有可以待产的医院。他真的做了侠士，拿着一把刀，威逼着哈尔滨市立医院的医生，为萧红接生。

也就是在那个医院里，她的第一个女儿，她临终时念念不忘的孩子，她连看也不敢看一眼的孩子，就让一个陌生人抱走了。

她是残忍的，和亲生女儿诀别，震颤着，却最终还是下了狠心。可是在她更为残忍的命运面前，她有的选择吗？她连自己的活路在哪里还都不知道，孩子留在她的身边，无异于死路一条。

她只有二十二岁，一个刚刚长大的孩子，自己的身份位置尴尴尬尬，能给孩子一个什么样的名分呢？孩子看似是她的累赘，实际上，她又何尝不是孩子的累赘呢？这样一个两相伤害

184

的关系，被母女情分定义，注定一生都是扭曲。

不管怎么说，她泣泪饮血，带着忏悔，也带着因考量母性引起的一点点厌恶，带着更多的祝福，送走了孩子。她这样麻醉着自己：毕竟抱走小家伙的，是一个穿白长衫的女人，她在她的床前，述说着她怎样要一个孩子，她一定会爱她的吧。

贫苦鸳鸯饥饿蜜月盐作乐

再回到裴家，人还是那些人，脸却不是那样的脸了。生活的沉重，总是会让人变得无情。关系再好，也会抹了脸，现出本相。

萧军从小就生活在一个盛产绿林好汉的山村，行侠仗义的英雄本色，是他儿时对未来的憧憬，尽管后来在生活中磨平了一些棱角，但他依然是一个豪狠坦直、打抱不平、尚武好斗的人。

面对冷言讥讽的裴家人，他自然受不了，和他们激烈地大吵一顿后，拉着萧红搬了出去。可是他们能去哪里呢？离开裴家，不但是无房，还是无业。他们的唯一一项收入，在《国际协报》的工资，也就此彻底归零了。

两人勉强找了个小旅馆，暂时栖身。那时的萧红，心一定是战抖的了。又是小旅馆，又是一个没有婚约的男人。难道历史又要重演？难道她的命运又要进行下一轮的恶性循环？

但没有，他还是那个他，大大咧咧地开着玩笑，温温存存地守护着她。摆在她面前的真正问题，不是他，而是饥饿。

为了生计，他去教武术，去做零工，早晨很早起床，喝上一杯半冷不热的茶，就去打食，而她，在无奈的等待中，看着阳光的影子照在屋里的器物上，一寸寸铺撒开，仿佛在一点点吞噬着房间，她就不由得也咽了吐沫，这桌子能吃吗？这被褥能吃吗？

就是安稳地睡下了，也还是会被饥饿早早叫醒。推开房门，左面隔壁，挂着列巴圈，右面隔壁，也挂着列巴圈，肥肥的，美美的，飘着香气，带着诱惑，让她忍不住，要伸出手去。

然而，"那是偷"的责备忽然就窜上脑门，旋即弹红了她的双颊，她跃跃欲试了两三回，终于无法下定决心，只好重新回到床上，等着新的睡眠来临。

不久，他做了家庭教师，以不收费为代价，换来了一间小房，他们终于算是有了自己的小家。身体稍好一点后，她也出去工作。列巴圈的诱惑，总算是慢慢变淡了。

尽管她每日依然提心吊胆，为这没有婚姻作为保障的关系，但他一直陪在自己的身边，一直陪在她艰苦岁月之侧。

他还带她去参加牵牛坊左翼文学活动，激发了她的创作激情。她能诗善画，不但成为"星星剧团"的主要成员，还帮助朋友办各种筹款画展，也时常展示自己的小小画作。

生活渐渐步入正轨，她慢慢寻回了做人的尊严，而他的坚定，也让她慢慢安了心，开始坦然享受这来之不易的幸福。

三、大师在侧星光路

悄吟浅唱，诗赋人生

乱世中，混沌着，倒也做了几年瑶台伴侣。虽然寒衣单，三餐少，破愁光阴却渐渐明了。他领她出入各种文化场所，让她见识艺术的魅力，领略知识的高明。黄沙白草的命运，忽然有了一点沾香惹魅的提升，成了宝匣明珠，那情也柔，那氛也温，渐入佳境。

这个于万里他乡奔波的女子，是略有踌躇的，年年愁泪，今朝万喜，莫不是海市蜃楼？又或许，这终于是愁苦空尽是色香，人生不再有怅惘。即使是海市蜃楼也罢，在寂寥的生命间隙，享受些许愁苦之外的馈赠，让这人与命运在龃龉中和解吧。

就是在这个阶段，她发表了很多作品，《夏夜》、《出嫁》、《弃儿》、《离去》、《麦场》等等，她用的名字，是悄吟，悄悄地吟诵。

命运对她曾经那样暴虐，就是有了一种生存的自尊，她也还是不敢豪爽地抬头，她只能在一扇打开一条小缝的幽窗内，悄悄地，缓缓地，而又痴情地吟诵人生。

这柔弱的生命，竟如此难以与命运抗争。赢得一夕欢娱，就是感激涕零。可是这残折杨柳，究竟情为哪般凋零？这样的

187

问号，她知道，在行文深处每每有所表达。但她似乎也不知道，因为她之后的每一步，还是在制造同样的问号。

她走出的每一步，对也罢，错也好，祸福旦夕，却不过是奠基因果。命运就是在这样紧凑的衔接中，生出一方苦，又造出一缕甜。哪一天，她都不敢怠慢，因为纵然是一缕甜，也会瞬间变酸。

她一直是漂浮着的，一招棋走错，满盘皆是空。那错过的曾经，总是在敲打她的神经，而她又万万不能停下，错棋错路，也要走到命终。

可如果生命重来，那错误的第一招，她还是避不开，在那样的年代，在那样的家庭，在那样的思想中。

这就是萧红，每走一步，都让人心疼。她就是美人鱼，撕裂了尾鳍，变换了双脚，去追寻她的初梦。可她的追寻本身，就是悲剧的命定。用错误验证正确，路永远走不通。每向前走一步，就多一个梦幻泡影，每获得一分，都为悲剧的色彩又浓添了一笔。

好在她的梦，一直在她的命运中闪着光，滴着浓香，诱惑着她的灵与美，她的诗情和才情迸发，也终于在虚无的天幕，落下实实的影像。在人面已去的今天，我们也还是可以在她的字里行间，寻到那骨子里的灵与美，念着，捧着，珍惜到永远。

寻到名师看光明

从哈尔滨到青岛，几个辗转后，人生也还是不断的历险，只不过从个人的凶险到了国家的凶险。国破，壮士奔走，家亡，

188

才女知恨。她还是在寻找光明，不过这回不是关系到她自己的光明，而是关系到国家的光明。

在创作了《麦场》后，她和他给在上海的鲁迅写信，一方面讨论文学创作，一方面，也探求救国之路。不久，萧军的朋友被捕，他们的事业受创，而此时正好鲁迅来信，于是，他们又收拾行装，奔上海，奔鲁迅。

那时的上海，既是天堂，也是地狱。天堂，于他们是没有诱惑的，那繁华，不是他们骨子里的消遣。地狱，他们也不惧，于生死中辗转、穷有一腔浩气的人，其实每时每刻都徘徊在地狱边缘。

早在青岛，他们就已经认定了自己的身份，也认定了自己的工作方式，写作成为作家，成为作家写作。

那时候他们的生活方式极其安宁，总是有大段精美的时间用来写作。在大饼泡菜汤中，春花再度绽放，秋月重新走向圆满。

在投奔鲁迅之前，他们每个人，都已经写好了长篇。萧红拿给鲁迅的，就是《生死场》，它的第一节，就是她曾经发表过的《麦场》。尽管结构还不是很完美，但是内文却神韵十足。

"黄色的，近黄色的麦地只留下短短的根苗。远看来麦地使人悲伤。""一条闪光裂开来，看得清王婆是一个兴奋的幽灵。全麦田，高粱地，菜圃，都在闪光下出现。"

那笔，写的是忧伤，无知农民的悲剧，可却没有悲调，她只是缓缓地写尽他们的行，他们的想。就像在炙烤的太阳下，翩跹着的蝴蝶翅膀，疼着，也美着。至于那命运的萌动，全都赋予观者考量。那每一个文字，都带着仙灵的朝气，漫然而来。

笔的希望，还不是读者的心？鲁迅也被她打动了，并亲自为她作序，千方百计帮助其寻求发表。

鲁迅非常喜欢这一对充满朝气的年轻人，他本身又是极富热情的文人，对于后起之秀极尽栽培之能，不仅介绍他们结识茅盾、胡风、叶紫、聂绀弩等上海左翼作家，以及美国进步作家、记者史沫特莱等，还把稿子推荐给《太白》、《文学》等报刊。

在鲁迅的协助下，叶紫、萧军和萧红成立了"奴隶社"，发表"奴隶丛书"。丛书包括叶紫的《丰收》，萧军的《八月的乡村》，萧红的就是被鲁迅看好的《生死场》。

萧军、萧红的名字，第一次出现，就是在这套奴隶丛书上。他们两个人的名字很有深意，合起来，就是"小小红军"，这也正是鲁迅的意思，在压迫中反抗的一点一滴的红军力量。

那时候的萧红，是最有生气的，在鲁迅的推介下，她和萧军同时成了轰动一时的"奴隶作家"，代表一种新生的反抗的力量。

尽管"奴隶丛书"在刊发不久就遭禁，但萧红对未来的路，却从未有当时这样笃定。她的手中，有了一个掌握命运的宝物。一支柔弱的笔，居然可以披荆斩棘，可以让她残酷的过往，成为一种悲壮的力量奠基。

远走日本半求安宁

有了名，有了财，她和他的日子是稳稳妥妥的了。可是，这期间，却又产生了大的变故。或者说，他们之间，其实一开始就存在着这变故之源。

萧军是尚武之人，尽管他用笔写作，可其实更想投笔从戎。在遇到萧红之前，他在东北做过骑兵，他一直认为征战讨伐，才是真正的战斗，也才是最有意义的人生。可他的命运里却偏偏没有剑，只有一支笔。

就是在遇到萧红时，他也还是想要驰骋沙场，以武人的身份报国。但阴差阳错的，他一直没能实现这样的抱负，倒是斜刺里在文学天地里崭露头角。对于这样的局面，他一直是矛盾着的，而他的内心，也把这矛盾的起源，归咎于萧红的出现。

他一直陪在她的身边，和她一起静静写作，可他也游离于她的身畔，他想要有更惊天动地的人生。惊天，似乎也没有惊，动地，也还只是小小的名声震动。

越是如此，他就越是想要把目光投向远处的理想，而一旦收回目光，看到的却是近在身边她这个事实。他的怨更深，他的心更焦躁，他需要一点新鲜的刺激，来驱赶这远离理想的沮丧。

一个叫陈涓的姑娘，适时出现在了二人的世界。也有人说，早在萧军和萧红认识不久，陈涓就成了萧军的追求对象。

她把这一切都写进了《幻觉》："我不相信你是有意看她，因为你的心，不是已经给了我吗?"尽管满是幽怨，可她似乎只能把他的移情当成幻觉。

而现在，他就连这幻觉也是不想给她的了。他当着她的面，给她写情书。她稍有微词，他就拳打脚踢。

他们二人和朋友见面时，朋友见萧红的眼睛青了，问她是怎么回事，她回答说不小心摔的。而他则在旁边气愤地说："有什么可以隐瞒的，是我打的!"这个曾经的侠士，卸去了劫富济贫的英雄本色，露出一张随心所欲的暴徒的脸。这样说，或许对他不公，但这样的肆无忌惮，不是蹂躏又是什么呢?

还记得第一天相识，谈到爱情，他就直率地说："爱就爱，不爱就丢开。"这样的话，让身在囹圄之中的萧红颤栗了许久。

从一开始，她不过是他的一个小小的刺激物。如果那可以称之为爱的话，也是带有黑色鬼魅的爱。黑色越浓，爱就越扭曲。

她说："往日的爱人，为我遮蔽暴风雨，而今他变成了暴风雨了!让我怎来抵抗。"

东风不再，西风摧花。她身心俱疲，却无法开解，不得不常常去鲁迅家，寻找一种温暖的家的慰藉。可是鲁迅在病中，许广平又有很多的事情要做。她的苦闷，也就这样一寸寸积压下来，连爆发的可能都慢慢变成了虚无。

生活，在爱的断裂中，迎来了新的辗转。他要去青岛，她要去日本学习和写作。他们相约，分开一年，一年之后再见，或许开始新的爱恋。

临行前，鲁迅和许广平为萧红践行，她落泪了，可是却什么都没有说。说得出的，都没有意义，有意义的，又绝对说不出。

连相依相伴都无法圆满，这孤雁单飞，然后凭着久别重逢的喜悦，又能维持多久呢?这次分离，已经注定了她和萧军无法继续的命运。

四、莫逆于心不言爱

飞絮飞花万里飘

风吹残絮，做万里飞，乡音梦里，依稀未改。只青山草草，绿水阴阴，都付与流莺和孤雁，衔回忆春泥。

一生辗转的她，一生都在思念故乡。她在《沙粒·十八》里写道：东京落雪了，好像看到了千里外的故乡。

在日本的日子，更加安宁，安宁到寂寥，安宁到能听到思乡之痛的声音，咔哒咔哒，像火车飞奔，却是残云远逝。思到最后，竟思不出个所以然来。有祖父在的故乡，已经没有了，有萧军在的故乡，还在吗？

还在的，必须还在的。有她对他的爱，就有故乡在。这爱，是一种带着回归的奢望，是一种带着绝望的执着。她不断给他写信，在信里，在心里，他都该是她的故乡，她的家。只是这萍水相依的故乡，这偶然天合的家，能靠得住吗？

她不敢考量，因为她没有考量的资本，她只能深信，深信柳暗之后还有花明，深信山穷后水还能流长。

她给他写信说："现在我庄严地告诉你一件事情，在你看到以后一定要在回信上写明！就是第一件你要买个软枕头，看到我的信就去买！硬枕头使脑神经很坏。你若不买，来信也告

193

诉我一声，我在这边买两个给你寄去，不贵，并且很软。第二件你要买一张当作被子来用的有毛的那种单子，就像我带来的那样的，不过更该厚点。你若懒得买，来信也告诉我，也为你寄去。还有，不要忘了夜里不要吃东西……"

他是她的生命啊，他也是她的命运啊，尽管幽怨着，却还是屈服着，胁从着，甚至也虐心地恋着，小心爱惜地保护着。这最后一丝归属，是不能断掉的。就像一个病已深深的患者，纵然全身是痛，却还是小心地保护着呼吸，维护着活着的权利。

除此，她就只剩下写作了，她笔墨不停，却没有敢给父亲一样的鲁迅写一封信。以至于鲁迅在临终前对她还是念念不忘，他对茅盾说："萧红一去三个月，也不曾来信说明地址，不知道她到底怎样了？"

她怎能不想写，在最寂寥的时候，她的脑海里，也徜徉着鲁迅先生豪爽的笑声，"一上楼梯，就听见楼上鲁迅先生明朗的笑声冲下楼梯"，那也是一种家的温暖。

可是她不敢写，她害怕一提笔，那一腔的幽怨，那一肚的愁肠，还有她一生都在寻找的家的感觉，就都藏不住了。满纸的哭泣，一定像一个离不开妈妈而撒娇打赖的孩子。她面对的可是鲁迅先生，一直把她当成一个成熟的作家的鲁迅先生，她不能这样。

就是这样的情思，让她一直都不敢提笔给鲁迅先生写一字半语。得到鲁迅逝世的消息，她痛哭流泪，却更是不敢提笔写字。对于那些邀请她写回忆鲁迅文章的，她也都断然拒绝了。能从何处说，又该说些什么呢？

直到后来，她慢慢明白，鲁迅先生是真的去了，她是永远也无法再听到他的笑声了。可是，她却更想，调皮地询问他关于她自己的着装问题的了，也更想扯着他，去他一直没有去过的公园了，验证他那关于公园的正确定义了（鲁迅先生曾经说过："公园的样子我知道的……一进门分作两条路，一条通左边，一条通右边，沿着路种着点柳树什么树的，树下摆着几张长椅子，再远一点有个水池子。"）。

这时，她才提起笔，在回忆里寻找鲁迅。

二萧情意萧萧落

没有到约定的日子，她就急着回国了。她和萧军刚见面的喜悦，竟然清淡得很。他们之间，那裂痕已经像鸿沟，一时半会是无法逾越的。她只得又辗转到北京，和几个朋友见面，可物是人非事事休，她不得不又返回上海，继续和萧军过那种如坐针尖一样的日子。

他是看不到她的苦痛的，在他的心里，她只是一个被拯救者，对拯救她的侠骨恩人，凭什么有所期待？

一直到晚年，他都没有一丝忏悔，反而认为她是一个多愁善感的林黛玉，而他喜欢的偏偏是尤三姐、史湘云。因为她偏离了方向，所以也就不能怪他情浅意薄。

她哪能怪呢？她也是按照他的潜意识那样，谦卑着敬奉着他的。再回到上海，她又回到他和她的小窝，继续卑微着附和着他的生活。唯一的希望，就是对《鲁迅先生纪念集》的整理，在对鲁迅的回忆中，她才能重新寻回一点家的温暖。

上海抗战爆发后，他们去了武汉，在那里，她遇到了也从东北来的端木蕻良。

端木蕻良，这个东北来的文雅汉子，和萧军又是不同。萧军豪直、粗犷而且带有"强盗式"的野性。而端木则温柔、文雅而且善于体会女性的敏感。尤其是，他非常尊重她，赞赏她。

这是完全不一样的，那种被欺凌的落魄感，渐渐淡了，那女性的美慢慢又复苏了，她又找回了一种尊严着的自信。

而萧军一如既往，还带着那种救世主的优越感，还是那种高高在上的给予者的姿态。他说："一个人对旁人有过一下援助，如果被援助者反叛的时候，就要感到失望，伤心……"

她的自主意识已经愈来愈强，她对文学的感悟也比他要高得多，可是这样的局面，是他不喜欢看到的，他要的是一个完全依附的遵从者，他不要她的思想，更不想要那超越于他的思想。

他说："她是秀明的，而不是伟大的，无论人或文。我应该尽可能使她按照她的长处长成，尽可能消灭她的缺点。"他还说："她的散文有什么好的？"她听着，越发地痛。他和她是越来越远了的。

他们都参加了西北战地服务团，辗转各地。到了临汾，萧军一下子就爱上了那里，那是武人的用武之地，可以打游击。

在服务团转移到运城的时候，萧军却不顾萧红的阻拦，执意留下。他对服务团的聂绀弩说："我爱她……但她不是妻子，尤其不是我的。"萧红无法，只好独自一人跟随服务团去了运城，然后又到了西安。

这一次分别，让萧红有了一次深入的思考，她认真地整理了和他的过往，她感念他的救助，却也恐惧着他的强直和彪悍，恐惧着背叛，也恐惧着不能继续生长的压制。

不久，萧军到西安，萧红郑重地当着众人的面提出了分手。他是一个自负的人，自然表现出无所谓的样子。

其实早在之前，在他和陈涓狂恋的时候，她也曾经离开到画院，想要做一名画师，可最终还不是回来，尽管那是在他的授权下，他的朋友把她捉回来的。

他还是认为，一个依附者，是没有权利说离开的。

也有人说，他有些惊怒，因为他嗅到一种独特的气味，那就是端木对她的惺惺相惜。这对他来说，更是耻辱，他可以不爱就丢开，她是不行的。他决意要找端木单挑。

不管是淡漠也好，惊怒也好，反正在那一刻，他和她，是永远地画上了句号。

平常夫妻，淡然逍遥

她真的离开了，不再谈什么爱。一乍离开，她真的有了一点片刻的美好，没有对讥讽的恐惧，没有对不忠的痛恨，自由好像说来就来。那天也高，那云也飘，淡淡的逍遥，那人也笑，那鸟也叫，痛快原来这么简单。

如果，如果她能继续放空自己，在这样自由的天地里多呆一段时间，那么也许，她后来的命运可以改观。至少，她会发现自己，发现不用依附男权社会的自己的能力，发现自己与众不同的魅力。

可是她还是不懂，很快地，她就和端木谈婚论嫁了。这样的结果，是让萧军更有了居高谈论的资本，也让别人对她不可避免地产生误会，甚至让端木也无端地被罩上了"第三者"的绯闻。

她想得太简单了，你不能疼惜我，我总是有人来疼惜着。这种怨妇式的报复，实在于她没有任何意义。她需要的是更多独立的滋养，而不是被男人娇宠后的女人的自信。

女人到底是个什么？她没有想清楚，这也不能怪她。到现在，有几个人是想清楚的呢？

在她和端木的婚宴上，胡风提议让新娘新郎谈谈恋爱经过。萧红说："掏肝剖肺地说，我和端木蕻良没有什么罗曼蒂克的恋爱历史。是我在决定同三郎（萧军）永远分开的时候才发现了端木蕻良。我对端木蕻良没有什么过高的希求，我只想过正常的老百姓式的夫妻生活。没有争吵，没有打闹，没有不忠，没有讥笑，有的只是互相谅解、爱护、体贴。"

她的情结，还是对家的渴望。男人也好，女人也罢，亦或是独立人，谁能没有家，谁能不需要一个可以完全放松的地方？家，就是活下去的依赖，是活着的信念。

很小的时候，她就离家出走，然后又被家族驱逐，这让她内心的归属感产生了错乱，越是纷乱，就越是想要找到一个安全的港湾，蛰息，自在地呼吸、玩闹、生活。

可是端木，是她的家吗？

不管怎样，他给了她婚姻，实实在在的传统的婚姻。这对萧红的意义，是非同寻常的，她太需要一个生活的保障了，哪怕只是形式上的保障。而这正式的婚姻的提议者，就是端木。

和萧红正式结为夫妇，他必须要过家庭那一关，他的家庭也和萧红的家一样，是一个地主家庭，是一个有着传统思想的家庭。可是此时的萧红，更需要保护，他自然是义无反顾。

和萧红正式结为夫妇，他还必须要过朋友那一关。在文人圈里，端木一直是一个边缘人物，丁玲说他散漫、孤僻、冷漠，对政治冷冰冰，和人的交往也是慢慢腾腾的。

他千方百计想给她一个名分，可事实却是，所有的人，都把他当成了她的同居者，把他当成二萧的第三者。面对这样的尴尬和委屈，他竟然选择沉默地承担。

他的善良和坚忍，让萧红在一刹那，真的感受到了家的味道，感受到了有丈夫的女人的安全，也感受到了毫无压抑感的幸福滋味。

五、半部红楼未写成

命定中一个人走路

雨打梧桐叶凋零，点点滴滴心碎了。

端木给了萧红婚姻，却少了真正温存的照顾。日军逼近武汉后，形势危急，人们纷纷避难重庆。端木和萧红本来结伴白朗和罗峰。逃难人多，一票难求，只好分批走。第一批，是白朗和罗峰的母亲，无可争议。第二批，则是罗峰和端木。让人奇怪的是，萧红被一个人剩在了武汉。

此时的萧红，重孕在身，实在不适合单独留守。可当时的情形是，罗峰只抢到两张票，她又认为自己不适合和罗峰一起走，因此，她提议，让他和罗峰先走。而他就真的听了她的话，把她一个人弃置在战火硝烟之中。

说弃置，多少有些情绪化，这是在萧红病逝后，很多文人对端木的指责。端木百口莫辩，却也后悔莫及。他并不是要抛弃她，只是作为一个地主家的少爷，被人照顾惯了，一时竟然没有想到自己应该做一个照顾者，而不是被萧红照顾。

留在武汉的萧红，磨难重重，终于搭上了船，却又是一路艰辛，心里又生出一些惆怅："我总是一个人走路，以前在东北，到了上海后去日本，现在的到重庆，都是我自己一个人走路。我好像命定要一个人走路似的……"

这样的酸楚，更让人怀疑嫁给端木之后，萧红是不幸的。萧红到底生活得怎样，无人知晓。但这个男人，生活在她的照顾之下，却是一定的。

作家靳以描述他的生活状态，除了工作，就是睡眠，别说柴米油盐，就是人情世故，也都是病弱的萧红来照顾。这和之前丁玲对端木的描述不谋而合，丁玲说，他睡到很晚才起床，对周围的人和事都漠不关心。

萧红逝世后，她的好友绿川英子在回忆文里写道："夹在濡湿的蚂蚁一般钻动着的逃难人群中，大腹便便，两手撑着雨伞和笨重的行李，步履维艰的萧红。在她旁边的是轻装的端木蕲良，一只手捏着司的克，并不帮助她。"

他不见得是她的港湾，而她，则真成了他的守护。家的定义，终究还得她自己来给自己进行归属。这让一个柔弱的渴望爱护和体贴的小女人，怎能不心生愁怨？

可是端木却无知无觉。在重庆，他打了一个泼辣的女佣人，在她纠缠痴闹的时候，他就闭门不出，任由萧红到镇公所回话，又带着女佣去医院验伤，然后赔钱了事。萧红事后感叹："好像打人的是我而不是他。"

可萧红也仅止于此，独自去江津的白朗家待产时，尽管忧愁满腹，她却不愿意和任何人讲她的新婚生活。她的朋友，从她苍白的脸颊，从她暴躁易怒的状态中，约略可以体察她的苦楚。

不久，她产下一个男婴，可是孩子出生不久，就夭折了，丧子，给她平添了一份新的创痛。

赴港，完成人生最后一次辗转

时局动荡，战火硝烟，城荒人受难。日军加剧了对重庆的轰炸，在重庆还没有来得及喘息的作家，又开始新的转移，巴金、田汉、郭沫若等都到了桂林。

端木也想去桂林。萧红的身体已经弱不禁风，两次的非正常生产和不断的迁徙，已经让她如风烛一般，她实在过不起不断迁徙的日子了。她担心桂林也会步重庆后尘，不如直接去香港避难。

戴望舒主持的《星岛日报》刊登过萧红的《旷野的呼喊》、

201

《茶食店》、《记忆中的鲁迅先生》等，同时，复旦大学教务长孙寒冰又邀端木为大学设在香港的"大时代书局"主编一套"大时代文艺丛书"，这些都说明去香港，还是不错的选择。夫妻俩于是去了香港，并受到了香港文艺界热烈的欢迎。

生活，在暂时的安宁中又回到了正轨。不管多么艰难的人生，总有悠闲而快乐的瞬间。这一段时日，就是萧红的另一个快乐瞬间，但她的主要快乐还是来源于写作。

写作几乎成了她的宗教，是她的唯一信仰。那段时间，萧红写出了大量优秀的作品，其中就包括后来传世的《马伯乐》和《呼兰河传》。

没有战乱，也不用去思考男人的责任感，更不用去愁怨生活的艰难。这于她简直就是天堂了。此时的她，还需要什么呢？

然而这样的安宁毕竟是短暂的。没有了战火，没有了背叛，她自己的身体却又来添乱。逃难中万水千山的跋涉，为了生活四处奔波，她的身体越来越吃不消了。头痛、发烧、咳嗽一齐来袭，她一次又一次病倒。

多愁多病体，多灾多难身。萧红的一生，几乎时时刻刻都在印证这四个字："断肠天涯"，千帆也还是过不尽，潇潇，然后雨歇，又是，料峭，春寒，更是，西风万里，卷黄沙。

她就像一滴露珠，选择最黑暗的时刻现身，晶莹剔透着，可是当终于出现在人们的视野中时，却已到黎明，然后就是朝阳催命。

在香港生病的日子，她特别思念重庆，想要回到重庆，和那里的文人会合，和朋友在一起。她在给白朗的信中说，在香港，她是寂寞的。

可为了写作，也害怕回到内地遭遇更多的迁徙，她一次次延挨下来，终于没有回去。

她的身子是越来越不济了，不但咳嗽，还有心悸、气促等等病症。好友史沫特莱在回国途中，经过香港，特意过来看望她，可是看她瘦弱如此，劝她去医院检查，同时还告诫她，香港恐怕也难免战事，倒不如去新加坡。

萧红和端木开始联系作家茅盾，准备从香港撤离。然而身不待我，不久，她病重，不得不住进医院。可是医院里连书也是不让人看的，她实在受不了这样的管束，就又回到家中。

魂归天外泪不干

太平洋战争爆发。几经辗转后，萧红和端木住进了思豪酒店。忙着料理各项事务的端木，把一直受自己照顾、现在准备撤离的东北老乡骆宾基留下，让他帮忙照顾萧红。

可是这之后，端木就消失了。而且一走，就是好多天。陪在萧红身边的，就剩下骆宾基。

一个柔弱的病人，每天惊心地听着各种轰炸的声响，被骆宾基和其他一些朋友抬着四处辗转，她的第一个责问，不是问向自己的命运，而是问向端木，作为一个丈夫，你到底在做些什么？她曾幽幽地对骆宾基叹道："我和端木，是不能共患难的。"

一生的错过，一生的哀怨，在这个战乱，在这个相依相守的丈夫面前，忽然一起出现，不管他是否真的背叛，也不管他

203

曾经对她多么护念，她就是笃定他，是一个负心汉。她的过往经验，已经成了固定的定律，哪怕有一点点迹象，她也能坚信着作判定。

一个生活得太揪心的人，是不相信自己有幸福的。就像苔藓，在阴湿处可以繁茂，见到阳光就毫无生机。

大概就是这样的心理，让最后陪伴着她的骆宾基，有了一个关于她的故事续集，关于爱的故事的续集，和她一生其他时间没有什么两样的爱的故事的续集。

不久，端木回来，历尽千辛，终于把萧红送进了养和医院。庸医诊断，萧红是气管结瘤，引起呼吸不畅，需要立即手术。端木不同意手术，因为他的二哥就因手术而久久不能痊愈。但是萧红却急于康复，她自己在手术单上签了字。

手术后，却发现这是医生的误诊，萧红不但不能进食，而且连续发烧，陷入昏迷。加之战时医院不断被日军军管，缺医少药。

不几日，萧红病逝，一代才女，就这样凄凉地在异乡亲手为自己的生命落下了帷幕。临终前，她垂泪说："我将与蓝天碧水永处，留得那半部'红楼'给别人写了。半生尽遭白眼冷遇……身先死，不甘，不甘。"

而这还不是故事的终结。由于端木在萧红最后的一段时间内没有全心陪伴在萧红身侧，引起很多人对端木的诟病。

陪伴了萧红44天的骆宾基，此时又爆出端木是想要弃萧红于不顾，更是引发了人们对端木的大肆讨伐。

而端木，久久沉默着，就连数年后，接受美国学者的访问，

204

他除了痛哭之外，居然还是什么都没有说。

只是另一个作家孙陵却有另一个版本。在端木料理完萧红后事后，和骆宾基住进朋友孙陵家，他们两个曾经发生过激烈的争吵。

孙陵过来劝架，骆宾基说，萧红在临终前，曾经答应他，只要她能活着回到大陆，她就会嫁给他。因此，她是他的，她的一切都是他的，包括她的作品版权。

多年后，端木逝世，他在离开萧红18年之后续娶的夫人钟耀群哭着说：端木之所以不想公开那段隐秘，是因为他在回去后看到了骆宾基和萧红的私情。

于是，萧红的故事，在她逝世之后，又开始了没完没了的续集。到底，哪一个版本才是真，恐怕只有离去的人最清楚。可是斯人已去，情事成空。难道在她身体终于得到安宁的时候，魂神还是不得安定吗？

这个可怜的女子，到底还要被冠以怎样的爱情，才可以安心地结束呢？

不管怎样，如果钟耀群所说非虚，那么至少端木给她的是一个完美的保护，他终生沉默，保护她的名誉不被居心叵测的人利用。

而且，他至死都留着她的一缕青丝，对她一直念念不忘。他在去为她墓前祭扫时献词：生死相隔不相忘，落月满屋梁，梅边柳畔，呼兰河也是萧湘，洗去千年旧点，墨镂斑竹新篁。惜烛不与魅争光，箧剑自生芒，风霜历尽情无限，山和水同一弦章。天涯海角非远，银河夜夜相望。

205

魂归天外的人，尽管听不见，可是他的心到底是怎样的，她一定是明白了的。

但愿，她验证的结果，是在爱情中终于有了一个圆满。

只是，这样的验证，于她又有何干？

她还不是孤独地去了？

在人间，你的另半部红楼，被人涂鸦成难堪，在碧水蓝天里，那倩影幽魂，可有人相伴？

第七章
雨打芭蕉叶带愁——孟小冬

　　她是时光中绿了的芭蕉，叶叶碧，心心翠，却在风雨中消磨，声声都是泪。

　　她是妙龄女子，于氍毹之上，却是须生模样。她扮相英俊，衷气充沛，不带雌音。而在北平，有一个英俊男子，在舞台之上，却是旦角担纲。他扮相秀丽，体态轻盈，唱腔圆润。一个是龙生凤体，一个是坤转乾旋，两人同台，一出《游龙戏凤》，颠倒众生。

　　这个男子，既是她的心，也是她的心病。他的名字，就叫梅兰芳，四大名旦之首。他的戏迷千千万万，而她的戏迷也数不胜数。两人声名远赫，戏迷魂牵梦绕。同台扮相一出，就让戏迷们生出无限遐想。难道她，是为他而生，难道他，是为她而鸣？

同台共唱，混乱了世界，也混乱了他们二人的心。他看向她的眼，分明暗生情愫；她扭向他的项，也是暗含娇羞。

本人情投，外人撮合，春风解意，桃花轻舞，一桩美好的姻缘，迅速成于媒妁之言。她于是成了他的夫人，住进了他的小院。

然而，他还有一个夫人，他还有一处宅院。那里住着的，是他的二夫人。名声如她，自然不愿入门做小。但她似乎并不担心，因为按照媒人的意思，他可以名定兼祧，那她就是他名正言顺的夫人。

她是这么想的，他的二夫人却未必这样想。那也是一个不愿做小的女人，她过门的身份也是名定兼祧。二夫人很快就利用他的软弱，让她无名无分。狂风骤起，芭蕉卷地，她的痛，漫天旋地。

再振作起精神，她继续拜师学艺。冬皇再起，声名更振。然而战乱来，她孤苦飘零，无以为继。

其时，她的身后，始终有一个坚实的背影。无论走到哪里，他都为她荡平坎坷。他就是上海青帮老大杜月笙。

他十余年的追求，终于迎来了她的一招点头。物是人非，情意远走，她要的，不是朝夕相守，而是风雨投合。他已经风烛残年，他已经千金散尽，然而，他给她的，都是那个她深爱过的人没有给过她的。

于是，她，因无名无分与爱人分手，却又以无名无分寄人篱下。岁月的变迁，让人能有几多坚守？又让人生出多少哀愁？人自风流，岁月成愁。

私人档案

中 文 名： 孟令晖

别　　名： 若兰（乳名）、凝晖阁主（晚年自署）

艺　　名： 孟小冬

国　　籍： 中国

民　　族： 汉族

出 生 地： 上海

出生日期： 1907 年 12 月 9 日

逝世日期： 1977 年 5 月 27 日

家世背景： 祖父孟七孟福保是清朝同光时期的红净名角，父亲孟鸿群攻武净兼文武老生。孟小冬的祖父有七个儿子，其中有五个子随父业，并且都是名角。

婚姻状况： 1926 年 8 月 28 日，该报登载了一篇署名"傲翁"的文章："小冬听从记者意见，决定嫁，新郎不是阔佬，也不是督军省长之类，而是梅兰芳。"但梅孟的婚姻仅仅维持了 9 个月，就分手。1949 年随杜月笙去香港，后与杜不办婚礼，成为他的五姨太。

职　　业： 京剧演员

代表作品： 《捉放曹》、《搜孤救孤》、《洪羊洞》、《盗宗卷》、

《击鼓骂曹》、《乌盆记》、《空城计》等。

经典语录：　要么不唱，要唱就唱得比梅兰芳更好；要么不嫁，要嫁，就嫁一个跺地乱颤的。

一、冬皇成名以须生

乾坤颠倒，梦已碎

穿上戏服，她，威风凛凛，器宇轩昂，是能呼风唤雨的将军，是能力挽狂澜的勇士，是能运筹帷幄的智者；脱掉戏服，她，风姿绰约，柔媚娇态，是父母身边惹人疼的女儿，是脂粉群里的粉红知音，是对爱情充满浪漫幻想的芳华豆蔻。

这是一种重生，还是一种混淆，无人能知。在她的世界里，一直是双影重重。她努力修饰着别人眼里的美好，却无法成就自己幸福的人生。

她的一生，因威武英姿而得名，却也因果敢倔强而自缚。她遇上了她的他，那本来应该是幸福的归属，然而她却忍不了他的残忍，决绝出走，永不回头。多年以后，他们有机会重聚，他要见她，她却断然拒绝，斩钉截铁。

她纵然不能运筹帷幄，不能看出她和他的不能长相厮守，但绝对可以龙骧虎步，无所畏惧地面对没有他的人生。

如果，她能够低头，如果，她能够隐忍，那她和他，纵然也会有磕磕绊绊，他们周围的世界，纵然也会鬼魅丛生，但他们未必不能偕老白头。

可是她是她自己的将军，她是她自己命运的鬼魅。她在唱

211

着别人的故事，后人也在看着她的人生。那一场又一场戏剧，《捉放曹》……《击鼓骂曹》……《空城计》……戏里的她，也是戏外的她。

人生就是这样，用喜剧衍生悲剧，再以悲剧转化戏剧。

不管怎么说，她的人生之所以为人瞩目，还得从"威风凛凛"说起，那是她的骄傲。

马迹车尘忙未了

她的出身，注定了她的方向。

她是梨园世家。她的祖父孟七在同光年间，就是著名的红净名角。她的父亲孟鸿群工文武老生。她的伯父、叔叔们也大多在京剧界声名显赫。

她的出身，也注定了她的辛苦。

孟小冬的童年，是奔波的童年，是辛苦的童年，那时候的戏子就是江湖人，她从很小就过上了搭班唱戏跑码头的日子。

五岁，她开始学艺，七岁（也有说九岁），她随父亲登台，十二岁开始挂牌，其间一直是天涯海角的行走。从上海到无锡，再到济南、汉口、福建，甚至菲律宾，然后又是天津，北平（现在的北京）。

羽化成蝶，必须要经历作茧自缚。少年的辛苦其实不用说，无论是少小离家，还是四处奔波，都是奠基，是磨练，于她也并未觉得有什么不妥。

反而是花飞处处风光好，流水年年清入流。她是不能游山玩水的，戏班里的孩子，24 小时不是在学习，就是在待命。然而每走一处，她就能感受到楼外青山，能听到更多的教诲。

她的第一个师傅，是她的姨夫（也有说是姑父，舅父）仇月祥，他是她的启蒙老师，她每走一处，他都亲自坐镇。从挂牌到走红，他时时处处指点着她。

在她去了上海大世界和共舞台后，她又结识了何顺奎、潘仲英、沈云祥等名流。每次同台，她都认真研究他们的身段唱法，一有机会，就趋近请教。

至于王君直、王庚生、韩慎先、李采繁等，也都可以称为她的授业恩师。从南方转战北方的起点，就是拜师学艺，而她的老师，就是这些业界的名角。

后来，她和梅兰芳分手，在经历一段时间的沉寂之后，她又拜师陈秀华，最后师从京剧名角余叔岩。

那时候的她，技艺已经达到顶峰，却很少登台。偶尔登台，自是一票难求。

在爱情的路上，她遭遇的都是薄劣冬风、凄苦冬雨，但是在事业上，千岩万壑，却是风光无限。

只是，遭逢战乱，她退隐得太早，否则，以她的天分，加之后天的努力，位列四大须生，也应该当之无愧。

"冬皇"声名起，大风扬冬皇

她从挂牌那天起，因为扮相好、唱腔好，就一直被人们看好。

第一次登台，她还只是小客串。但《申报》后来回忆她的初次登台，也说她"颇觉牡丹绿叶。一曲方罢，彩声四起，内

213

行均称为童伶中之杰出人才"。

十几岁后，孟小冬就在上海大世界、共舞台等演出。她在《宏碧缘》中饰骆宏勋，扮相英俊，嗓音雄厚。

上海有一个著名的剧评家，叫梅花馆主，撰文描述孟小冬"扮相俊秀、嗓音嘹亮，不带雌音，在坤生中有首屈一指之势"。

在江南小有名气后，她又北上京城。因为北京是京剧的发源地，名师荟萃，名角云集。她在北京三庆园、新明戏院演出《探母回令》、《击鼓骂曹》，名角谭鑫培的琴师孙佐臣亲自为她操琴，她又向名角迈了一步。

那时候，在京津两地，是梅兰芳、余叔岩双雄对峙，再加上杨小楼，就是三足鼎立。而迅速脱颖而出的孟小冬，上座率居然直逼这三位名角。而有人特意安排了她和这三位名角同一天演出，让她的名声和地位迅速飞升。

后来，她和梅兰芳结婚后，梅冷淡她时，带着二太太福芝芳去了天津。她一怒之下，自己随剧团去了天津。在那里，她一登台亮相，就屡获好评。

供职于天津《商报》的沙大风，更是对她赞誉有加，直接称孟小冬"吾皇万岁"。

沙大风在《冬皇外纪异言》中写道："奉天承运，统一环宇，当今冬皇，名震四海，光被九州岛。声容并茂，加恩德于万民。聪明天睿，传谭余之一脉"。

大风吹起小冬皇，这是粉丝的狂热，那吾皇万万岁的敬意，是清晰可见五体投地的虔诚。"冬皇"之称谓却从此一锤定音，成为她一生不容更改的称谓。

狂热的追捧，历来都带着夸张。这"冬皇"的称谓，对此时的她来说，名声稍嫌厚重了些。京剧不但要靠天分，还要靠时间的滋养。时间是最忠实的监督者，是诚实的检测判定者。她年纪太轻，历练还少，自然还有欠缺和不足。

但这"冬皇"的称谓，却给了她信心，让她在遭遇婚变之后，还能迅速崛起。如此想来，她从接受"冬皇"称谓的那一刻，其实就已经具备了成为"冬皇"的底蕴。

现在，有许多人怀疑孟小冬的"冬皇"的称谓掺杂水分，因为她在当时是少见的女须生，只能说是在坤生中还算不错，但被一部分好新鲜的观众吹捧，才会名声显赫。

说这话的，一定不懂京剧，更谈不上喜欢孟小冬。在京剧事业的路上，孟小冬始终持好学坚守的态度。年少懵懂时，可能只靠嗓音而活，但是随着经验的丰富，她慢慢有了自己的特色。这积淀，到最后，已经不是一个"冬皇"所能表达得了的了。

实力到深处，是不需要任何夸张的代言的。不过，戏迷们还是喜欢"冬皇"二字，这不但是他们对她的赠予和期待，这两个字还代表着他们听着孟小冬走过来的岁月。那岁月，是美的，让人痴迷的美。

二、天作之合梅孟恋

乾旦坤生成佳话

名伶的艺术生命，从来就离不开戏迷的支持。在孟小冬的艺术生涯中，戏迷的追捧从来没有停歇过，是一浪高过一浪。而在她的人生之中，戏迷对她的影响也几乎无时不在，时而如云海翻腾。

她和梅兰芳的相遇，得益于戏迷的撮合；她和梅兰芳的分歧，就是因戏迷引发血案。正所谓，成也戏迷，败也戏迷。每个人的人生，都会存在这种无奈，这大概就是人生的真谛吧。

孟小冬初从南国北上，参加永庆社、庆麟社、崇雅社等坤班演出，声名鹊起。而此时，在北平，梅兰芳已经成为一代伶王。

这两个人，在台上，是英俊，柔美，在台下，也是一样的英俊、柔美，不过，台上的英俊，是她，台下的英俊，却是他，台上的柔美是他，台下的柔美却是她。

声美，人美，本身就容易使戏迷产生迷幻感觉，而这乾旦坤生、阴阳颠倒，又让人多了一重想象，不知二人同台，会是怎样一番景象？

那时候，在商业戏中，男女不能同台。但是把这想象付诸

216

现实也并不难，因为堂会戏可以。所谓堂会戏，就是私人请戏班子，雇请者可以随意搭配唱戏的角色。

不久，北京电灯公司总办冯恕 (字公度) 为庆祝其母八十寿诞要办堂会。堂会戏开锣，主演的，正是梅兰芳和孟小冬。

她们首次合作的是《四郎探母》，第一折就是《坐宫》，生旦对儿戏。梅兰芳扮演的是铁镜公主，而孟小冬演的，就是铁镜公主的丈夫杨延辉。

那一天，他们都是便装登场，她穿着旗袍，他穿着衬衫。

她一登台，就获得了一个碰头彩。"金井锁梧桐……"嗓音高亢雄厚，声震屋宇。再看她的短袖蓝士林布旗袍，很容易使人生出错乱的感觉。

她唱完后坐下，等着他出来。帘内，一声"丫头，带路啊"，嘤然有声，盈盈而上。帘动处，出来的却是一个俊俏的儿郎。台下一阵叫好声。

及至两人对戏，俊美男莺声燕语，娇媚至极，俏小姐却声若洪钟，雄浑有力，他俏媚弄眼，而她威武端庄。

一阵是笑声，一阵是掌声，唱的人卖力，听的人尽心。等到他们唱完谢幕，这一对驸马公主的故事，早已经在戏迷的心里生出了另一个版本。

但这还只是一个雏形，勾画的人再大胆，也只是作空想。大家都知道，梅兰芳比孟小冬大 13 岁，而且，他已经娶了两房。而孟小冬才只有 18 岁，还待字闺中。

但对这样的合作，戏迷喜欢，他们二人也喜欢。

隔年，政要王克敏半百生日办堂会。须生之尊、旦角之王均在场，于是戏迷们又开始戏心萌动了。首先是报界的张汉举提议，让梅孟合演一出《游龙戏凤》，珠联璧合。此意一经提出，马上引来满屋赞同。他们于是有了第二次合作。

这又是一出生旦对儿戏。对于梅兰芳来说，是轻车熟路，可是对孟小冬来说，却是大姑娘上轿，但她年少气盛，一方面技痒，一方面也喜欢和他同台唱戏，因此，她丝毫也没有犹豫，就答应了下来。

她扮的是正德帝，他演的是李凤姐。这一回，他们上装表演。她风流倜傥、于呼酒唤菜中，欲把凤姐的闭月羞花之貌看尽，欲把凤姐的妩媚柔情品完。而他，就是那个凤姐。娇艳清新到足可以让一个男人倾倒。

故事里的正德，大胆地挑逗着凤姐，而故事外的梅老板，对小冬皇已经醉心醉意。这一出戏，同样是喝彩声不断，哄笑声长久。台上在唱戏，台下人们，借着这别有关情的罗曼蒂克，开始编织现实中的戏。

撮合佳偶玉成其美

孟小冬大概也没有想到，这一唱，居然唱出了许多粉丝的梦想，也唱出了自己人生的悲剧。

早在看堂会的时候，就有人嚷嚷要撮合这对佳偶。这其中，有孟小冬的粉丝，"太太团"（贵族太太们）里的人，也有梅兰芳的粉丝和支持者"梅党"的人。

所谓"梅党"，就是梅兰芳身边的超级粉丝团和智囊团。这里面有一个重要的人物，那就是冯耿光。冯耿光是国际银行的

218

总裁，人称"六爷"，是梅兰芳的财力支持者，在"梅党"中也占有重要的地位。

粉丝们有了撮合二人的想法后，就去找冯耿光。冯耿光开始并不以为意，但是说的人多了，他也感觉这件事情有点意思。

其实，梅兰芳的前两次婚姻，都是冯耿光等"梅党"的人为之撮合的。梅兰芳的第一任夫人，叫王明华。

王明华婚后，对梅兰芳照顾得非常好，但控制得也比较严格，加之她生的两个儿女相继夭折，而她又做了绝育手术。于是，"梅党"马上给梅兰芳策划了第二场婚姻，就是梅兰芳的二夫人福芝芳。

梅兰芳儿时曾经过继给大伯父，他有继承两家香火的责任。"梅党"说媒时，特意强调"名定兼祧"的名义，意即福芝芳和王明华拥有同样的夫人身份。福芝芳自然很乐意接受。

可是福芝芳进门后，"梅党"的人马上又发现，福芝芳对梅兰芳的控制更加严格，甚至"梅党"的人出入梅府都要受到控制。这让"梅党"很快就对她产生了厌倦。

其中最讨厌福芝芳的，要算"梅党"的戏口袋齐如山了。齐如山是梅兰芳的编剧、导演、经纪人，对梅兰芳的戏剧人生，是一个有非常重要影响的人物之一。

就在这时候，孟小冬出现了。齐如山在听完《游龙戏凤》后就有了撮合梅孟的想法，他对冯耿光说："六爷若肯做点好事，就把他们凑成一段美满婚姻，也是人间佳话。"就这样，"梅党"的人理所当然地开始策划梅兰芳的第三次婚姻。

"梅党"派来了说媒者，虽然对梅兰芳已经非常熟悉，但孟小冬的家人还是不喜欢这门亲事，特别是小冬的师父仇月祥。他认为，小冬刚刚在京城崭露头角，正是前途无量的时候，此时嫁人，会止步于此；而且，梅兰芳已经有两房夫人，小冬过门，就是小妾，这对于一个红透京津两地的名伶来说，未免太不恭敬。

说媒的人早就想好了一套说辞，那就是"名定兼祧"。此时的王明华，已经是肺病缠身，似乎不久于世。而且，她已经做了绝育手术，不可能再有儿女。因此，孟小冬完全可以和福芝芳"名定兼祧"。

世上还有什么比媒人的嘴更能翻云覆雨的吗？一个"名定兼祧"，就可以让两个不愿做小的女人，同时心甘情愿以莫名其妙的身份进入梅家。

这说辞本身可能漏洞百出，但孟小冬却为之心动了。她在台上"调戏"过的那个英俊小生，早已经深入到这少女的心房里了。她甚至不顾师父要和她决裂的言词，毫不犹豫地答应了这门亲事。

1927年的春节过后，梅兰芳和孟小冬，在冯耿光的府邸，结为秦晋之好。新婚燕尔，孟小冬真是喜气洋洋、春风满面，但她不知道，她的不幸已经在酝酿中了。

第一个以"名定兼祧"名义进门的福芝芳，极力反对这门亲事，孟小冬连梅家的门都进不了。但是梅党给小冬的说法是，她和福芝芳是两房，根本没必要进入一门。他们给这新婚夫妇找到了一处新的处所，小冬就乐呵呵地接受了这新门小院。

金屋藏娇，美人寂寞

蜜月佳期，两人何其恩爱？一向谨慎严肃的他，在她的面前，居然像个孩子。为了逗美人一笑，他侧身在一堵墙前，摆弄着双手，为她做鹤影。

她欣喜地问他："你在做什么呢?"他嬉笑着答道："我在这里做鹤影呢！"

她高兴地为他拍下了这难得的瞬间。照片洗出来后，他在左，她在右，写下了他们两人当时的对话。

不用说他们当时到底有多甜蜜，就是我们后人在看了这张照片后，那种浓情蜜意也会透纸而出、扑面而来。让看的人更加心酸：既然是佳偶，为什么不能长久相守?

她是完全看不到自己的命运的。甜蜜的爱情已经遮住了她的眼睛，麻痹了她的思想。她根本就没有考虑福芝芳，这个与她名定兼桃的女人，她该怎么与之相处。

她只有十几岁，在美妙的爱情来临后的第一课，不是对后宫的熟悉和考虑，而是对舞台的放弃。

他是不愿意再让她抛头露面的了。她愿意从华丽的舞台上退下，选择栖息爱情小窝，她如此果断地放弃了自己的前途，自以为可以理直气壮地享受到来的幸福。

然而真退下来，那感觉又是不同。她现在才明白师父临走前说的话，止步于此，到底是个什么意思了。那意味着，她以前享受着的赞誉，就此停止，而享受着的挑战新角色的悸动，也要停止了。

她是心痛的，十几年来，她一直忙碌着的事情，忽然失去了意义，她仿佛失去了重心。然而她以为这是值得的。得成比目何辞死，愿作鸳鸯不羡仙。有梅郎在身边，让她放弃什么，她都是愿意的。

他不在身边的空虚，她有办法可以弥补。她想要跟余叔岩学戏，余以体质瘦弱为由拒绝了，但给她介绍了另一名师，鲍吉祥。这样，即使深居简出，她还是可以享受戏剧给她带来的喜悦。

然而，她是一代名伶，这意味着，即使她能选择退出舞台，舞台却不愿意选择她退出。当时，不少戏院老板及戏迷见孟小冬突然消踪匿迹，就开始到处打探。

冯耿光为了不影响梅兰芳的事业，为他们选择了一处极为隐秘的住所。这一回，她就真的成了"金屋藏娇"了。

其时，《北洋画报》曾经披露过梅孟结婚的消息，但是梅兰芳却辟谣说根本就没那么回事。《北洋画报》不得不说，孟现在居住的"金屋"是梅租给孟住的，两人不过是房东房客关系。

房东房客的关系？这又是"梅党"的杰作了！他们可以让梅兰芳幸福，但如果这幸福能阻碍他的前途，那么即使是对他，他们也是要阻止的，何况对于孟小冬呢？

对于"梅党"来说，孟小冬，不过是让梅兰芳获得一夕快乐的工具。仅是工具而已！

这样的残忍，只有在与梅兰芳分手后，孟小冬才真正深刻体会到。此时的她，即使金屋藏娇，即使被梅兰芳辟谣，她也还是高兴着的。

在她的一生中，这样的幸福感实在不多。如果你是命运使者，你也不忍心选择在此时告诉她那个悲剧的结果。你会悄悄地对微风说："让这个时间过得再慢点吧，再慢点，让她的幸福感再长点吧。"

三、爱成荒芜心儿碎

粉丝伤人梅孟情淡

清净小院，幽窗印笑声，斜天阴霾，悄然罩乐府。

在梅兰芳给置办的小院内，小冬一个人穿着戏服，对着一睹墙，一出又一出，唱着曾经让万人心动痴狂的戏。

而在院外的世界中，那些曾经为她的戏心动痴狂的粉丝们，踏破铁鞋，寻寻觅觅，也还是难以找到她的踪迹。

梅兰芳金屋藏娇的传闻沸沸扬扬，尽管梅兰芳不断辟谣，但一些粉丝还是笃定小冬就是被梅"收藏"了。他们伤心了，怒了，疯狂了，她不该是这样的结局，她应该有更广阔的舞台。对她的爱，瞬间，转换成了对他的恨。

那天，梅兰芳去冯耿光公馆里吃午饭，在座皆是"梅党"，大家谈笑风生，说笑间讨论梅兰芳的现状、过去和未来。

这时候，佣人来通报说有一个年约二十岁左右的年轻人要见梅兰芳。梅兰芳是何许人也，不是随便一个陌生人就可以约见的。梅兰芳没动。

梅党之一，报界的张汉举听后，以为只是梅的小粉丝，就自告奋勇要去打发来人。他出去后，居然就再也没有回来。

他走后，屋内的人继续聊天喝酒，根本就没有把这当回事。一会儿，仆人颤颤巍巍地来报：那个年轻人用枪挟持了张汉举，要求梅兰芳赔偿他五万元，因为他夺走了自己心中的女神孟小冬。

屋内的人大吃一惊，梅兰芳更是面无颜色。他怎么也想不到，孟小冬的粉丝疯狂到如此地步。他一时手足无措，只是望着冯耿光。

冯耿光很镇定，他马上下了三道命令，第一，让人保护梅兰芳从后门撤走；第二，迅速去银行提钱；第三，通知北洋军警督察处。

梅兰芳撤了，钱提到了，军警也来了。这个年轻的粉丝，靠着一时的冲动，想要勒索梅兰芳。但他没有想到事情会闹到如此不可收拾的地步，看着越来越多的军警，他傻了，手一哆嗦，扣动了扳机，可怜一代报人，命丧枪下。而这个粉丝，在军警密集的枪声里，也横尸街头。

为了警世后人，军警把那个粉丝的人头悬挂在外，还声称，这就是杀梅兰芳的凶手。一时间，粉丝的哭闹和询问声，盈天震响。

血案引发了报人的猜测和探寻，大报小报都对此作出了让人震惊的报道。有的说，坤伶（孟小冬）与大吏之子交往，却

224

又委身梅郎，引发情敌寻仇，京城于是出现血案；有的说，粉丝单相思，忍不得梅金屋藏娇，于是开枪将其伤害……

孟小冬和梅兰芳结婚之事，已经成了公开的秘密。但是，现在人们关心的，不是他们的结合，而是他们的罪恶。孟小冬是妖媚狐儿，梅兰芳是无情浪子。

报纸如此，戏园子的议论风浪就更甚。那段时间，无论是梅兰芳，还是孟小冬，都成了人们的众矢之的。他们曾经有多高的声望，此时就有多么多的狼狈。

这对一个名伶的未来，可以说是一个巨大的阴影，处理不好，就会毁掉前途。此时的梅兰芳，对孟小冬产生了一种莫名其妙的感情，有幽怨，也有憎恨。尽管这事和孟小冬毫无关系，但他还是把她看成祸根，慢慢疏远了她。

对于梅党来说，这更是一件惊天憾事，有他们存在的一天，就决不允许再出现这样的事情。冯耿光和其他梅党的人商议，是不是要弃孟小冬，保梅兰芳。

这就是所谓的闭门家中坐，灾祸天上来吧。孟小冬，还在对着短墙咿咿呀呀，还在一边品着自己的戏剧，一边盼望梅兰芳回来。梅兰芳，却不想回来了，他去了福芝芳所在的真正的梅府。

戴孝门前糟遗弃

等不来梅兰芳，孟小冬终于知晓了缘故。她一气之下回了娘家。没有了梅兰芳的家，还算是家吗？

不久，梅兰芳带着福芝芳到天津演出。孟小冬听说后，更是气上心头。她的名声和地位，并不比他低，在这次事件中所受的伤害，并不比他少，可是他却把她当成罪魁祸首，而把弃她，当成自己事业的重新起步。这叫她如何能够忍耐？

她也有心高气傲的本钱，她也有幽怨愤恨的资本。前一秒，糟弃如敝履，后一秒，就可以让尊崇重新加于一身。

一个被粉丝疯狂推崇的人，她的自尊和高傲，都是普通人难以想象的，对耻辱的容忍度，是微弱的。因此，当得知梅兰芳携福芝芳去天津后，孟小冬马上就接受了剧团去天津的邀请。

就这样，一对鸳鸯，重新化身为乾旦坤生，在天津，唱起了对台戏。对她的推崇很快高过了对他的喜爱。

他的心又动了，从天津回来之后，他终于决定接她回家。孟小冬的爱巢又有了甜蜜的温度，而福芝芳的梅府则又开始了冷漠的朝夕。

不久，梅兰芳收到了美国的邀请，为了补偿，他打算带着孟小冬一起访美。然而，天下的女人，从来都是为了男人，去为难女人。如果孟小冬能成行，那么就意味着在世界上，她赢得了梅夫人的地位。此时的福芝芳已经怀有身孕，她以堕胎作为要挟，要求带她前往。梅兰芳左右为难，最后决定只身访美。

孟小冬，已经迎来了她的名分之战，然而她还是没有做好准备，她尽管气愤、怨恨，却也无可奈何，只好又躲进自己的小院里，继续金屋藏娇的生活。

然而，战争是不会等她准备好的。1930年8月，梅兰芳的大伯母过世。因为大伯母就是祧母，孟小冬马上收拾妥当，她要去尽一个妻子的责任，尽一个媳妇的责任，她剪了短发，带了白话，要去梅府披麻戴孝，在灵堂接待吊唁宾客。

可是当她来到梅府，却被人拦在了门口。福芝芳，铁嘴钢牙，就是不愿意承认她的身份。梅兰芳劝解，她就以肚里的孩子作为要挟。梅兰芳转而去门口，安抚孟小冬，而梅党的人，也纷纷让孟小冬回家。

孟小冬哭倒尘埃，这算什么？当时的名定兼祧又是什么？一切都是骗局，人人都是虚伪。她的梅郎，与她那样恩爱的梅郎，不过是一个伪君子，是一个欺骗女人的小人。

待得从尘埃中爬起来，她抹了眼泪，一跺脚，回转身，把一切怨恨都抛在这里吧，这个人，不再是爱人，他，是敌人，是比福芝芳更可恨的人。

骄傲的孟小冬，怒而返家。她那么骄傲，他却残忍地撕毁了她的全部自尊。她的心，此时已经完全向他关闭了。

心灰情冷，戏里人生

如果只是一家三口之间的恩怨，那么或许也还有解决的办法。可他，是旦角之王，而她是须生之皇，他们的名声，他们的粉丝，会以爱的心、恨的心，为这场矛盾推波助澜。如果再加上一些别有用心的报人，再加上梅党对梅兰芳名声的粉饰，那么他们之间别说重温旧梦不可能，就是再做朋友都难。

各种谣言，各种非难，像利剑一样射向孟小冬，让本来已经堕入深渊的人，又进入了更浓黑的墨井。

当时相爱，是多么简单，如今分手，却有这么多的名头。还有什么是可以相信的吗？还有人是可以依赖的吗？

不管多么不愿，也不管将来会怎样后悔，她已经不可能再重回爱巢了。他，似乎又重新开始了那光环丛生的戏剧人生。而她，生的意愿越来越淡，死的念头倒是时时而起。

她的父母时时开解，才让她慢慢转了念头，可是忧伤，就像一个鬼魅，总是会突然袭上她的心头，让她猝不及防、痛断肝肠。

孟小冬的侄子曾经回忆说，那时候，孟小冬经常和侄女一起玩。可是玩着玩着，她忽然就掩面哭泣起来，她浑身战抖，哭到难以遏制。

这样一个历史瞬间，被喜欢她的人听到，都会泪如决堤，那她当时的心境，又该是怎样难以言说的哀伤呢？

戏台的女神，年轻的女郎，就这样被扫地出门，又这样被践踏淤泥中，怎么说，都让人愤慨不已：她做错了什么？可是家事人命，我们谁能阻挡得了呢？当事人阻挡不了，我们，就只是空发感慨罢了。

孟小冬主动和梅兰芳提出离婚。心灰意冷的孟小冬，到北平的拈花寺，拜住持量源大和尚为师，并举行了皈依三宝典礼。人间三缕烦恼丝全都切断，一芳心向空门情景人生。

情死爱在，她还是喜欢戏剧，它是比他更有力的依靠，它，让自己的人生充实，他，只是让自己的人生产生一丝虚幻罢了。在心绪稍微平静了之后，她开始寻找名师。

在她虔诚的拜求下，余叔岩终于答应收她为弟子。在余家，她才终于又找回了昔日的激情。

她的唱腔和身段是越来越好了，但是身体素质却越来越差

228

了。和梅分手导致的伤痕，慢慢显现出来。而她对于戏剧的追求已经让她成瘾。一个字、一个腔都倾尽全力，这也在一定程度上损耗了她的身体。

因此，尽管要求她复出的呼声越来越高，可是她始终不肯轻易挂牌。直到有人陈述利害：你自暴自弃，不是正中别人的轨迹？人们本来还推崇你，但是你始终如此颓废，人们慢慢就会相信报上的小道消息。日子一久，观众逐渐把你遗忘，最后毁了自己的才华，岂不可惜？

骄傲的孟小冬这才恍然大悟，对戏剧的痴迷，又激起了她的雄心壮志。她在《大公报》上，发表了《孟小冬紧要启事》，她这样写道：是我负人，抑人负我，世界自有公论！

有什么公论呢？如果真有公论，她又怎么会被逼到离婚呢？她还是心存幻想的。可是这幻想，在黑暗的日子里，已经慢慢让她感受到更深刻的冷意。

他，不会为她停留，而他的梅党，则会把他粉饰得更好，那么她，自然就会成为他的牺牲品。

她，实在是想和他进行一场面对面的质问，可是她又不想和他真正撕破脸皮。唯一能拿来出胸中这口恶气的，还是她最热爱的戏剧。不久，她重返舞台，再造辉煌。

229

四、情投花甲杜老大

嫩柳姻缘，初现端倪

杜月笙的名号，今天多少有点恶名昭彰，在当时却是震天作响。他是上海最著名的青帮老大，为人蛮横霸道，与流氓、歹徒为伍，却又足智多谋，运筹帷幄，无论是商界、军界，还是政界，对他都格外看重。

而孟小冬心高气傲，迷戏成痴，在遭遇感情伤害之后，心灰意冷，一心只钻研戏剧艺术。

尽管军阀、恶霸有收戏子的惯例，但我们还是难以想象，孟小冬和杜月笙会联系在一起。然而，历史的事实是，孟小冬在离开梅兰芳十几年后，最终成了杜月笙的女人。

他们到底有着怎样的情缘，他又是如何收服这位心高气傲的须生之皇的呢？

其实早在孟小冬在上海大舞台刚走红的时候，杜月笙就已经成了她的粉丝。那时，她还只是一个十二岁的孩子，饰演压轴《击鼓骂曹》的祢衡。

虽然唱腔少，但是几句下来，就引来满堂喝彩。而这其中反应最烈的，是一个三十多岁的中年人，梳寸头、面目清秀，眉宇凝重，身材削瘦。

对此，孟小冬并不以为意，可是她唱完回到后台，却发现这个人已经拿着花篮等在了那里。他一边鞠躬，一边赞叹，一边介绍自己："孟大小姐，阿拉杜月笙这厢有礼了！恭喜孟大小姐演出成功！"

她看着他那标志性的招风耳，不禁扑哧一声笑了。她的父亲和师傅却认得杜月笙，那时他是黄金荣身边的红人，得罪不得。两人赶紧让小丫头过来拜见行礼。

这是他们初次见面。那时的她，对于杜月笙的名号，恐怕还理解不全。而杜月笙，却已经对这个稚气未脱的小丫头另眼相看。

别看这个人以流氓发迹，却非常看重文化。文化界大名鼎鼎的人物如黄炎培、章士钊、章太炎、杨度、郑毓秀、江一平、秦联奎、陈群、杨云史、杨千里等，都是他的座上宾，和他有一定的交情。

长期与这些文化人往来，使杜月笙也沾染了一些文人的习气，他虽不会舞文弄墨，却对京剧艺术非常热爱，是一个很受尊重的票友。他不但捧戏子，有时候自己也会粉墨登场，和专业戏曲演员对阵。

小冬一登场，他马上敏锐地发现，这个孩子前途无量。有人说，那时候的杜月笙就对孟小冬有拥怀纳抱之意，这个似乎有些偏颇。毕竟那时候的杜月笙还在黄金荣手下，而且他这个人不同于其他的黑社会头目，他不靠杀，不靠打，更善于做人，会敛财，更会散财。

231

也许，他对这个孩子的未来有些非分之想，但是至少现在，他只是献上花篮，表达敬佩，并没有其他的索求，否则孟小冬可能就不会有北上的机会了。

本为帮忙反误事

其实就在小冬北上，他也还是一如往昔地关注着她，支持她。只是他从来没有公开表示过。特别是后来，他听到小冬和梅兰芳之间传出恋情，他对小冬就更是远观了。

孟小冬和梅兰芳决裂之后，曾经去上海找律师。她在结婚的时候，悄无声息，但是在离婚的时候，她想要个名分。

在上海期间，孟小冬碰见自己的好友姚玉兰。早在十几年前，两人结识于舞台，并且因为情投意合，还结拜金兰。

此时的姚玉兰，已经是杜月笙的第四房姨太太。姚玉兰一听说孟小冬的事情，马上就请自己的丈夫为小冬主持公道。

杜月笙本来就喜欢孟小冬，一听姚玉兰说明小冬的事，就打电话去和梅兰芳沟通，希望他能够对这个没有任何错误，却被他扫地出门的女人，付最后一点责任，给她一些生活费用。他的提法，是理所必然，梅兰芳无话可说，但面有难色。杜月笙二话没说，自己掏出 4 万大洋，让他亲自交给小冬。

其实，在孟小冬自己出走的时候，也有人曾经让她对梅兰芳提这个要求，但是她说："我不要钱，他也没有钱。"

对于梅兰芳送过来的这笔钱，孟小冬依然还想拒绝，但是杜月笙却制止了她。他的理由当然很多，但无外乎，她是一个女人，以后无依无靠，在戏台上的生涯肯定不能长久，如果没有这笔钱，她该怎么活下去，她的父母该怎么活下去。

杜月笙为人八面玲珑，做事滴水不漏，说话也是伶牙俐齿。就这样，在他的劝说下，孟小冬接受了这笔钱。可是他也没有想到，这居然会给生活在阴影中的孟小冬带去更大的伤痛。

梅兰芳给孟小冬这笔钱的事情，被一部小说披露了出来。虽然是一部小说，没有指名道姓，但粉丝血案一件事，已经让人猜个八九不离十，加上名伶所指，和孟梅事实相符，完全是一部影射之作。只是小说站在批判孟小冬的立场，说她向梅兰芳勒索钱财。

那时候的孟小冬已经余门立雪，闭门学戏。伤疤刚刚有一点凝固的倾向，可这故事再揭伤疤，让她痛彻心扉。

杜月笙的本意，是想借此向孟小冬抛出橄榄枝。这样的结局，让杜月笙反而没法向孟小冬张嘴了。

重遇大亨，追叙前缘

黄金荣创办的上海黄金大戏院开幕，杜月笙揭幕并致开幕词。人们发现，很久没有出现在舞台上的孟小冬是剪彩人之一。

孟小冬怎么来了呢？她接到了好友姚玉兰的邀请函。说是姚玉兰的邀请，不如说是杜月笙的邀请。杜月笙一直在等着这一天，可是一直苦于没有因缘。

剪彩完毕后，姚玉兰很自然地把小冬接回了自己和杜月笙生活的家。当夜，两人促膝长谈，时光荏苒，人事已非，两人真是唏嘘不已，感慨万千。尤其是说到小冬的婚事，她自己也感觉未来渺茫不定。

一个三十岁的女人，人老色衰不说，还曾经遭遇过那样一场闹得满城风雨的离婚，她还有什么未来可言呢？

　　听到这话，姚玉兰心定了。夜深了，孟小冬沉沉睡去，姚玉兰却轻轻起身，出门。再进来的，已经不是那个芳姿倩影，而是一个鬼魅雄浑。

　　这是一个青帮老大，凶起来可以杀人不眨眼，怒起来也会让人火烧身。她一个无依无靠的弱女子，拿什么和他抗衡？而且，自从离开了梅兰芳，她的时代大势已去，她还有什么选择的机会呢？

　　尽管心酸，难过，可是，她还得麻痹自己：杜月笙对自己也算有知遇之恩，每有难处，他也都全心全意为她解围。梅兰芳给她伤害，而杜月笙总算一直在保护她不受伤害。

　　她只是不明白，"后宫"女人一向你死我活，她的姐妹姚玉兰，为什么反而要引敌入室呢？

　　姚玉兰当然有自己的算盘，她是杜月笙的第四房姨太，二、三房太太对她的加入，持反对意见，这使她和孟小冬当年的遭遇一样，不能搬进杜公馆，只能一个人另外搭房建屋。

　　如果孟小冬加入她们的姨太太团，那么她就可以和孟小冬一起联合作战，抵抗前三房姨太太的攻击，同时还可以谋求多分一些杜月笙的家产。

　　这当然只是表面的说法，实际上，她何尝不是为了讨丈夫的欢心呢？一如梅兰芳身边的王明华，在他讨第二房的时候，她要赞成，在自己临死之前，他讨第三房，她还得投赞成票。哪一票，是她的真心所愿呢？可是哪一票，没为她换来贤德的名声呢?

小冬什么也没有说，但她却留下来了。当年，她离开梅兰芳的时候，曾经痛恨地说过：我要么不唱，要唱，就唱得比梅兰芳好；我要么不嫁，要嫁，就嫁一个跺地乱颤的人。

说这话的时候，她只是在赌气，可没想到一语成谶，最终，她真的和一个跺地乱颤的人，搅在了一起。

这个"搅"字，并非要菲薄她，实在是她当时的写照。四姨太已经是杜公馆的编外，而她，又是四姨太公馆的编外。

日军侵略开始，杜月笙带着姚玉兰逃往香港，孟小冬则回了北平。期间虽然也去过香港，但不知为何，她终于还是又回转北平。

杜月笙重新回到上海后，才又把她接回来。可是孟小冬看到自己的姐妹姚玉兰一副落寞的样子，她不忍伤害她，又重新回到了北平，重新过起孤单无依的生活。

她曾经那么注重名分，可如今，却以这样莫名其妙的方式，有了这样一个可有可无的靠山。难堪、无奈，可是却还要让自己淡定。

名分算得了什么呢？也许，她本人，就是不该有名分的命吧。这淡定，怎么看都是满满的自卑，满满的对命运的纵容。

这名分的问题，一次又一次地伤害着她，不管是梅兰芳，还是杜月笙，她始终徘徊在边缘，像一个不相干的人，过着和身边那个男人不相干的日子。

五、残年全是糊涂心

对面相见不相识

战乱时期，不但有人祸，天灾也不断。到 1947 年，广东、广西、四川、苏北等地都发生了不同程度的水灾，那一年，正好是杜月笙的 60 大寿。

杜月笙向来很注重公众形象，他组织了祝寿赈灾义演，当时的红角，几乎全部聚集到他的堂会，其中，就有梅兰芳，还有孟小冬。

那个时候的孟小冬，已经成了杜月笙的女人。尽管有好久没有唱戏，但是她还是来了，这是她拜余叔岩为师的第一次亮相，也是最后一次在舞台上亮相。

她知道梅兰芳在邀请之列，她有点担心，不知道在这人群熙攘的后台，见了面之后，两人该说些什么。

但她完全没有必要如此担心。她想到了这个尴尬，杜月笙也同样想到了。为了避免他们两人见面，他安排梅兰芳前 8 天唱大轴，而后面的 2 天，由她来唱大轴。

演出结束后，观众请孟小冬便装谢幕，因为很多人都好奇，那个戏台上威武霸气的英雄，到底有着怎么样的女儿真身。

这对孟小冬来说有点难。唱戏的人都有些怪癖，或者说信

236

仰。有的人不喜欢在舞台以外的地方穿戏服。而孟小冬则不喜欢在舞台上以便装现身（堂会的便装出演除外）。

但这一次，孟小冬却破例答应了观众的要求。而让她卸掉戏装的那个人，就是杜月笙。

那些被孟小冬的戏迷得如醉如痴的人，此时更是疯狂不已。但他们也只能有这样一次肆无忌惮的疯狂机会了。因为这成了孟小冬的"广陵绝唱"。这一次演唱会后，她把很多行头，都送给了别人，只保留了几件自己特别喜欢的，留作纪念。她是不打算再登台了。

床畔侍疾，缠绵青帮老大

上海解放前夕，杜月笙感觉在大陆的日子越发艰难，于是举家迁居香港。这一次，杜月笙把孟小冬带在了身边。

这一回，她没有拒绝，她已经没有梦想了，戏台，曾经写满她的雄心壮志，可是她的身体，在经历了梅孟之殇后，已经衰弱不堪。唱几天，她就要休息一场。事业，也已经露出前途末路的样子。她需要为自己找一个靠山。

别说杜月笙已经是风烛残年，她自己不惑已过，岂不是另一种风烛？另一种残年？年纪越大，对孤单的感觉就越浓，她需要家的感觉，需要子女在膝前承欢。

她自己是没有孩子的，但是和姚玉兰的儿女朝夕相处，她真的爱上了那些孩子们机灵调皮的每一个瞬间。

到香港之后，杜公馆资财散尽、日渐落魄，而杜月笙不但年岁已高，而且身患重病，药不离口。这个她一直认为可以担当的靠山，如今要反过来依靠她了。

家事应酬，她是不能管的，她依然是一个外人，是一个依靠杜月笙的外人，也是依靠姚玉兰的外人。是是非非，她一概不听不理，倒是那些茶炉、药罐，一直都亲自理侍。

那个躺在床上的人，已经早没了当年呼风唤雨的气势，却多了一种凄凉落魄的心酸。她一直侍奉在侧，让他病痛减轻不少。特别是，当她应他的要求，为他来上一小段京剧名段，更是让他神魂颠倒，如返青春。

他没有想到，她还是温柔如昔，百依百顺。他甚至说，我只有到了晚年，才晓得恋爱的滋味。这个一生强势的人，在依靠了这个柔弱女子的时候，才懂了什么是恋爱。

然而，她哪里有恋爱之心呢，他，只是她唯一可以借用的躯壳，让她去幻想一下那青春之恋。或者，她对那青春之恋，已经是不屑的了。

有人一直说为什么孟小冬跟梅兰芳争名分，却对杜月笙投怀送抱。一则，孟小冬实在无法和杜月笙抗衡，二则，梅兰芳是她的真爱，那是她的生命，她的全部，她一定要争，那是争给自己的心看啊。此时的她，之所以不争，是因为没有了真感情，一切也就无所谓了，因为没有争的动力。

杜月笙感觉在香港的日子也不安稳，于是又想迁往法国。临行前，孟小冬淡淡地问："我跟着去，算丫头呢还是算女朋友呀。"

尽管已经看破，但最后她还是争了，倒不是为了感情，而是为了日后的生活。她和姚玉兰共处一室后，才发现彼此的矛盾越来越多，尽管情同姐妹，可是一旦他撒手人寰，她会不会又将自己扫地出门？她已经经历了一次那样的日子，实在不想在老年再一次无依无靠。

杜月笙一愣，家里其他人也是一愣，他们谁都没有想到，这个一声不吭的女人，看似心如死灰的人，原来还有一种活着的挣扎。

尽管还是有人提出异议，因为杜月笙已经病入膏肓，走路困难，长久的站立也很费劲。但是杜月笙却坚持要和孟小冬成婚，而且要尽快。

1950 年，跟随了杜月笙十几个春秋的孟小冬，终于有了自己的名分，而这个名分，不过是杜月笙的五姨太。

晚年事事皆下品

结婚当日，杜月笙让孩子们一律跪拜磕头如仪，并且要求孩子们喊她"妈咪"。那一天，孟小冬脸上现出难得的喜色。

可是时光荏苒，这一点喜气很快就散入岁月中。杜月笙病逝。孟小冬得了两万美元的遗产，离开了杜公馆。

大陆解放，戏剧界的人们都想请孟小冬回来，但是她对政治对人事都产生了恐惧之心，没有答应。

但梅兰芳在担任中国京剧访日代表团团长时，曾经和孟小冬见过一面。那时候，梅在香港转机，收到了孟小冬的来信。

时任中国京剧院党委书记的马少波，在得知这个消息后，同意梅兰芳去探望孟小冬，还特意陪同梅兰芳一起去孟小冬的住处。

作为一名戏剧爱好者，他也希望这对曾经的鸳鸯，即使不能重续前缘，至少可以有个别后叙旧的机会。

梅孟分手这件事，不知道伤害了多少戏剧爱好者的心，他们一直呼唤他们再一次登台合作，也一直幻想这一对再现琴瑟和鸣。

姚玉兰去了台湾后，在那里建了新家。之后，孟小冬也移居台北。她虽然自己独住，却对姚玉兰的儿女甚为笃爱，特别是女儿杜美霞，她爱她若掌上明珠。她甚至说："她来我这一坐，我就定心，她一天不来，我这日子就不知怎么过。"

无论是在台湾，还是在香港，围在孟小冬身边的人，还是很多，他们要么希望听她唱戏，要么希望得到她的真传。可是京剧是她的珍爱，她轻易不唱，而且也很少收徒。

有人说她孤傲清高，可是没有对京剧付出那么多的努力，没有在舞台上有那么多的辉煌，对京剧的理解，对京剧的珍爱，可能就没有她那么多。谁能理解得了她呢？谁能理解得了她的京剧呢？

1977 年 5 月 26 日，这是她最后的日子。临走前，她穿上了大红的绸布服装，像一个羞涩的新娘。

她下葬的时候，正是台湾的梅雨季节，那天，雨停了。可是，满天的乌云，在云彩后面，少有的几缕阳光若隐若现，但只是一瞬，然后就了无踪迹。

盛名也好，不幸也罢，抑或纷争，都随着那一缕乍现的阳光走了。她的身后，留下的，是戏迷们的哀伤。

第八章
文坛一棵常青树——苏雪林

　　看她的散文，真是一种美的享受，闲荡的白云有了生气，悠悠的红叶也甚是活泼，清风，多情，吻遍世界，绿草，也重义，遍布神州。

　　她一直生活在美的世界里，出生的温州，自然美景壮美清幽，山是螺黛，水软如绵；任教的武汉，十八栋别墅精致清雅，红瓦青砖，古木参天。

　　每一天，都是赏心悦目，若有香风扑面，更显天地含情。

也难怪她能纵笔洒脱，写下那样让人为之心动的美文，那每一个字，都呼自自然，吐自笔端。

她的笔是那样的潇洒，可是她的人，却多有执迷。为了政见，她对逝世的鲁迅口诛笔伐，笔墨之狠，大约是丧失了作文的根本，以至于被人称为"泼妇骂街"。

与恩师胡适，却又崇拜至深，以至于在老年，在反胡暗潮涌动时，她又大显身手，积极参与这场笔墨官司，结果被口诛笔伐，翻开人性，捣毁人格。

她一生都在用笔，却几次在笔墨纠缠中，被万人攻击，被世界遗弃。这一生挚爱的笔，反而成了罪魁。

她自己称自己是木瓜，呆板，天真，如果没有曲解，那么她的人生还颇多对此名称的论证。

她受教育五四，颇有五四青年的新风，却又作茧自缚，一生都被传统婚姻束缚。她的《绿天》静谧美好，可那背后写的却是一个谎言，她一生不曾享受这样的梦里温柔。

有人说她是矛盾的，是混乱的。可这矛盾，这混乱，又何尝不是她的灵魂在呐喊。她也只是一个未找到她的梦想的孩子，在丛林里，深一脚，浅一脚，一步一步，不懈地在追寻。

私人档案

中 文 名： 苏梅，字雪林

笔　　 名： 绿漪、瑞奴、瑞庐、小妹、灵芬、老梅

出 生 地： 浙江省瑞安县县丞衙门里

出生日期： 1897 年 2 月 24 日

逝世日期： 1999 年 4 月 21 日

原　　 籍： 安徽太平县（今黄山市黄山区）岭下村

家世背景： 苏雪林的祖父在清朝末年当过县令，父亲受过高等教育，母亲出身于士宦之家，素以贤慧著称，给苏雪林以较大影响。

职　　 业： 作家、教育家

经典语录： 我是只蝴蝶，恋爱应该是我全部的生命，偏偏我在这个上仅余一页空白。

天空里闲荡的白云，结着伴儿常在树梢头游来游去，树儿伸出带瘿的突兀的瘦臂，向空奋挈，似乎想攫住它们，云儿却也乖巧，只不即不离地在树顶上游行，不和它的指端相触；这样撩拨得树儿更加愤怒：臂伸得更长，好像要把青天抓破！

一张小小的红叶儿，听了狡狯的西风劝告，私下离开母亲出来顽玩，走到半路上，风偷偷儿的溜走了，他便一跤跌在溪水里。

一、童年野趣浑不胜

瑞安县衙拾童趣

这里有起伏的群山，有纵横的江河，还有一个驰名古今的玉海楼。在玉海楼不远处的瑞安县衙，也是一个古朴清幽之地。这就是苏雪林降生的地方。

这个瑞安县衙，是她祖父在任时的县衙。不管家境如何，也不管重男轻女的思想怎样，甚至先不用去理会祖母、母亲分别以怎样的女性生活着，童年总是童年，苏雪林同样是快乐的。

她的哥哥、叔叔，和她年纪相仿，她经常混在男孩群中一起玩耍。在孩子们的心中，是没有什么男尊女卑的，至于什么封建禁忌，对他们就更没有什么效力。

县衙虽不小，但规矩不少，与之相比，孩子们更喜欢野外，无论是幽静的树林，还是蜿蜒的小河，亦或是辽阔的田野，都有无限的乐趣。

钓鱼、捕蝉、捉蟋蟀，那是固定的节目，三五儿童凑在一起，或上树，或翻土，或者找一两个用不知道是什么物件做成的网，捕那在水里嬉戏游玩的鱼，那时光，就不再是时光。从黎明玩到天黑黑，也还是乐趣无尽，直要玩到地老天荒。

男孩子到底是男孩子，没有刀光剑影，不会上树爬墙，走路规规矩矩，说话轻言软语，那也就不是男孩子模样。

苏雪林的叔叔、哥哥们凑在一起，那男孩子的玩法，就更是夸张，他们用言语勾勒战场，用一块瓦片或者干脆就是一只脚，在地上打造基座城池，然后就是你来我往，征战厮杀。

那时节，也没有战马嘶鸣，却一定是尘土飞扬，也没有刀光剑影，却一定是伤痕累累。须眉，也是小须眉，巾帼，却是猛巾帼。

苏雪林在这样的队伍里，既没有女孩子的软弱，也没有女孩子的毫无主张。她能一个人主持一国，也能一个人厮杀全场。那气势，活脱脱一个花木兰，又仿佛梁红玉在世。

这还只是小试牛刀，当男孩子们为战事准备刀枪时，那苏雪林的威望，就更上一层了。据她自己说："我幼时做竹弓箭颇精巧，连最聪明的四叔都佩服我。"那得意之色，也是溢于言表。

除了众男孩子为伍，她也还有自己单独的爱好，那就是涂涂抹抹，勾勾画画。至于材料嘛，可以就地取材，用"裹药的纸，裁成三四寸见方，洁白细腻，宜于书画"。

她勾画时，男孩子看着好玩，也都拿起笔墨，纷纷效仿。有他们在私塾里学的文字，有他们头脑里幻想的世界。

纸不够了，干脆就直接往墙上涂抹，时间久了，墙上山一重，门槛上水一重，待到门廊又一重。

画的人畅意，看的人却不舒心，往往因为这个，招来祖父祖母的责骂。却也还是乐着，画着，玩着。

给一个自由，那就能换得童年的快乐。

三代女人三种戏

在苏雪林的亲人中，她最喜欢的是她的妈妈，最不喜欢的就是她的祖母。

母亲，是一个贤惠温柔的楷模，而祖母则好像为了衬托母亲，而故意要做一个反面教材，不知道她做媳妇怎样，反正在熬成婆的时候，她成了一个懒女人，一个恶婆婆。

每天下午，都要媳妇为她捶背拍膝，拳头不能轻，力气不能重。在身上各个地方捶上个千八百遍，一直捶到婆婆骨节松爽，而媳妇精疲力尽。

到了晚上，还要撑筋，把皮肉里的筋抠起来，然后再松开去，发出啪啪的声音。于是，老太太是血脉畅通，而儿媳妇则双手淤肿。

这些，在苏雪林的印象里都特别深刻，她喜欢母亲的贤能，自然就会憎恨祖母的乖张。可是小时候的她，却也得服从于旧制，做母亲的替代，为祖母捶背，为祖母拍膝。

这些活，是轮不到男孩子来做的，他们是光宗耀祖的希望，他们是家族兴旺的依赖。那时候的小雪林，尽管也有不平，可是却很是无奈。

不过小孩子终究在小孩子的世界，男女不平也只是一时的气愤，做个孝顺孙女，尽管不理解含义，却也还是乖乖地去完成她的使命。

不过，她的孝顺，却更像是玩乐。在给祖母捶背时，"竟会在她身上画起马来。几拳头拍成一个马头，几拳头拍成一根马尾，又几拳头拍成马的四蹄"。

她一定是要找到快乐才能完成孝顺的，可是祖母在她的快乐中却痛苦起来，几个马头马尾的勾画，就开始责骂，及至到马蹄飞扬，祖母豁地起来，一巴掌拍下去，把她赶到一边。

马是画不成了，她却掩嘴笑了。毕竟，这样的画法，不如在墙壁上涂抹更能尽兴，她也是不喜欢的。

不过，更不喜欢的，是祖母，因为不喜欢这套拳法，因为不喜欢女孩子，对她，就更是看不惯了。

女子无才便是德

苏雪林说："古代希腊人将世界分为四个时代：一、黄金；二、白银；三、黄铜；四、黑铁。一个人自童年至于老大，这四个象征性的分期，又何尝不可以适用呢？"

看过她童年的快乐，本以为她的童年一定是金灿灿的颜色，不是富贵的衬托，至少也该是不肯归家的顽童，留恋着夕阳晚霞的金色。

可是她却说，"童年是黯然无光的，也是粗糙而涩滞的"，"正是黑黝黝的生铁一块"。阻碍那阳光洒射下来的，就是她的这个大家族，这个旧式大家族，旧式大家族里的祖母。

在这个家族里，"一家之长偏又是一个冷酷专制的西太后一般的人物"，以至于她享受不到温情，也体会不到快乐。

快乐自然是有她的快乐的。可是这快乐太过短暂，而且就在这短暂的间隙，也还是常常有来自祖母的"女子无才便是德"的压抑的评说。

247

在自家私塾，她还能跟着叔叔哥哥们一起读《四书》、《五经》，等到男孩子们都进了洋学堂，而她，又因为"女子无才便是德"一句，被束在家中。

女红，是她最不爱的。与其在脂粉丛中，飞针走线，还不如到荒郊野外，去看看云飘，再不然，就东翻西找，找些可以看的书，解一解文字饥渴。实在不行，就耍赖借，或者偷着从叔叔哥哥们那里拿来。

为了书，她不知道要受多少苦，得不到，便是朝思暮想，得到了，却又心惊胆战。这些书，不是她的，也不该是她读的。一旦被人发现，那么她一定要被家里的西太后教训一顿，为"女子无才便是德"补上唠叨的一课。

祖母也是女子，却沿袭着男权的教育，甚至于比男权还要威严，还要苛刻。不如此，仿佛就显不出自己的贤能贤德。

苏雪林12岁那年，父亲从山东回来，趁上宪他调的空当，就回到家中。看到小雪林天资聪慧，诗词书画皆有独到之处，很是惜才，顶着母亲的抱怨，亲自教授她。

这是小雪林又一个快乐的童年片段，和父亲坐在一起读书、画画，让她一下子感受到了尊重，感受到了自己。

后来，在一个开明叔叔的劝说下，她又争得祖母的同意，到一家基督教办的小学读书。然而，这也只是一个简短的时间。

等到安徽省立女子师范招生，她听到消息后，兴奋不已，然而却也忐忑不安。她知道，"西太后一般的人物"，会给她一个怎样的结果。

她不管了，反正不读书，毋宁死。她抗争，以哭泣抗争，

248

以哀求抗争，以喊叫抗争，以寻死抗争。

乡村野外，有水上深林，林边的水潭有丈把深。她每天徘徊于此，哭着看着，想着，魔怔一般。

看她茶不思、饭不想，已经让母亲难过，再看到这般寻死觅活，母亲慌了，然后跟着她一起求情。

一次不行，挨着打也要第二次，第二次不行，挨着骂也要进行第三次。不同意，就不间断。

终于祖母忍受不了了，同意她去读书。

女子无才便是德，便在有才的女子抗争下，让无才的女子，为其更名了。

二、无爱婚约终成空

为求学一再拒婚

情窦初开时，她也对婚姻充满了幻想，香红软语、倚栏浓情。可当婚姻带着包办的特质面具，带着家长权威的势头，奔袭而至，她的幻想瞬间凝固，美丽也消失得无影无踪。

她的丈夫，是江西五金生意的商人张家次子张宝龄。

为她定下这门亲事的，是她的祖父，她的祖父大概从本意上也是寻着联姻就是联势的规则。家族是最重要的，每个人活在世上的任务就是壮大家族。

张家对这门亲事欣喜万分。苏雪林虽还只是女师的学生，但她学业优秀，才华震惊京沪。有这样的媳妇，有这样的身家，那是求之不得。原来，女子无才便是德也不是他们的信条。为了和苏雪林相配，张家还特意把张宝龄送到美国留洋。

直到这里，还轮不到苏雪林出场，等到苏雪林知晓时，双方已经议定，婚姻已经完成。

接受了新思想的人，再遭遇旧制度，第一个反应就是抗争。为读书，苏雪林可以拼上性命，为婚姻，苏雪林也是一再抗争。

女师毕业后，张家就要完婚。从女师走进张家，那"女子无才便是德"便有了实现的可能。可她要的，是从女师走进更高学府，她已经有了新的目标，那就是北京女子高等师范学校。

冲突的双方，又是她和祖母，冲突的原因，还是"女子无才便是德"，当然，还有和张家完婚。

哭泣肯定是无效的，哀求之于祖母，无异于石头之于天空，至于寻死，这曾经的妙招，多少显得幼稚，也让她无从做起。

可是她的心是委屈的，别说她一心向学，就是真说到婚姻，她还是委屈，对方到底是谁，到底什么样，她连个可以勾勒的基本线条都没有，如何就要在一个屋檐下，过一家人的生活？

她性格未免刚烈，就是在这次抗争中，她居然真的逼着自己大病了一场，颈部淋巴腺结核肿大，几乎与肩平。

尽管愤恨，但是听着她的痛苦呻吟，祖母终究还是不敢继续再使用强硬态度，允了她求学，允了她以后再谈婚姻。

在北京女子高等师范学校读了两年，她就考取了"中法海外学校"，于是，她瞒着家里，又转道去了法国。

可是在法国的日子过得并不顺畅，她孤独郁闷致病，于是在母亲的催促下，和远在美国的张宝龄通信。

未婚夫的概念，对于远离故乡又在病中的人来说，不是浪漫，而是依靠，是温暖的依靠，是一直寻找着的温暖的依靠。

可是，这信也通得不顺畅，她说东，他偏说西，她要他来法国，他却一口回绝。她要种花，他偏要葬花。她刚刚构建起来的温馨故事，瞬间就让他给打击得残破不堪。

她心灰意冷，再次写信给父亲，要毁掉这门亲事。

可是父亲的回信，却终于让她打消了悔婚的念头。父亲来信说，母亲病重，要她回家完婚。

醉里吴音相媚好

"春风带了新绿来，阳光又抱着树枝接吻，老树的心也温柔了。"

这是苏雪林《绿天》里的话，她还说：

"乌鸦，休吐你的不祥之言，画眉快奏你的新婚之曲。祝福，地上的乐园。祝福，园中的万物。祝福，这绿天深处的双影。"

《绿天》，扉页上这样写："给建中——我们结婚的纪念"，明确地宣称这是描述她的婚后生活的。

文中的每一个字，也的确透着甜蜜、幸福，不但春风解风情，就连阳光、老树，也都变换了角色，仿佛做了一个粉红的春梦。

这样看来，她是幸福的，那个给她带来幸福的，难道真的是那个让她一再悔婚的张宝龄。

答案是肯定的，也是否定的。

她嫁的是张宝玲没错，可是她和他，却不是这样幸福的。

早在法国的时候，她品味到了恋爱的滋味。不见面，是朝思梦想，见了面，又是苦涩酸甜，仿佛是痛，仿佛又美。

母亲病危催婚，一下子打碎了她所有的浪漫，她一向心疼着这个受尽苦难的母亲，只得忍痛割爱，回了家，又百般不愿着，结了婚。

她此时是一团炽烈的火，而他则一直是一颗冷冰冰的石，还是顽石。这婚姻，注定了是一厢情愿，甚至是两不关情。

如果说幸福，那一定是谎言。这谎言，她是编给自己看的，为的是安慰一颗从炎夏走进寒冬的心。可是一不小心，却完美了读者的心。《绿天》一出版，就成为畅销书。

而她在多年之后，终于揭开了这个虚伪的秘密："这是一个美丽的谎言。"

绿荫蔽日的园子是有的，高下杂乱的花草，也应该还在，就是金鱼、蟋蟀，大概也应该在那里繁衍了后代。

那是一个小洋楼，那，是他们度蜜月的地方。他开荒，她种菜，他蓄水，她养鱼，这样的甜蜜未必没有。新婚的快乐，让这对陌生男女也享受了一二快乐。

偶尔说起甜蜜，还会想起夜幕下，他翻石，她打灯，找一两只鸣叫着的蟋蟀。获得后的欣喜，也一定是夹杂着甜蜜的。

然而这只是一瞬间，这时间短得连她的记忆都找不见。以至于她不得不说："这是一个美丽的谎言。"

她只是一时的醉了，那吴音媚好，只有在醉里，才听着更显浪漫。

终身夫妻不再见面

她和他的矛盾，很快就来了。

她始终没有生育，这让他不高兴，她不像传统妻子那样，遵守三从四德，他还是不高兴，她居然把自己的工资，没经丈夫同意，就资助给大姐和寡嫂，这让他大大地不高兴了。

然而她也正不高兴着，说个话，都是冷淡的官腔，做个事情，也是左右衡量着分寸，既没有热情，也没有气概，倒是大男子主义，满腔满脑。

他说他的不满，她也在表达着她的需求。可是他听不到她的心声，他只看到自己的愤怒。她也看不到他的尊严，她满是自己内心的创痛。

从吵架到吵架，中间不会有太多的时间相隔，本来少得可怜的甜蜜感觉，很快就荡然无存了。

几个回合之后，是沉默，死一样的沉默。两个人的屋檐下，仿佛是一个人的空间。只听得见两个不同的呼吸，只看见两个不同的身影，再听不见其他的声音，再看不到其他的影像。

按理说，接下来的故事，应该是离婚，然后重新走进新的婚姻，重新续写浪漫。可是没有，尽管她也是一个新女性，可是她的骨子里却比谁都传统。

早在北京女师的时候，她就极看不惯那里的风气，"男女同学随意乱来"，"我个人则是极端守旧家庭出身的，一向矩行

253

规步，幸而并未随波逐流"。

她是没有乱来，可是世界却横竖在她那里捣乱了。

她和张宝龄分开后，两人却并没有离婚。不是他们不想，而是他们不敢，她后来这样说："我总觉得离婚二字对于女人而言，总是不雅，况那时我已薄有文名"。为着名分，为着家族，为着一切子虚乌有的东西，他们坚守着这个家庭。

初时，他们还通信，但是渐渐地，连信也是断了的。他关心的，不是她说的话，他说的话，她也不关心，通信，还有什么意义呢？

后来，她干脆把大姐接过来，组织了一个奇特的"姐妹家庭"。她和他结婚，却是和自己的姐姐白头到老。

如果说别人忙着肆无忌惮地恋爱，是有点极端，可她这种固守成规，似乎也应该归为另类。至少，在现代文学史上，在那些男女作家都在为自由抗争，向传统对抗的时候，她却还在固守传统。反正，说忠诚不渝，是说不通的。

他和她虽然分居两地，甚至音信不通，然而名义上，他们还是一个家庭。后来，他们也因为这名义上的问题，而重温旧梦，可是他终究不是她的他，她也永远做不了他的她。

抗战胜利后，她还是在武大教学，而他却坚决辞去武大的工作，回了上海。解放后，她去了台湾，他则留在大陆，从此以后，他们是连路人也做不了的了。

她的文字细腻、活泼而充满感情，可是她的感情却枯燥、冷漠，粗糙了她的人生。也就是因为这个，我们在读她的文字的时候，总有一种恍然如梦的感觉，或者会有一种隔世尘烟的滋味。

她是把自己的人生隔离在文字之外的。可是她的文字，每一个文字，实在又让人幻想那火热的人生。

三、死磕鲁迅惹非议

东风吹响战鼓音

她的一生，都在证明着自己，证明着自己"冰雪聪明"（她曾和冰心齐名为"冰雪聪明"），证明着自己见解独特，证明自己涉猎广泛。

她的证明方式，就是争论。

第一次争论，是在北京女高师。北大学生写了一本《白话诗研究集》，出版后，就请一些文坛名士撰文评价。

大多数人都对《白话诗研究集》极尽吹捧之能，苏雪林却十分不服，于是在《京报》撰文，批评他们的治学态度。

结果引起轩然大波，那些吹捧诗集的人对苏雪林非常不满，撰文《呜呼苏梅》，用"极丑的话"大骂苏雪林（她的名字叫苏梅）。

那时候的她，还只是一个认真的孩子，学业认真、做人认真，撰文也是认真的。可是却横遭如此指责，她的心境可想而知，就是因为这件事，她才决定留学法国。

255

这第一次争论，她似乎没有什么错。《唔呼苏梅》一刊登，就引起了文坛名士的厌恶。其中胡适对之最看不惯，《白话诗研究集》曾经找他撰文，但他实在不屑，才置之不理。谁知此书还是被一些人吹捧，之后还容不得批评，因此，他说："就不该滥用我们的名字替滑头医生上匾，替烂污书籍作序题签，替无赖少年辩护"。

大家都站在苏雪林的一边，可是因为忽然间成了争论的焦点，她十分不适，不得不远走法国。

很多人说她争论是为了出名，这个实在难说，以她的文采，出名不难，而且，在胡适都为她出头呐喊的情况下，她如果想出名的话，就不会避至法国。

还有人说，她就是一个好斗的人。因为早在安徽女师的时候，她就为了争第一名，和一位学敌有过一场大战。战到最后，两人除了学业上的较量，人气上的较量，还来了一场近身肉搏的较量。

关于此事，她自己也提到过，晚年的她对此事极为后悔，因为为和学生争斗，自己熬夜读书，读坏了眼睛，读坏了神经。

怎么看，这都是一个执迷于认真的人，因为太过执迷，完全活在了自己的世界里，为了证明自己，而忽视了世界。

与大师站在对立面

苏雪林之所以被人病垢，原因之一是在鲁迅生前，她和他并没有什么笔墨官司，那时，她只是一个学业优异的学生，是以崇拜的态度来看这位大师的学生。直到1934年冬，她发表的

256

《阿 Q 正传及鲁迅创作的艺术》，还是满嘴的崇拜。

可是鲁迅逝世后，她忽然笔锋一转，撰文对鲁迅口诛笔伐。1936 年，在《奔涛》上发表了《与蔡孑民先生论鲁迅书》。这是她写给蔡元培先生的，蔡先生没有收到，她就将其发表出来。

就在全国文艺界都对鲁迅的死致以哀痛之词时，她却以异类的姿态，横空出世，大骂鲁迅，是尖酸刻毒的小人，心理呈病态，就连他的文章，也都是有毒的，不可读的，因为都是骂正人君子的文章。

这一次，已经不是轩然大波了，撰文回击的，是一波接着一波，人身攻击的，也不在少数，接下来，就是恐吓信了。

她自己未尝不知道这样的结果，然而她却很以为然，以为这才叫不流俗，以为这才是"众人独醉我独醒"。

特别是对收到恐吓信，她也害怕着，但心里却为自己的勇敢而高兴着。"敌人"越是"猖狂"，就证明她所言极是，也就证明她越是应该言无不尽。

她是把自己当成了战斗着的勇士，这战斗的勇气的确让人钦佩，可是她的文章大多没有真实凭据，多是虚言，他说鲁迅"身拥百万之产"，说他"病则谒日医，疗养则欲赴镰仓"，全都不是事实。

这些话偏又说在鲁迅逝世，爱之者为其治丧的时期，自然会让人义愤填膺，欲毁之而后快。

小恩怨大是非全都不是

那么，到底是什么，让苏雪林态度有了这样大的转变，甚

257

至不惜在鲁迅尸骨未寒时，对其如此攻讦。

有人说，苏雪林和鲁迅有点小恩怨。在一次文人聚会时，在座的人都对苏雪林赞誉有加，唯有鲁迅，对她视若不见。就连她跟他打招呼时，鲁迅也只是点点头而已。

那时候的她，刚发表了《绿天》、《棘心》。在文坛，无论是小有名气的，还是大有来头的，对她都要高看一眼。按理说，鲁迅对这样的后辈肯定是极为看好的。事实却不这样，这未免让她生疑。

生疑之后，一定要解惑。自己分析来分析去，觉得鲁迅不过是一个高坐厅堂的虚伪的权威者，越细想就越觉得他是虚伪的，是肮脏的，是卑鄙的。

自己分析还不够，再找人分析，又听到了诸如她喜欢的胡适、陈源等人，正是鲁迅攻击的对象。鲁迅自然不喜欢她。

这样说来，鲁迅就一定是一个"奸恶小人"，一定是"睚眦必报"的人了，对于这样的人，唯有痛恨，唯有痛打，才解意，解的是恨意。

她自己对自己前后态度的转变，也有一个解释。这解释是，她看不惯鲁迅对杨荫榆女士的攻击。

杨荫榆女士是苏雪林所在女高师的校长，她虽然学贯中西，但治学却颇显独裁之风，尤其是支持北洋政府，以封建家长的方式，限制学生的思想和行动自由，自然受到了不少抨击。

作为左联战士，鲁迅写文章批评杨荫榆就是理所当然了。可是苏雪林却认为这是不应该的。一直自称是五四人的苏雪林，也曾经和封建家长闹得死去活来的苏雪林，却站在了这位封建家长一边。在那样的环境，她受攻击也就可想而知了。

而她在骂鲁迅的稳重时，还有这样一句话，"左派利用鲁迅为偶像，恣意宣传，将为党国之大患也"。也就是这句话，又让一场文字风波转而成为一场政治文字论。

在大骂鲁迅之后，她又写信给胡适，把自己写给蔡元培先生的那封信也附在信中，洋洋洒洒地表达自己对胡适的理解、支持。

她以为，这样的拥护和支持，一定会换来胡适和她步调一致地痛骂鲁迅之旅，然而胡适却回信批评了她。

胡适这样说："我以为不必攻击其私人行为"，"凡论一人，总须持平。爱而知其恶，恶而知其美，主是持平。鲁迅自有他的长处……"

这样的回信，多少让苏雪林有些尴尬，本来以为站在了一个阵营，然而却全都不是，她还是一个无知的战士。

鲁迅逝世 30 周年时，已经身在台湾的人，又写了《我论鲁迅》，她直白地说，"我见台湾论坛近年'捧鲁'有渐成风气之势，已有人呼喊在台湾重印鲁迅著作了"，"我担心鲁迅偶像又将在台湾竖立起来"，于是再次批判鲁迅，这样的执着，已经失去了当年"勇气可嘉"的斗争精神，反而只剩下一个为斗争而斗争，为错误而继续犯错的固执者模样了。

就是在晚年，人们已经能够公正评判鲁迅作品的价值，抛开那被政治赋予的神秘面纱后，他的文章还是很受大众的喜爱。然而她，对这种现象，对鲁迅，依然不能释怀。

对鲁迅的文章，依然不能以一个文人的眼光去看，甚至早

期对鲁迅文章的称赞，甚以为悔。这样说来，她又的确是心胸
过于狭隘的了。

四、情有独钟胡老师

钦敬崇拜痴心一片

在思想文化界，鲁迅和胡适向来是被相提并论的，就像电
池的正负极，缺一不可。在鲁迅面前，胡适一直是一个反动的
角色，是一个在革命的浪潮中软弱的背信者的角色。

尽管胡适自始至终没有对鲁迅说一个"不"字，但爱憎分
明的鲁迅是不愿和胡适为伍的。因此，在文化界，就有了胡适
和鲁迅两派对立。

而讨伐鲁迅的苏雪林，自然而然地站在了胡适这一面。她
曾写信给胡适，表达自己与之思想同源的立场。

上文我们已经说过，胡适回信表达了对她愤慨的理解，但
却也批评了她的为文，认为她在批评人的时候，不该进行人身
攻击。

对于这样的回音，苏雪林也是诚心接受，并没有因为对方
的批评而发怒，反而更觉得胡适的人格崇高，也就更厌恶鲁迅
人性的"卑劣"。

苏雪林一生对自己的老师胡适极尽推崇，用她自己的话说，

就是"由钦敬而至于崇拜",并且"老而弥笃,痴心一片"。

她也的确如此,在《与蔡孑民先生论鲁迅书》里,讨伐鲁迅,就一边攻击鲁迅,一边替被鲁迅攻击的胡适打不平,大有英雄惜英雄之意。

到后来,两人都到了台湾,几十岁的人了,她遇到胡适,还是会"老师"、"老师"地称呼着胡适,去胡适的课堂听讲,像个学生一样认真地做作记。

说起来,她对胡适的崇拜,和对鲁迅的讨伐一样,都是率真而不理智的,凭一时的意气而任意挥洒自己的情绪。

初识先生在课堂

苏雪林的祖籍是安徽,她跟随祖父在浙江住过,但不久就回到安徽,而胡适也是安徽人。他们是同乡,但这同乡之源,并没有让他们在初次见面就有一种亲切的感觉。至少在胡适是如此。

他们初次见面的地点,是北京高等女子师范学校。他们见面的方式是课堂授课。一个是口若悬河的老师,一个是潜心听课的学生。

就连向先生提问这样的近距离接触,也因为苏雪林的羞涩、内敛而失去了机会。他们,在开始并没有什么交集。

尽管她说一开始就对他很是崇拜,但鉴于她的这种没有接触的开端,似乎她对他的崇拜,也只是后来笔端上的虚拟。如果按照她自己暗示性的描述,那又是另一种模样。

她说,胡适要招呼她喝茶时,她要羞涩地逃避,与胡适对

261

坐，又有一种不敢仰视的推崇和战栗。胡适于她，是一个少女未解世事时的爱恋：越是喜欢，就越不敢轻易接近；因为爱恋，总是会在思想上将对方美化到极致；为了对方，可以粉身碎骨。

这话说给苏雪林，她是不愿听的。她对爱恋的定义，是传统的，是压抑的。

回想苏雪林的一生，她不喜欢张宝龄，却为了自己的声誉，而不愿与她离婚。

她对于那时候描写细腻浪漫感情的郁达夫、沈从文等又极为不屑一顾。

她认为郁达夫写"性苦闷，是生理上有异态的他自己个人的，不是一般青年的"，更是要遭人厌弃的。她又说沈从文是在传播堕落的浪漫，用淫靡、浮滥的描写，来腐蚀青年的心灵。

同时，她又在标榜自己，不齿于和那些没有分寸的男女为友，也看不惯女人不守传统，她自己是很信奉传统贞节观念。

她不知道，自己对感情，也有一种不自觉的萌动，不过，她利用自己的理智，利用自己的极端的克制能力，压抑住了那些来自本能的冲动。

但这种冲动，一定会变化出另一种感情，发泄而出，这就是她对胡适最初的羞涩和一生的崇拜了。

在为文上，她极为任性，然而在自己的感情上，她却又极为保守，甚至极尽自虐之情。在那样一个女性解放运动轰轰烈烈的年代，她的这种行为，实在是让人难以理解的另类。

老而弥笃，痴心一片

尽管苏雪林对胡适一片痴心，胡适对苏雪林也还算关爱有加，但是在谈起学术来，胡适依然对苏雪林毫不客气。

苏雪林研究楚辞的书籍，在学术界被认为是"野狐外道"，非"正法眼藏"。向来在文字上很人性化的苏雪林，极为不服，就去找她最信赖的老师胡适。

但是胡适同样对她的文字提出了批评，他对她说的最多的话就是"有几分证据，说几分话。有五分证据，不可说六分话。"

苏雪林研究《红楼梦》时，胡适更是不以为然，多次劝谏，让她"听听老师的话"，停笔吧，在她终于不再对红楼梦作出评断后，他又写信告诉她："你肯决定不写《红楼梦》的文章，我很高兴。"

胡适之所以对苏雪林如此毫不留情，实在是觉得苏雪林治学态度太过轻率。而以苏雪林的性格，本来一定要争辩一番的，然而她却始终对胡适尊敬有加。

胡适逝世前后，他也是受到了四面夹击。蒋介石对他的"自由主义"并不以为然，曾经不点名批判胡适，"制造人民与政府对立，破坏团结，减损力量，执行分化政策"。

胡适死后，攻击他的言论就更是汹涌，此时的苏雪林又坐不住了，她再次起而论战，为胡适鸣不平。她说，如此才算"自问对胡大师总算效了微劳"。

对于攻击胡适的蒋介石，她也攻击，她说："如日中天的

263

运气，已被蒋介石作尽耶"。

那些所谓的政治脱去外衣后，露出的，是苏雪林的爱师之心。

可惜的是，胡适逝世后，苏雪林到底还是出版了《试看红楼梦的真面目》，用她的毫无根据的臆断，把这部名著，骂了个狗血喷头。

看来，她对胡适的爱戴和尊敬，也止于浅层的心理。如果她还存有一点尊师之仪的话，那么她应该不会如此叶公好龙似的出尔反尔。

但从另方面来说，她之所以反复，大概认为胡适对她这个学生是格外偏袒的，即使她出尔反尔，他也一定会原谅她的。

因为她曾经说过，尽管胡适对她的学术并不赞成，"但他对我总意存偏袒"，他总是找欣赏的人来审阅，说是"这二人对苏雪林的论文，非常有同情，非他们二人审阅，恐难通过。我得长科会的奖金，能够维持数年之久，都是胡先生对我的好意而然"。

在该理解老师的时候，她是以为老师一定会理解她的任性的，而在老师用特殊的方式表达了对她的不理解时，她却用理解的语言来解读老师的行为。

她始终还是活在自己的世界里的，外界喧嚣也好，静谧也罢，都与她无关，她只是任性恣肆地表达着自己，可是她真的找到她自己了吗？

五、杏坛执教五十载

妇唱夫随双教书

著述是她的爱好，教学则是她的本行。在将近五十年的教书生涯中，她曾经被学生捉弄过，在学校中也曾经遭遇了各种各样的排斥，但她始终对教育事业热情不减。

她的骨子里一直在捍卫着女性传统的贞德观念，婚姻的不幸，家庭的无成，没有儿孙的痛苦，让她失去了一个传统的完整女性的魅力。

因此，对她来说，除了教育，除了著述，她的人生便没有其他价值而言了，她也必须要用教育，用著述，来填补人生酸楚的空白。

追其根源，她的教育事业几乎是和婚姻同时起步的。1926年，苏雪林和张宝龄结婚，两人在上海建立了自己的家庭。不久，她就对在夫家枯燥的生活产生了不满。恰在此时，她收到了在北平女高师时的国文系主任陈钟凡的信。

他要介绍她去苏州基督教长老会办的景海女子师范国文系任主任，并到东吴大学兼课。不甘心相夫教子的苏雪林，欣然答应了这份差事，走出家庭去大学教书。

为了解两地相思之苦，她又介绍丈夫张宝龄到东大任教。夫唱妇随的日子，让苏雪林不由得对婚姻对未来产生了浪漫的幻想。

《绿天》的文章，就是二人那时候的部分写照。那时候，他们没有经济压力，没有思想负担，新婚才不久，温馨浪漫自然成了主基调。

可是很快，他们的关系就到了穷途末路，张宝龄不堪忍受，一个人辞职回了上海。她坚持了一段时间后，也夫唱妇随，回了上海，但她还是在沪江大学找到了一份国文教师的工作。

她和他都很努力地要维护这段婚姻，可是性格的差异，思想的异同，使他们两个同床异梦。

1930 年，当苏雪林收到安徽大学新任校长杨亮功先生的邀请信，请她担任安徽大学教授时，她对这段婚姻已经完全绝望，于是马上接受邀请，离开上海，去了安徽。她的这次出走，为他们的婚姻打上了一记死亡的烙印。

荣归故里教难行

安徽，是她的老家，她最初就读的师范学校，就离安徽大学不远。因此，这次去安徽，实际上等于荣归故里、衣锦还乡。

想起昔日在学校里为了学业而与人争斗，想起老师对她的赞誉或者批评，想起同学对她的敬佩或者嫉妒，她不由得对安大之行充满了期待。

然而安大，对于她来说，也是一个悲剧故事。

她教世界文化史，同时兼女生指导员。她对教学，已经是驾轻就熟，可是她对教育，却多少有些青涩，不会变通，却也尽显认真执着的本色。

二十世纪二三十年代，大多数学校都在闹风潮，安徽大学是新建校，在管理与纵容之间拿捏不稳，致使学生把追求思想解放当成了重要的方向。

安大学生的思想开放到了奔放的程度，正是豆蔻年纪，对恋爱有着诸多幻想，加之风潮的走向有点偏激，男女生谈起恋爱来简直肆无忌惮。

女生楼里，常常有男生出没。即使夜半更深，也是歌声不断，男女生混合，吵闹不休。若再有三两个为失恋而伤心的人，那么夜晚就会更加热闹，喝酒的，骂街的，闹事的，观战的，简直是一个混乱的小社会。

当初在北京读书的时候，她就看不惯男女生所谓的自由交往，如今作为一名老师，再看待男女恋爱，她骨子里的封建思潮自然汹涌而至，她像一个传统的封建家长一样，严厉而专断地对学生进行了压制和管教。

她经常像门神一样站在女生宿舍门前，责令男生早离开，苦口婆心地告诫女生要自重，不要乱来。

她本想要守护男女生之间的最后一道门墙，让女生们学会更多地保护自己，然而，学生们却认为她是自由的绊脚石。

一些男生经常会大声和她争吵，把她作为一个教师的尊严全部毁掉。可越是如此，她就越是要守住，她用铁的原则在强调纪律，坚守管理。

然而，终于有一天，她再也坚持不下去了。

那天夜晚，她在回宿舍的途中，经过一片小树林。在昏暗的灯光下，忽然见一个黑影迅速地朝她飞过来。她来不及躲闪，正命中前额。接着林子里有杂乱的奔跑的脚步和笑声。

惊惧和疼痛让她不由得叫了起来，再一细看，飞过来的却是一块黑色的石块。她明白了，这是学生在报复自己。

朝林子看，什么都看不见。血，已经滴了下来。她连忙用手帕捂住伤口。可是一会，手帕也湿透了。她伤心、愤怒，却无可奈何，只好去医院处理伤口。

伤好了，可是额头却留下了一个永远的疤痕。

她，决定离开安大。

错字先生差点除名

离开安大后，她又去了国立武汉大学。

武汉大学是名校，名师众多，她一开始只是一个特约讲师，这个职称比她在安大降了两个级别。

她不满，可是学校的很多老师对她也不满。

那段时间，她开始研究楚辞，又出版了《唐诗概论》、《辽金元文学史》等书。她洋洋自得着，可是在那些老教授眼里，她走的是一条野路子，登不得大雅之堂。

更让她难为情的是，由于小时受父亲和塾师不规范教育的影响，很多字词她都不知道标准读音。上课的时候，经常读错别字。

这让她经常受学生的诘难和嘲笑，有一回，她还被一个受过处分的学生告到系主任那里，一时间，"别字先生"的绰号在校园里广为流传。

她是一个自尊心特强的人，对这件事简直无法忍受，为了改善名声，她又像当初做学生一样，挑灯作战，半夜苦读。

她的勤奋是出了名的。然而"别字先生"的帽子却始终戴在头上。这不由得让她产生了自卑心理。

上课的时候，她就不再那么激情昂扬了，有时连名都不点。课上得太枯燥，学生们无法忍受，干脆逃课。看着日渐稀少的学生，她就更加松懈。

有个学生实在看不下去，就在黑板上用大字写道："如果不点名，下次也就没有人来上课了。"

那几个字，触目惊心，让她好久都没有回过神来。

年终考核续聘时，几个资深教授都投了她的反对票，眼看她的教育生涯就此中断。

这时候，校长王世杰却投了她的支持票。他的理由很充分，她比任何人都勤奋好学，而且，她也算知识渊博，而且从发表的几篇屈赋研究文章看，她还是很有见解的。

她留下来了，信心倍增，又找回了当初的激情。

1998 年，一百多岁的苏雪林坐着轮椅从台湾回到安徽，去了安大，看着安大老师们送过来的当年老教授花名册，她不由得热泪盈眶。

当年，一个叫苏梅的人，曾经在这里教书。

她在安大，在沪大，在武大，她也在台师大（台湾师范大学）、成大（台湾成功大学）。

如今，她已经永远离开了学校，可是学校里，似乎还有她的传说。

有一天……

临水照花人

——民国名媛的美丽与哀愁

第九章
桀骜不驯七小姐——盛爱颐

如今的留园，还记得燕语莺声的七小姐踏径寻花否？如今的百乐门，还记得叱咤风云的贵妇人呼工喝匠否？

她，已经成为历史，可是，她的历史，却总是被人翻出更新。一遍遍，镀上迷蒙的民国颜色，一层层，裹上时代变更的声音。

她是大宅门的娇小姐，"大观园"里吟诗作对，"小红楼"上懒怠梳妆。她也是汽车间里的谢罪妇，伴着化粪池里的"金汤"，独坐在菜市场前看"斜阳"。

她含着金钥匙出生，于那少年时光，在富贵里徜徉，身边佣仆成群，耳边谄谀不断。然而她也带着金枷锁，于那豆蔻年华，失却一场怦然心动的爱恋，于那白发苍苍之年，迎头赶上阶级斗争的拷问。

她能诗善画，咏絮才华堪怜，书法丰腴劲秀。奈何高墙深院锁蛟龙，满腹经纶无用处。风云变幻，时代变迁，女性面临千年之变革，她走出旧宅深闺，聚会闺秀名媛，又求学于上海圣约翰大学，学英文习西术。

且不说当时的红影翩跹，明眸善睐，伶牙俐齿，借助于旧势力的背影，任何一个大家，都可以打造出闺秀。

只说名动上海滩的女权案，她抛开男尊女卑，挑起了与男权对峙的第一杆大旗，轰动全国，震惊女界。有批判的乱箭，有赞扬的追捧。于混乱中，她胜诉而归。

旧族已经溃败，而她则在乱世烽烟，以新贵族的形象，续写盛世。在十里洋场，她斥巨资，开了中国第一乐府——百乐门。从此，上海滩的摩登男女们，才有了寻访西欧舞风的圣地，十里洋场的纸醉金迷，也有了编织风花雪月的根据地。

韶华渐逝，富贵消散，在那风烛残年，她却被剥夺一切，把世态炎凉尝遍，落日余晖，居然是斜阳惨淡。

留园，长留天地间，曾生活在那里的小姐成了它的过客。百乐门，时用时新的乐府，它的创始人也成了它的尘烟。只是我们的贵小姐，你是否可以借着今日的文字，再重塑那昔日的魅影？

私人档案

中 文 名： 盛爱颐

别　　名： 盛七

国　　籍： 中国

民　　族： 汉族

出 生 地： 上海

出生日期： 1900 年

逝世日期： 1983 年

就读学校： 上海圣约翰大学

家世背景： 晚清重臣盛宣怀的第七个女儿，盛宣怀，被誉为"中国实业之父"、"中国商父"。她的母亲庄德华，出生于常州望族，庄家也是"世代书香，簪缨传家"。

婚姻状况： 1932 年，在等初恋宋子文成空后，仓促嫁给庄夫人的内侄庄铸九。

职　　业： 实业家

代表作品： 中国第一个妇女维权案

经典语录： 不思在此党治之下，法律上以男女平等为原则，国民党对内政策第十二条业已确认，而最高法院迭次解释，亦根据第二次全国代表大会妇女运动决议案，明确未出嫁之女子，有与同胞兄弟同等继承财产之权……法律所赋予之权利断难丝毫放弃。

一、晨钟暮鼓气焰盛

亦官亦商第一人

那里是"中吴要辅、八邑名都"的龙城，钟灵毓秀，人杰地灵，曾出过尊如天子的皇帝，有过重如社稷的朝臣，更有多如星斗的商贾。这就是常州。

这里有一个长留天地的留园，有清如碧玉的流水，有起伏跌宕的假山，有"瘦皱透漏"的奇石，有参天的古木，有艳丽的奇花，有缠绵的古藤，有自在的青草，至于亭台楼阁，画栋雕梁，曲径回廊，更是将园林的美，推向了极致。

不说当时的老爷夫人、小姐公子们，游弋于这样吞山吐水、映日抱月、亭风轩雨的地方，会有怎样的舒心，就是我们，今天走马观花地穿梭而过，那隐逸的逍遥，那富贵的恣肆，那显赫的张扬，也尽映眼底。

这留园的主人，曾是常州的世代望族盛家。祖父盛隆，举人，任浙江知州，到父亲盛康，又中举、中进士，官至道台，至于盛宣怀，虽然不是进士，也没中过举人，但是却官至尚书，在清末洋务运动中，将一个家族的富贵史，推向了高潮。

盛宣怀，既懂传统儒学思想，又喜欢经世致用的洋务运动。

因此，当洋务派领导人李鸿章在推行洋务思想的时候，他成了一个重要的人物。

从整顿轮船招商局，到创办中国电报局、电话局、纺织局、中国铁路总局，以及轮船招商局、中国通商银行、汉冶萍煤铁厂矿公司，我国第一所工业高等学府——北洋大学堂（今天津大学），和第一所正规师范学堂——南洋公学（上海交通大学前身），再到"与民争利"的政府被民族资本家所诟病，成为辛亥革命的引发者。他的每一步，不但关系到自己家族的兴隆，还关系到整个朝廷的运数。

他一直处于权利中心，是清政府倚重的大臣，他却也一直做实业，成为清末的一个非常重要的实业领袖。他是中国历史上亦官亦商的第一人，也是清朝末年最富裕的一个官，一个家族，甚至超过李鸿章。

就在上海盛公馆，仅佣人就有277个，保姆、管事、跟班、账房，各司所职，而各位太太，小姐、少奶奶也都或多或少地拥有专属的佣人团队。

他为人精明，做事谨慎，经济头脑一流，为后世开创了多条富国强民之路，但他始终与官府权利一体，这给了他至尊和荣耀，但同时也让他的前途危机四伏。

终于，在清政府不堪民众对"护路运动"的不满时，把他推上了风口浪尖。这个官府的红人，官府倚重的重臣，一朝梦醒，却发现自己成了官府的罪人，他不得不逃亡日本。

辛亥革命后，盛家的许多房产被没收，后来经孙中山斡旋，才又回收了一些。虽经此劫，但直到他去世，盛家依然可以用

"富可敌国"来形容。

就说他出殡吧，那一天，他的夫人庄德华特地从天津广春局雇来 64 名扛夫抬他的灵柩。送葬的队伍也堪称盛况，前有仪仗，后有乐队，中间是 64 名扛夫抬着的他的灵柩。他一生荣誉加身，死后也是金顶盖棺，红缎罩枢。

鼓乐齐奏、灵柩慢行，时不时，还要停下来，接受达官显贵、穷苦民众的路祭。一路上的风光，比《红楼梦》的贾母，又强上许多。

这位风云人物的葬礼，不但是盛家子孙的大事，还是上海、苏州两地各式人民的要事，很多人，从城市、乡村纷纷赶来，一睹这百年盛况。

仅五华里的路程，这个送葬队就走了五个小时。相识的人，不相干的人，挤在路上；哭丧的声音，笑闹的声音，充斥在空气中。路上没有地，他们就爬上屋脊，屋脊没有地，他们就人压人，人叠人。

这哪里还是葬礼，这分明就是节日。即使是死亡，他也享受着万民敬仰。当然，也可能是万民愤恨。但有什么关系呢？他用一生来证明了自己对整个社会的作用，也用一世享受了别人几世都不可能享受的荣华。

他的一生，足以。

庄夫人协理盛公馆

盛宣怀有两位夫人、五位如夫人。他的第二任夫人，叫庄德华，是他在第一任夫人董氏，第一任如夫人刁氏去世很久后

276

才娶的，比他小二十几岁。

这位庄夫人，也出身名门望族，还是状元之后，自是百般的尊贵。刚进门时，她敬他如山，他捧她似水。他和她相约，以后不再纳妾。温柔乡里的甜蜜，自不必说，可他是一个注定一生东奔西走的人，天津、上海、北平、武汉、浙江。他虽不是风流浪子，可也大有处处留情之势，后来又娶了三位夫人，让庄夫人为之震怒。

盛宣怀在汉口金屋藏娇，被庄夫人知道后，她从上海坐自家专轮，一路扬帆远航，直抵汉口。过路的各个码头本来应该按照当时招商局的规定，迎来送往，可此专轮傲视码头，对之视而不见。水面风平浪静，船里早已怒火中烧了。

那时候，人们就知道，这个庄夫人绝对不是简单的人物。他能呼风唤雨，那么她就可以手斩蛟龙。当然，他建功立业，她就帮他更富盛名。他业业矜矜，她也兢兢业业。

盛宣怀常年在外，她就在家里主持大事。官来商往，亲送情还，她都处理得非常精道。不光如此，在盛宣怀的耳濡目染下，她也对商业格外敏感。

盛宣怀主持上海华盛织布局，她自己就拿出私房钱做棉花生意。大势在握，手有重金，人又有胆魄，自然没有什么是做不成的。盛宣怀在大世界聚宝，她就在小世界敛财。夫妻二人可谓夫唱妇随，如果他们也算是高山流水的话，那么这高山是三山五岳，这流水就是黄河长江。

你可别说她的精明，完全得益于盛宣怀的庇佑，其实在他避难日本期间，在辛亥革命没收盛家财产的时候，她就是一个人在承担这个盛世家族。

即使盛宣怀去世，对于盛家来说，也还不是参天大树倒的危机时刻，因为还有庄夫人统领盛家，于惊涛骇浪，在乱世浮尘中，她依然稳坐中军帐，运筹帷幄。

直到她去世，盛家的财产盛仍维持有 1000 万两银子。在庄夫人之后，盛家再也没有一个一呼百应的人物，至此，盛家才真是树倒猢狲散。

百尺朱楼降金枝玉叶

庄夫人自打过门，就住在盛宣怀上海的盛公馆，也就是后来人们常说的老公馆，以区别于盛宣怀在上海的其他房产。这座老公馆位于水清树密的斜桥。盛宣怀在外地写的家信大多就寄到了这里。我们的主人公——盛爱颐——也出生在这里。

盛爱颐的母亲就是庄夫人。庄夫人生有二子一女，盛爱颐就是唯一的女孩子，排行老七。另外两个儿子分别是盛恩颐、盛泰颐。其中盛泰颐早夭，而盛恩颐就是著名的盛家败家子，排行老四，人称盛老四。

庄夫人经历过丧子之痛，就更宠儿子盛恩颐。那是完全的溺爱，是毫无选择的听之任之，直到后来发现盛恩颐不但没有一点子承父志的意思，而且是个十足的败家子，她骂他，对他施以家法，可还是宠，心肝宝贝一样地宠，仅有的一点教育，在那宠面前，完全是心有余而力不足。这大概就是盛老四之所以那样败家的原因。

278

和盛老四不同，庄夫人对盛爱颐的态度则有所不同。她也宠她，但那宠，却有点精打细磨的味道。

她和盛老四不同，一个女孩子，虽然生在盛家，享受十几年盛家的盛宴，但是谁知以后她要嫁到哪里，会受怎样的公婆指导，会有怎样的丈夫需要扶携，她必须要把所有的功课提前都做好。

这是庄夫人在娘家就接受的教育，她必要把这些都传给盛爱颐。她一生有头有脸，不能让女儿为自己丢脸。

那时候的人就是如此奇怪，盛老四在外面沾花惹草、一掷千金，惹出多少笑话、事故，她都不以为然，可却唯恐女儿在婆家做错一毫一厘。或许对她来说，盛恩颐是盛家的人，盛家家世在，资财有，就没有解决不了的事情。而盛爱颐将来要嫁作他人妇，别人家的事，自己是不好插手的。

不管怎样，庄夫人的这种思想和教育方式，致使她和李菊藕的命运相同，儿子败家，女儿却懂事。

尽管是朱门绣户，尽管佣仆成群，盛七小姐却知书达理，为人随和。全家上下对她都是另眼看待，而她的母亲庄夫人对她就更是格外倚重。小时候，她就带她到四处交亲访友，稍大一点，更是赖她办事出头。

大概就是经历过这样的历练，她才既有于微光中捕捉希望的胆识，也有敢为天下先的气魄。女性的性别，倒给了她塑造自身优秀品质的可能，成为她以后为女性权利而奋争的先决条件。

虽然有些滑稽，却也有深意。历史往往如此，于甜蜜中酝酿苦涩，在苦涩中栽培甜蜜。何为苦，何为甜，何为祸，何为福，只有在千帆过尽，你才明白。

二、玉郎惹下丁香怨

名花才子两相欢

飞鸟停柯，流萤扑着，月色明惹星稀。香桃瘦骨，碧鬓堪愁，芙蓉心滴露。

他的霸气冲天，她的傲骨惊世。在人群中，他含情脉脉地注视了她一眼，她心一惊，胆一颤，几欲落荒而逃。然她仰起头，送给他一张高傲的脸。他却趋近身，献给她更多的情。他们的故事，于是，就有了开始。

"护路运动"，让如日中天的盛宣怀，一下变成了夕阳落日，命运被毁，财富受损，苟延残喘些日，便也撒手人寰。

但是盛家与其他贵族盘根错节，威势尚在，加上庄夫人尚在盛年，主事果断，盛家依然维持着原来的排场。

那时候的盛七，大概十六七岁，正是豆蔻年华，不用金银珠宝也能秀出富贵的气质，正是"荣曜秋菊，华茂春松"。如果再加上众星捧月、呼星唤月，那就更显得别具一格、引人注目。

她是不愁嫁的，身边，趋炎附势的少爷不少，追风逐月的

280

公子也多多。但顶着盛家小姐的名头，她对这些庸子俗人都不屑一顾。在爱情没有来临之前，所有的附庸风雅，都不过是搏小姐一笑尔。

然而，宋子文来了，带着横扫世界的气势，尽管他只是一个小小的英文秘书，是她四哥盛老四可以呼来喝去的"仆人"。

他仪表堂堂、见多识广，且知识渊博，而他的主子盛老四，却不学无术、怠惰因循，且喜欢为所欲为。

他每天准时来府上等候，而他的主子则一直睡到太阳偏西。他一个人坐在豪华的客厅，从红日当头一直到余晖落日。时间的落差，让他产生沮丧，却也给了他与她接触的契机。

庄夫人是一个做事滴水不漏的女人，她看到留洋才子居然被少爷冷落，心里过意不去，就过来陪他说话唠嗑，然而她毕竟家事繁忙，常常无暇顾及，于是，她就派来她的女儿盛七盛爱颐。

她虽然是大家闺秀，也是眼界开阔，然而他却是留洋归来，视野宏大。他随便捡取一个西洋小景，说上一种欧美风情，就让她惊诧不已，心驰神往。

没有司空见惯的谄谀奉承，没有老生常谈的上海故事，更没有习以为常的贵族风月，她一下子如沐春风，也不由得要心旌荡漾。

那时的他，只是一个商人之子，虽留学归国，也并没有格外引人注目之处。乍一见贵族小姐能为之侧目，听他的话全神贯注，对他更是敬如上宾，他不禁春风得意，越发想要卖弄，越发得让谈吐更富声情。

281

不久，他就主动做了她的家庭教师，把关系更拉近了一步，也更方便地谈风弄月。而她也越发倚重他了，如果某天没有听过他的故事，没有见过他的人影，那么她也会食不甘味，宿不安枕。

夫人迎头棒打鸳鸯

一个是文雅博学的书生，一个是亭亭玉立的大小姐，那场景，看着就有点郎才女貌的缘分，让人不由得要点点鸳鸯谱。

这庄夫人很快也看出了苗头，作为盛老四的秘书，她对他只有欣赏、赞赏以及想要奖赏，可是作为盛七的另一半江山，她就要慎重了，她不光要知道他的才气能力，还得知道他的家世背景。

这一打听，她的心冷了。打听的人回来报说："宋子文的父亲叫宋嘉树，是教堂里拉洋琴的，盛宫保的女儿怎么可以嫁给这样的人家？"

"教堂里拉扬琴的"，这个职位，多少与宋嘉树当时的境况有些出入，他毕业于神学院，的确在传教，但也是上海福丰面粉厂经理。不过这算不得小商人的兼职，大概也无法提升他的名誉地位，所以回报的人竟然对此略不述及。

一个家庭，名震全国，一个家庭，个体落魄，这鸳鸯谱，当点，也点不得。眼看着春风解意，春花有情，这事情再不处理，恐怕就要酿出祸端。庄老夫人立刻对儿子盛老四下了命令，调任宋子文。

调令下得快，宋子文走得也匆忙。他去了武汉，到汉冶萍公司汉阳铁厂的会计处，做了科长。职位不大也不小，薪酬不多也不少。

但对于宋子文来说，这却无疑是当头棒，刚刚还是花明，瞬间就是柳暗。门当户对，这传统的婚姻格局，让他如梦初醒，他才知道，闯进深闺大院，原来并不代表幸运来临。他的桃花使者，可能也只是暂时分身。

但接受了西洋文化的影响，他多少还有点为人的自负，再加上儒学文化里"西厢"等典故的指引，他对盛爱颐越发有了想要挑战的冲动。

他很快辞职归来，庄家是去不了的了，可是小姐却不一定见不成。只要在大街上，见到盛七的汽车，他就会冲过去，拦住盛七，借着爱情的名义，耍耍青年才俊的霸气。

盛七本来就喜欢着他，被母亲没来由地一档，心里正感黯淡无关，豁的却见他斗志昂扬，对自己原是痴情一片，惊，是惊心骇神，却也喜，喜上眉梢。

瞒着老夫人，她也会私自和他约会。赏花弄月是不做的，最多是携着妹妹，三人一同逛逛了如指掌的上海滩。

被老夫人知晓了，她也有话说，他是一个青年才俊，父亲又和曾经的大总统孙中山过往甚密，得罪不得。

老夫人听着不顺耳，却又驳不得，只好睁一只眼闭一只眼，但是每每狠狠告诫：这个人，你接近不得，否则，就会毁掉你的终身。如此云云。

她一边心灰，一边却又意暖，明明暗暗，真真假假，却也做了一段时间的朋友，只是时间越久，她的情意就越发迷乱：为什么一定要生在盛世家族？为什么一定要遇见如此的怦然心动？

私奔不成情郎远走

非雾非烟，花红柳淡。

她还沉浸在痴意缠绵，他却收听到陈炯兵变。父亲宋嘉树的挚友、二姐宋庆龄的丈夫孙中山，在广州重建革命政权，他招兵买马，而他正好要奔锦绣前程。孙中山诚意邀请，电报一封接着一封。良禽择木，宋子文也是心向往之，每一天都惦记着远走高飞。

他唯一放不下的，就是她。她是他年少轻狂的事业，可是他，如今却要中途退场。他自然不甘心，她大概也不情愿。

怎么办呢？

如果，她能跟着他，从此浪迹天涯，那么中国的爱情史上，恐怕也会有另一段佳话。于是，他力劝她跟着自己去广州，金山银山的愿许了不少，百年恩爱的情，也说个没完。可她就是低头不语，偶尔抬头，也是泪珠盈眶，让他心酸，让他更加难以割舍。

她还是犹豫不定的。盛家遇难时，虽然有母亲这颗大树遮挡，可是树动枝摇，全国对父亲的征讨，父亲向日本逃难，政府各界上门找事，母亲每天都要赔笑应酬，这些只影片段，还是让她的小心灵产生了一丝忧惧，她对人世无法持十分的确定，对外界也抱有九分的怀疑。

她是相信母亲的，不管世界怎么变化，母亲对她的爱，是不会变的。尽管她也憧憬这自由恋爱的春风，可在她的潜意识里，她还是更喜欢母亲对自己的挡风遮雨。

为了躲开宋子文的虐心追爱，她和妹妹八小姐盛方颐去了浙江钱塘。借着看潮之机，把内心的忧伤，统统清掉。反正花有年年好，何必驻一枝。尽管品尝了一点爱情的甘甜，可是那时候的盛爱颐，骨子里更多的还是封建女性压抑自己的苦涩。

　　孰料宋子文痴情不改，从上海一路追到浙江，在那惊涛怒吼的背景下，他再一次好话说尽，还要，把坏事做成。他把三张船票摆在盛爱颐盛方颐的面前，他已经做好了带走两位小姐的准备。

　　八小姐讥笑着，七小姐沉默着，他则激动着。向来温文尔雅，此时却口若悬河：社会的未来，一定是在革命者的手中，她的未来，一定是他为她创造的新幸福。他一定会远走高飞，而跟着他，她才会幸福永远。

　　她始终不说话，他的心越来越沉重。带走盛家老七，创造一个传奇，看来已经是不可能的了。

　　看着他面色忧郁，她反而心疼，跟着他回头质问自己的本心，为什么如此决绝？可问来问去，她还是无法坦然回应。离开了深宅大院，她盛七还能神气多久？

　　两人就这样僵持着，时间像牙齿，一秒，一秒，咬噬着她的心。走？不走！不走？走！她舍不得他，却也舍不得自己离开盛家。她理智地作了一个判断，她不能离开，她又感情地作了一个约定，她要他将来回来找她。

　　临行前，她送给他一把金叶子，那是定情礼，也是出门费。她希望他建功立业，更希望他功成回转，然后娶她入门。

　　古代的戏文里，这样的故事应该很多，或者大户小姐和穷家秀才，或者少女玩伴，和少男情郎，私定终身，相约相守。

然而，不是大户小姐等不及穷秀才及第，就是少男情郎忘了少女玩伴，反正是，信誓旦旦的多，而信守承诺的少，功德圆满的，则更是凤毛麟角。

最后闹得个，不是大户小姐寻了短见，就是少女玩伴，马前泼水，如果再有什么铡刀案，倩女幽魂，就更让风花雪月，没了颜色，染了悲情。

金叶子定情时，**盛爱颐是依依不舍，宋子文果然也信誓旦旦**。场面肯定感人，但故事却落俗套。而且，是悲剧的俗套。

那金光耀眼的金叶子，最终成了流通市场里的俗影一片。不知道当初闪闪发亮的那颗心，在世俗欲望的遮盖下，是否还有一点点血色浪漫？

三、金叶定情徒伤悲

别后一去无音信

去了南方的宋子文，先是做了孙中山大元帅府英文秘书兼两广盐务稽核所经理，又帮助孙中山筹划了中央银行，并出任行长，接着做了国民政府财政部部长，兼广东省财政厅厅长。他仕途起点很高，可是政治之路却也充满危险。

孙中山逝世，第一次国共合作失败，然后就是宁汉分裂，蒋介石要夺取国民政府党政军大权。他不喜欢二姐宋庆龄支持的武汉政府，他和宋家其他姐妹兄弟，都想要支持南京的蒋介石。

宋庆龄极力劝说他，要他支持武汉政府，他不愿意公然违背二姐的意愿，于是就撇下当时武汉政府财政部长的职责，回到上海，躲进莫里哀路宋庆龄的寓所里。

此时庄夫人去世，盛七小姐还待字闺中。尽管前途未卜，可也算衣锦还乡，他完全可以重圆旧梦，和盛七小姐结百年之好。

可是仕途、政治已经改变了宋子文，他不再是当年那个愣头小子，也没有了追逐富家小姐的浪漫激情。

亦或许，盛家已经摧枯拉朽，不知道是情变了，还是心根本就另有预谋，反正是，他没有去找盛七，那定情金叶子，也早已不能旧话重提。

等到他再次回到上海，已经是南京政府的财政部长，功成名就是没有错的，可依然不是回来完成诺言的，实际上他已经赢取了建筑老板的女儿张乐怡。

宋子文和盛爱颐的故事，也终于有了结局，那金叶子，闪亮的，居然是别的女人的婚姻。金礼，大概就要送给爱金人。

再见，物是人非

她失去了父母两座靠山，身边的兄弟姐妹也各自分散，亲哥哥盛老四，因为那场遗产官司，更是和她形同陌路。此时的她，正需要他的安慰。然而，再见他，早已经物是人非。

她未必没有想到这个结局。宋子文的消息，总是能见诸报端。他走得越高，她就越是胆战，这个曾经对她情深意长的男人，经历这样的历练，还能否保持当初的纯情？

但是，她还是心存幻想，希望她的金叶子，能带回她的"金郎"，那样，盛家的财富传奇，岂不是有一个更好的续集？

他，去了庐山，他，真的开始了爱情的续传。不过，却与盛七无关，那不过是过往，早已经被封存进历史的尘烟。旧草衰黄，他看不到的，新花怒放，才惹他心慌。

万年的担忧，千年的迁就，几经努力勾画的，最终依然是南柯一梦。心高气傲的盛七啊，怎能忍受得了这样的践踏，然而她能奈他如何？还不是空自悔恨，悔不当初。

又蹉跎了两年，她才和母亲的内侄，庄铸九，步入洞房。没有什么山盟海誓，却于清云淡水之中，自有一种踏实和安定。

金叶子的故事，到她这里，是彻底地结束了，偶尔想起，也不过是作为取笑自己的小故事。而在他那里，却是一个半酸半甜的梦幻，是一个想遗忘却总是爬上心头的事故，大事故。

他想要弥补，可是身边有娇妻，身上有重担，旧情酸事，只是在午夜梦回，才会忽然让他悲怀伤感，就连那窗前月影，看着都像她对一个负义薄情郎的幽怨。

抗日战争胜利后，他终于耐不住，和盛老五盛重颐吐露心声，想要重新和盛七见面。重续前缘是不可能的，哪怕她只是把一腔忧恨，都化作舌枪唇剑，至少可以让他的愧疚，不再日久年深。

就在抗战期间，盛家的大部分人东躲西藏，只有盛老五盛重颐还一直在上海做生意。抗战胜利后，盛家的兄弟姐妹重新回到上海，但个个落魄，昔日的辉煌早已一去不回。只有盛老五家底还算殷实，因此，盛家子孙聚会的地点，大多数都是在盛老五家。

那一天，盛老五又和往常一样，呼哥唤妹来家里打牌喝茶。盛爱颐简单地梳妆后，来到了淮海中路盛老五的大花园，可是她没有想到，客厅里坐着的那个文雅绅士，居然就是让她魂断梦醒的宋子文。

她惊，她怒，她恨不得每一口气，都化作飞剑，一点一戳，把那个负情郎撕碎，可是她只是浑身无力，僵若木鸡，只是颤抖着嘴唇，真真是喉咙里灌铅，舌头上抹胶一般。

他早已经没有了当年的霸气，只是优雅地站起来，摆着绅士的身段，和她打着招呼。她的哥嫂看到她僵硬的身体，她僵硬的嘴，她周围僵硬的空气，感到不妙，赶紧过来打圆场，在场的其他兄弟姐妹，也打着各自的算盘，轻描淡写地说着和解的话。

可是有谁知道，她曾经为他魂牵梦绕，有谁知道她曾经为他痛断肝肠，有谁看到她在窗前望月落泪，有谁听到她在床上辗转反侧？

这毕竟是他和她的故事，别人，多么解意，也不关情。她宁愿他不出现，她宁愿这个故事，永远封存成一个固定的版本，哪怕是悲剧，也要悲得悲壮，决断，而不悲得可怜，悲得一唱三叹。

她终于缓过神来，她冷着脸，硬着心，决绝地离开。即使他高高在上，即使盛家的人可能都要依仗他，可是他的情面，她绝不会给，就当是当年恩断义绝的续写。没有其他，永远没有其他。

她拂袖而去，他也只好黯然而归。

不过，再说起这事，她似乎有了谈天的资本，她摇着小团扇，清高地一甩，说："人家高位重禄，咱小百姓没必要再去巴结他！不过，话说回来，他那把金叶子还没还我呢！"这话，听着骄傲，却渗透着刻骨的苦涩，还有缠绵的忧伤！

她是想不到的，即使她千不愿，万不想，可是这金叶子的缘分，并没有到此结束。她在他面前的最后一抹尊严，也终于要被生活抹掉。

张口相求，求那旧情人

盛家气势一衰，江河日下，每到一个低谷，大家都以为是否极泰来，然而最低谷的后面还有更低谷。

抗战胜利以后，国民党肃奸部门加大了打击力度，一些不顾国家利益、觍颜侍敌的人纷纷被投进监狱。但国民党肃奸部门一些当值人员，一边肃奸，一边树奸，一些爱国抗日但却曾与日本有过关联的人，也被打成了汉奸。

盛老四的二儿子盛毓度，就是这样冤屈入狱。他曾在日本领事馆做过秘书，尽管他身在曹营心在汉，曾与国民党军统头目戴笠一起，策应、营救过一些国民党人士，可是为了避免暴露，他和戴笠都是单线联系，如今戴笠驾鹤西去，他是百口莫辩。

盛家人动用了大量的资财和人力，然终究因势力衰微无法营救盛毓度。眼看着他就要被定罪被处罚，盛家上下慌作一团。

终于，他们想到了宋子文，此时的他，已经是国民政府行政院院长，且直接掌管对敌伪产业的接收和处理，如果他能出面，那么盛毓度就有惊无险。

于是，他们也就想到了盛爱颐。既然宋子文对盛爱颐旧情不断，那么盛爱颐就可以左右宋子文。

盛老四一家能来的都来了，老的夫人，少的夫人，软磨硬泡，撒泼打赖，甚至长跪不起，反正你盛七现在手心里攥着一条人命，你要是不张口求宋子文，那么你就是直接逼死亲侄子的罪魁祸首。

盛爱颐有多委屈，当初她对上门谢罪的他那么决绝，如今又张口求救，岂不是自己打自己的脸。

可是看着亲侄子入狱受苦，她也心疼，更何况她也担当不起害死侄子的罪名。尽管有苦难言，但如今也得放下尊严了。

她无法衡量她在他心中到底有多大分量，她始终担心他会怀恨在心。如果那样，那自己张口就会自讨没趣。那时候不但她的颜面尽失，就是盛家对她的厚望，她也要尽数辜负。

因此，她对求情的人说："电话只打一次，成就成，不成就算了。"一次就够了，旁观的人，谁看不出他对她的旧情不忘。

电话打过去，尽管她是语无伦次，可是宋子文却很快了然于胸。捧着电话，听着他的声音，这盛七小姐，此时也是心跳加快，那种感觉难以述说。

他爽快地答应了，可是她还是难以相信，她害怕这又是另一个假意应酬，就像他曾经的背信弃义。她干脆一横心，苛刻地提出："我想明天中午跟我侄子吃饭。"

快刀快斩，如果今天是谎言，明天就能见分晓，这痛，也不过是一夜的折磨。总比那漫长的等待，一边幻想，一边又推掉幻想，让人来得痛快。

谁知对方一路应诺下去，连个结都不打。她更是疑惑。他，不应该在此处为难一下她吗？难道他真的，就像家人说的，还依然对她旧情难忘？

谁知道呢？也许这是对金叶子的报答吧！她心中很是酸楚，却不愿意相信第一个结论，她宁愿相信金叶子的力量，也不愿意相信那个曾经信誓旦旦的他。

这漫长的一夜，对她，比对盛毓度的父母妻儿更难熬。他们担心的是他的名誉和性命，但他们却笃定盛七能救侄儿。她担心的是自己的尊严，还有侄儿的性命，可她不相信自己的力量，又想要相信他对她的情分。就这样一会怀疑，一会自信，辗转间，已是黎明破晓。

极度疲倦的她，朦胧入睡，也不知过了多久，就听见一阵喧闹，她赫然醒来，侄子居然就站在她的眼前。似梦非梦，她忽然就流下泪来……

金叶子的故事终于结束了，有一点功德圆满的意味，可在盛家，这金叶子的故事，却一点也没有被严肃供奉起来，反而成了一个笑谈。

直到宋子文远走美国，盛家的人还是会拿这开她的玩笑："我要是能去美国，一定要去找宋子文，我得帮您讨回金叶子！"

看来这金叶子在她心里的痛，慢慢结痂，变痒，慢慢伸手去挠，却发现那痂，居然有一点桃花的模样。

四、为争遗产上法庭

一纸诉状引全国侧目

民国以前，女性，不管是已婚，还是待嫁，都没有权利继承父母的遗产。1926年，民国第二次全国代表大会通过了《妇女运动决议案》，其中最重要的一条，就是确定女子有财产继承权。

这是一项开天辟地的变革，虽然意义重大，让女性们欢欣鼓舞，可几乎鲜有女性为了家产，而抛头露面打官司。

三从四德太久，已经让太多的女性，成为房阴处的苔藓，见不得阳光。因此，尽管也有一些女性想要为这项法规做个漂亮的开头，可她们依然受制于家长权、夫权，几乎不具备行为能力。几番跃跃欲试后，便没了踪迹。

那一年，上海租界临时法院却收到了一份漂亮的女子诉状，主要诉求就是要和几位哥哥和侄子争家产。

诉讼状这样写道："不思在此党治之下，法律上以男女平等为原则，国民党对内政策第十二条业已确认，而最高法院选次解释，亦根据第二次全国代表大会父女运动决议案，明确未出嫁之女子，有与同胞兄弟同等继承财产之权……"

讲法讲理，有条不紊，让阅读的人，不禁拍案惊奇。

这诉状，就是盛爱颐写的。她状告的，就是她的三个弟兄盛恩颐、盛重颐、盛升颐以及两个侄子盛毓常、盛毓邮。

盛家子女内纷争

早在盛宣怀去世的时候，其遗嘱里就特意写明，要将其遗产的一半，拿出来建立"愚斋义庄"，其中六成用来救济盛氏家族贫苦人家，剩下的四成则做社会慈善事业。

庄夫人在世的时候，盛家五房（盛宣怀有八个儿子，三个夭折）曾经分过家产。那时候核对出来的财富总额，为银元1349万3868两8钱5分5厘。按照遗嘱，愚斋义庄得580余万两，而盛家的五房子孙，每房各得遗产116万两。

那时候，在家的小姐们是没有遗产继承权的，就连庄夫人自己，还有其他的几位夫人，也是跟着儿子继承家产，自己也没有继承权。

不管怎样，这116万两，也是一个天文数字，继承了家产的盛家子孙，如果没有什么意外，几辈子都吃不完。

可这话对盛老四是不合适的。盛老四是谁，他是上海滩有名的败家子，曾经创下一夜间输掉一条街的败家记录。

他从小过着挥金如土的日子，声色犬马就是他的本色，为了跑马厅他养的那75匹赛马，他可以一掷千金，为了他看重的女子，他可以一掷万金。因此，父亲留下的巨额财富，对于他

294

来说，真的不过是齿间小菜，根本就不够他抛洒的。

庄夫人去世后，盛老四马上打起了愚斋义庄的主意。兄弟几个经过一番商议后，把那用来救济盛世家族的六成，约合350万两，做了一次瓜分，按五房平均分配。

此时的盛爱颐，母亲过世的痛苦，宋子文不归的难过，都在挤压着她。她很想出国去走走，可是她手里只有母亲给她的一点嫁妆钱，她舍不得花，于是就跟再得遗产的哥哥要钱。

盛恩颐自己挥霍那是毫不眨眼，可是要把到手的真金白银送给妹妹，他是万万舍不得的。盛爱颐想不到自己的亲哥哥居然对自己如此吝啬，非常生气。

她威胁似的说："分遗产的话，也应该有我的份。你要是不给我，我就到法庭上告你。那时候，你给我的可就不是小数目了。"

盛恩颐哪里肯信，反而笑着说："你去告，我等着你来告我。"

他只当她是气话，她却开始思忖起来。女子有继承权的法律已经出台，她要真是出手，未必没有胜算。可是她还是犹豫着，毕竟要告的是自己的亲哥哥、亲侄子，俗话说，家丑不可外扬，自己如此大张旗鼓，那盛家颜面何在，父亲的尊严何在？

犹豫间，也听到这样的话，就是因为女子不敢出头，所以，男人们才更加肆无忌惮。想想哥哥对自己的无情，也的确印证了这样的话。她终于决定，递上状纸。

中国第一件女权案

这件事肯定会引起轩然大波，这，她想到过，可是她没有想到她的这只诉状会轰动全国，她更没有想到，盛家从此又有了一件可供人们茶余饭后谈论的大事。

这是全国第一件女权案，所以，报纸很快就将其曝光。

对政府的喉舌来说，他们需要一个能让女子权利得到执行的带头人，因此，他们大肆渲染，称赞她的勇敢，还不惜大造舆论，说她为革命事业如何费心尽力，以此为她摇旗呐喊。

上海《申报》这样写道："盛女士为国民党老党员，对于革命工作，曾迭次参与机要，先总理在日，甚为重视，又与宋氏姐妹相知甚深，故此次提起诉讼，各方均表同情……"

对普通市民阅读的小报来说，富豪家的那些破事，本来就是大众的谈资。在享受富贵豪奢的生活的同时，必须要奉献自己，娱乐大众。因此，他们也浓泼笔墨，将盛家的前朝后事，甚至子虚乌有的民间传闻，也都拿来，作为此案的链接，公布于世。

盛爱颐的压力可想而知。但比她更有压力的，是她的四哥盛恩颐。盛老四怎么也没有想到，自己的亲妹妹居然真的把自己告上法庭，他更没有想到，这一告，居然让他成了国民的众矢之的。

盛恩颐发怒了，盛爱颐也有些后悔，可是箭在弦上，不得不发。就在兄妹龃龉之间，迎来了开庭日。

那简直就是节日，人山人海的百姓不说，就那些拿着照相机的，拿着笔和本的，就密织如云。

尤其是法律界，对这个案子更是格外重视，就连江一平、詹纪凤这样的著名律师，也都到场旁听。

原告和被告却没有出庭，他们都有自己的律师。在律师的唇枪舌剑中，盛家的财产分配，在悄悄地发生着变化。

盛老四也有胜算的可能，分家产是在盛宣怀去世后不久开始的，那时候还没有这样的法律条文，因此，盛爱颐没有权利要求分遗产。

经过漫长的法律论证，盛七终于迎来了好消息。她胜诉了，她可以从五房重新分的那些遗产中得到一份，份额是白银50万两。七小姐官司胜利后，八小姐马上效仿，也获得了自己应得的那一份。

盛爱颐曾经对哥哥说的，他可能会付出更多，果然应验。

但是他们谁也没有想到，这一官司还有一个副作用，那就是国民政府也来插上一脚，浑水摸了一条大鱼。

南京国民政府成立，但政局不稳，内忧外患仍在，政府需要大量军费。筹措的方式很简单，有那么多富甲一方的前朝遗老们在，一切问题都好解决。主动、半主动，甚至被迫，反正不管是什么手段，从他们身上取钱，就是理所当然，自如探囊取物。

盛家本来就是江苏省政府盯紧的对象，如今又送上官司一场，他们很快就找到缺口，让盛家把愚斋义庄财产剩下的四成上缴国库，充作军需。盛家人苦不堪言，可也只好乖乖送上。

但不管怎样，这一场官司，让盛爱颐不仅获得了财富，也获得了名望。她对哥哥歉疚着，对盛家歉疚着，却也对女性的未来产生了更多的憧憬。以前，只能深藏闺阁，如今，女人也可以呼风唤雨，这样的快乐，会抵消所有的歉疚。

五、百乐繁华汽车间

百乐门灯光如练

淡月淡云华灯深，缕金衣伴华罗裙，高楼广寒无人睡，天上人间梦已昏。

百乐门一繁华，上海城从此不再入眠。穿着霓虹灯的夜上海，摇摆着水做成的腰肢，伴着粉红的音乐，樱然而至。娇红嫩绿、香鬓丽影、歌舞升平。月，从此不再见，星，也不再为谁而闪，天上人间，从此成了娇软的红楼小梦。

创造这繁华的，就是盛爱颐。她对经济的敏感和做实业的能力，从建这六层楼的时机和手笔，我们可以感觉出一二。

早在十九世纪时，西方的一些民间马戏团，就为中国带来了西方的杂技和舞蹈。西方舞蹈如探戈、华尔兹、列阵方队等，和中国传统的舞蹈之美大大不同，使国人产生了极大的兴趣。

在百乐门建成之前，没有专门的舞厅，一些饭店会兼营舞厅。而从西洋回来的人，有很多人却办起了交际舞学校。会跳西洋舞的人越来越多，可是能跳西洋舞的场所，却没有。盛爱颐不愧是实业家的女儿，她很快就发现了这个问题。

此时，正是民国黄金十年间，中国的整体环境比清政府时期要高出很多。而盛爱颐刚好从遗产官司里收到了 50 万两白银。于是，她在盛家老公馆静安寺的附近，建立了一座美式风格的、专为贵族娱乐的场所。这就是百乐门了。

百乐门是方圆几里内最高的建筑物，夜晚，百乐门的霓虹灯一亮，那彩色光环，把周围的很多低矮建筑，都勾勒得如梦如幻，仿佛不醉生梦死一回，就对不起这迷蒙的灯光。

百乐门最初的名字叫"百乐门舞厅"，主要的功能，除了供人跳舞娱乐，还有聚会活动，是一个综合性的娱乐场所。

有人感叹于它的雄伟壮丽，曾作诗一首："月明星稀、灯光如练，何处寄足，高楼广寒，非敢作遨游之梦，吾爱此天上人间"。没有太阳的夜晚，却依然灿如白昼，依稀间，很容易让人产生梦幻的感觉，莫非这是天上人间？

它走的是豪华路线，在创办之初，就吸引的是贵客，政界、商界大亨纷纷聚会于此，谈国事，谈生意，黑帮青帮也常常光顾，附庸风雅、提高身份，至于文人墨客，交际名媛，就更是这里的常客。莺歌燕语声不断，风摆杨柳的舞姿常见。

百乐门的豪华已然如此，它的主人盛爱颐的生活可想而知。可是这只是一个时间的片段，富贵奢华，从来都不会围着一个人转。

百乐门到今天还依然繁华，而盛爱颐的生活，却在之后又有了很多波折。像留园一样，盛爱颐又成了百乐门的一个过客。

风云变幻人淡定

盛爱颐的丈夫庄铸九，在上海银行做事，他的名号，和盛家的威名，相去甚远，不过，还算能给七小姐一个安定平稳的生活。

解放后，一家人住在淮海中路常熟路路口附近的愉园小区。那是一个花园别墅区，奢华，是谈不上的，但还算富贵。

在这里，盛爱颐相夫教子，除了自理家里楼下的花花草草，也参加一些社会活动。生活仿佛终于安定下来，盛家过往的起伏波折，爱情路上的坎坷漩涡，都已经风轻云淡。

她还喜欢练书法，她的书法远近闻名。偶尔，不愿意出去参加活动，她就会留在家里，一个人，静静地，拿出笔墨纸砚，挥毫泼墨，运笔如风。一笔一划，写出来的是一个淡然安心的故事。

没有经历过大富大贵，没有经历过家势中落的残酷洗礼，是不会有那种阅尽千帆的淡然的。

她以为，这应该就是她永久的生活方式了，尽管偶尔，也会想起父母在世的奢华恣肆，可越是想到这些，她就越相信"三十年河东三十年河西"的老话，越发感慨沧海变桑田。

三年自然灾害来临，副食品供应非常紧张，她还是有些积蓄的，可无奈钱不是食物，在儿女饿得嗷嗷叫的时候，她越发清醒，对金钱的认识，也就更加开阔。

最初，她以为，有钱，就有一切，之后，她发现，有钱，就是灾祸，然后，她发现，钱来得容易散得也快，最后，她发现，钱，别无他用。

这是她对金钱这么想，而别人，对金钱，却另有想法。在"千万不要忘记阶级斗争"的大背景下，一些人把灾难归咎于这些曾经的贵族们，一想到他们曾经那么奢华地生活过，就愤恨不平，欲置之于死地。

五原路汽车间安度晚年

终于，她迎来了一生最残酷的时间段。

1966年，"文革"爆发，房子没了，财产没了，丈夫没了，她被赶到五原路上一栋房子的汽车间里。

这汽车间，是原来的贵族停放汽车的地方。想当年，她的四哥，可是买下中国第一辆奔驰的公子哥，她自己，也是出入有香车。可如今，停放汽车的地方，成了拷问她的灵魂的地方。

最让人尴尬的是，她所在的这个汽车间，正是这栋楼的化粪池口所在地。不管是在吃饭，还是睡觉，拉粪车来了，就会听到一阵阵"突突突"的颤抖声，就会闻到一股股难耐的恶臭味。如果是乘凉还好，搬着小凳，坐在远处，看着这一切，也有一种隔世年华的迷离。

贫穷，还不算什么，恶臭，时间久了也还可以忍耐，唯一让她觉得无法接受的，就是儿子庄元端被打成右派，送到安徽农村劳动改造。女儿庄元贞也远离母亲，被分配到福建省教书……

曾经如众星捧月一样的七小姐，如今孤苦伶仃地生活在恶臭难闻的汽车间。可此时的她，比任何时候都要平静。金钱也好，富贵也罢，她已经看得通通透透，政治也好、经商也罢，在她的世界里也都几番风云。她是个有故事的人，起伏经历多了，事故就不再那么可怕了。

偶尔，女儿回来看看自己，母女相拥，也老泪纵横，可那久违的温馨，会给她多一重的生命，让她对生活，又有了新的期盼。

终于，"四人帮"被粉碎，拨乱反正，很多右派得到平反。盛爱颐就又期盼自己的儿子、丈夫能得到平反。可是久久不见佳音。

一些亲友见她还孤苦如此，就常来看她。其中，有一个叫聂其璧的，最喜欢打抱不平。

说起聂其璧，在民国时期，也是赫赫有名。她是曾国藩的外孙女，她的丈夫是著名的科学家周仁。周仁的母亲，就是盛宣怀的姐姐。

周仁在十年动乱中，也曾被打成右派，刚刚平反不久。聂其璧正感觉心中的恶气无处发泄，在庄元贞回家探望母亲时，聂其璧就带上母女俩，直奔上海市委统战部。在那里，找不到可以解决问题的人，三人又来到市侨联，希望能改善盛爱颐的生活环境。

在聂其璧和其他一些亲戚的帮助下，盛爱颐的女儿终于回到了她身边，儿子庄元端的"右派"问题也得到了平反。

庄元贞非常争气，很快成为著名的工艺美术师。她的丈夫周荷生和她一样，都是浙江美术学院毕业生，他擅长肖像雕塑，曾任厦门福建工艺美术学校雕塑科主任，福建省工艺美术研究所所长，后来，又出任上海工艺美术学校校长。

晚年的盛爱颐，总算又找回了一点生活的尊严。1983年，83岁的盛爱颐安详地闭上了眼睛。生活的酸甜苦辣咸，她一一品尝完毕，她向死亡交上的，是一个从容的答案。

她的墓穴位于苏州郊区的一座山上，从这，可以看到留园——她家曾经的花园。她在那里流连忘返，她在那里扑蝶捕萤，如今，那美丽的画卷，却只可远观。然而在她，这才是真正的幸福，拥有，总是累赘，放开，才能永存。她不再拥有留园，可是留园，却永远是她的，它就在她的眼里，在她的心中，一直到永远。

临水照花人

——民国名媛的美丽与哀愁

第十章
词坛压轴一抹红——吕碧城

她的一生，处处是传奇，凡人遥不可及。

少小，就有才藻名，诗词歌赋，惊休清末才子樊增祥。桃李年华，她的诗词屡见报端，并且跻身《大公报》，成为主笔。五四新思潮尚未来临，她就倡导女权，兴办女学。于梅华之年，她又进入官场，成为袁世凯的秘书。

诗词歌赋，若还只是娇情文辞，女学兴办，则让她有了更高的知名度，而进入官场，则让她的才情更是登峰造极。一个女人的行动，在那个时代，本身就意味无穷。也难怪诸多才子官员，都叹问"知是诗仙与剑仙"？

发现袁的复辟企图后，她毅然离职，又转战商场，两三年，就富甲一方。再之后，就是"到处湖山养性灵"，周游列国，"手散万金而不措意"。铅华洗尽后，顿悟人生，她现身佛法，潜身佛学，终止老矣。

如果仅仅看这些光环，她的一生真的是繁花似锦，锦上添花，但其实，在这些成就的间隙，也有时乖运蹇，冷月寒风。

父亲猝然病逝，然后就是母亲被囚，族人纷争财产，正是"众叛亲离，骨肉齮龁，伦常惨变"。人小志坚，她四处写书求援，终于获得母女团圆。眉梢愁未转，又获得夫家休书一封，真真是耻辱连连，黯然销魂。

她终生未嫁，长恨此身，虽然时时引注目，却也刻刻遭人嫌。这与她儿时的这场变故，不能说毫无干系。真是月不常圆，人无常欢。

在她临终前夕，得一诗："护首探花亦可哀，平生功绩忍重埋。匆匆说法谈经后，我到人间只此回。"繁华全部漫消散，功绩不过是平庸。人生，终究是一场梦匆匆！

私人档案

中 文 名： 吕碧城

别　　名： 兰清，字遁夫

别　　号： 明因、宝莲居士

国　　籍： 中国

民　　族： 汉

出 生 地： 安徽旌德

出生日期： 1883 年

逝世日期： 1943 年

家族背景： 父亲吕凤歧，光绪三年丁丑科进士及第（与清末著名诗人樊增祥同年），曾任国史馆协修、山西学政，家学渊源。母亲严氏不是正房，是继室，生有四个女儿。姐姐吕惠茹、吕美荪都以诗文闻名于世，号称"淮南三吕，天下知名。"

婚姻状况： 终身未婚，她曾经说过："生平可称心的男人不多，梁启超早有家室，汪精卫太年轻，汪荣宝人不错，也已结婚，张謇曾给我介绍过诸宗元，诗写得不错，但年届不惑，须眉皆白，也太不般配。"

主要成就： 7 岁能作巨幅山水画，12 岁诗文俱已成篇。1903年春任天津《大公报》编辑，不久任天津女子师范学校校长。

1918 年赴美留学，就读于哥伦比亚大学，回国后在上海参加南社。与秋瑾为挚友，力倡女权运动，反对封建专制。

代表作品：《吕碧城集》、《信芳集》、《晓珠词》、《雪绘词》、《香光小录》等。

经典语录：排云深处，写婵娟一幅，翠衣耀羽。禁得兴亡千古恨，剑样英英眉妩。屏蔽边疆，京垓金币，纤手轻输去。游魂地下，羞逢汉雉唐鹅。

碎碾青琼成蓓蕾，乱抛红豆寄缠绵。初禅怕住有情天。

花瓣锦囊收，抛葬清流，人间无地好埋忧。好逐仙源天外去，切莫回头。

一、钗于奁内待时飞

一腔豪兴写丹书

"绿蚁浮春,玉龙回雪,谁识隐娘微旨?夜雨谈兵,春风说剑,冲天美人虹起。把无限时恨,都消樽里。

"君未知?是天生粉荆脂聂,试凌波微步寒生易水。漫把木兰花,谈认作等闲红紫。辽海功名,恨不到青闺儿女,剩一腔豪兴,写入丹青闲寄。"

12岁那年,读聂隐娘故事,她豪兴大发,挥笔写就此赞颂诗。她在赞颂隐娘,别人却在赞颂她。

赞颂她的,是清末著名的"诗词大家"樊增祥。一个"夜雨谈兵",一个"春风说剑",隐娘的豪气冲天、侠骨柔情,浑然若现。可当樊增祥听说这诗的作者居然是金钗少女,大大地惊着了。冲天虹起的,是美人,只是未及笄。

那时候的吕碧城,识字读书,享受在父母身边的快乐,雅兴不少,闲情也多,享受当今,偶尔怀古,于精神充沛处,自然豪情万里,急于大展宏图。

说来吕碧城的家族富庶,是徽商世家,曾祖父和祖父一辈积聚了巨量财富。到她父亲吕凤岐,又饱读诗书,同治九年中举后,光绪三年又中丁丑科进士,选庶吉士,即翰林,历任国

309

史馆协修、玉牒纂修、山西学政等职。

吕凤岐藏书甚丰，曾和晚清四大名臣之一的张之洞创办"令德书院"，为山西培养了大批优秀人才。而吕凤岐的儿女，也都深受他的影响，个个诗词满腹，学识渊博。

吕碧城的母亲严士瑜也出身于书香门第，只是她并非原配，而是继室。在她来到吕家之前，吕凤岐的原配夫人蒋氏生有二子，先后夭亡。而她进入吕家后，生下的四个孩子都是女儿（吕碧城为三女），这就为她和吕氏姊妹的未来奠定了悲剧基础，这是后话。

吕凤岐后来定居安徽六安，吕碧城这首备受好评的词作，正是那时候的作品。父爱如山，母爱似水，山水环绕，人情最美。尚不知风霜刀剑，已经催逼而至。

众叛亲离骨肉残

"空记貌孤家难日，伊谁祸水翻澜，长余风木感辛酸。囊萤书读，手线泪常弹。

东望松楸拼一恸，无由说与慈颜，虚声今日满江关。重泉呼不应，多事锦衣还。"

在吕碧城的一生中，也有一场灭顶之灾，还发生在她父亲死后不久。正是悲痛欲绝时，忽然惊雷落，那恐惧，摄人魂魄，给她留下了终生的阴影。

吕父刚没，尸骨未寒。吕氏家族的人就打上门来，要严氏交出财产。因为按照当时的宗法制度规定，女孩子是没有继承权的。

310

严氏据理力争，然而族人非常蛮横，幽禁了母女四人。那时候大姐吕慧茹已经出嫁，嫁到舅父严朗轩家，和表兄严象贤结为夫妇，才幸免于难。

这时候的吕碧城才知道，自己并不识隐娘微旨，丹青闲寄尚可以，真要仗剑天涯，用女子装束，还是行不通。否则木兰不会做男人装扮，隐入壮士丛中。

社会原来是男人的社会，女人向来就是从属。吕碧城恍然大悟，脂粉之浓，总是会遮住豪气之冲。但女人有什么错？

不管怎么悲惋恨憾，也不管如何咒骂哀怨，她们最后的结果，还是毫无选择地空手离家。严氏无奈，带着三个女儿去投奔来安的娘家。

喘息未定，严氏母女又收到吕碧城未婚夫家的退婚信。早在吕碧城9岁的时候，吕凤岐就和同乡的汪家结下儿女亲家。而吕凤岐驾鹤西去，汪家就休书一封，也不顾道义，也不管什么薄情，就这样恶狠狠地砸将过来，让凄苦的严氏母女再次落入凄风冷雨中。

旧朝暗代，女孩子被退婚，是非常可耻的事情，等于失去贞节。刚经大辱，又是奇耻，吕碧城的情绪和意志都跌落到了最低点。可是她们还是没有办法，也没有精力和汪家纠缠，只好答应了退婚。

在吕碧城，也许还有一丝决绝。一个历史的垂赐，不要也罢，一个男人的臂膀，不依也好。吕碧城后来独闯世界，成为民国世界的"第一"女人，第一个女编辑，第一个女校长，第一个女富商，在一个男权的社会中，把一个女人的权利和能力发挥到极致，大概也有此时赌下的一口气。

当然，她还只是一个小孩子，只读到了社会的一个小小截面。而她的母亲，在经历了丧夫之痛，经历了家产之争后，却越发清醒，她自己倒也罢了，却不甘心自己的女儿受此苦痛。吕碧城的二姐吕美荪出嫁后，严氏又把吕碧城送到天津塘沽任盐课司使的舅父严朗轩处，让她跟着舅父读书。

她虽然开始了寄人篱下的生活，可到底安定了许多。在来安的母亲和小妹吕坤秀，不久又经历了一场更大的变故。恶族亲家唆使土匪，绑架了这一对母女。

妇孺之辈，如何抗得了强匪，为免遭更大的不幸，母女二人决定服毒。身在天津的吕碧城，焦急万分，修书给时任江宁布政使的樊增祥，请求救援。她的大姐吕慧茹也向樊增祥求救。

樊增祥一来喜欢吕碧城的才气，二来和吕凤岐也有交情，收到书信后，他连夜飞檄邻省，隔江遣兵营救。母女二人才终于幸免于难。

在惊恐的岁月，人是难有愁苦的，只有平安来后，回想当初，才有生出万般感慨。吕碧城这一时期所写的作品，大多都充满了愁怨和悲情。

"冷红吟遍，梦绕芙蓉苑。银汉恢恢清更浅，风动云华微卷。

水边处处珠帘，月明按时歌弦。不是一声孤雁，秋声哪到人间。"

孤雁一声，引发秋寒。青山无靠，秋水凄凉，不由得要悲鸣发声。

312

"清明烟雨浓，上巳莺花好。游侣渐凋零，追忆成烦恼。

当年拾翠时，共说春光好。六幅画罗裙，拂遍江南草。"

即使莺花好，渐渐游侣也凋零。唯有在回忆里，拾翠观红，才有悠闲滋味。可这难道不令人烦恼吗？

而到了下面这一首词，忧愁暗恨就更胜一分。

"夜久蜡堆红泪，渐觉新寒侵被。冷雨更凄风，又是去年滋味。无寐，无寐，画角南楼吹未。"

真是残灯明灭，夜寒如水，惆怅难眠。未来的路，到底该怎么走，到这里还是一片迷茫。

负气出走寻出路

在天津舅父家的生活，虽然充满了寄人篱下的心酸，但总算学业没有荒废。

这正是清朝末年，政府软弱无能、列强瓜分国土，有志之士揭竿而起，欲救祖国于水火之中。维新六君子的救国之路被断，新的救国思想还在酝酿之中。

世界局势也是一团混乱，于硝烟战火中，乱世枭雄平地起，新思潮风处处刮。从世界各地接受新思想回来的有识之士，又给中国腐朽的朝廷带来新的冲击，也给了民众更多的希望。

吕碧城接受了维新思想的熏陶，虽然是一名女子，却也想像六君子一样，"横刀向天"而笑，哪怕前途未卜，但也终不愧此生。

她和舅父商量，要去天津市内探访了解新学。谁知舅父虽然思想开明，但观念守旧，乍听外甥女如此一说，不由得心头

313

大怒，张口就责骂了她一通，认为她不守女性的本分。

就因为是女性，吕碧城受了多少的委屈，本来就心高气傲，被这样一激，就更是难以忍耐。她愤怒至极，冲出家门，头也未回。

说是家门，只是寄人之家门。离开的一刹那，心胸豁然开朗，好像扬眉吐气了一般。可是当踏上火车的那一刻，她的心还是开始发颤了，身无分文投异乡，无亲无友到何方？

吕碧城是一个很善于交际的人，在火车上，她碰到了天津佛照旅馆的老板娘。两人聊天谈心，很快，她就获得了老板娘的赏识，同意她到天津后可以暂住到那里。

可她不是去走亲访友，解决住宿问题并不是全部，她还要考虑她的未来，她的出路。左思右想后，她想到了舅父的秘书方君的夫人，她住在天津滨江道的《大公报》报社。

她和方夫人交往不多，但她还是硬着头皮给对方写去了一封求援信。在信寄走的一刹那，她甚至怀疑自己是不是在向舅父低头。因为如果对方将自己的情况汇报给舅父，那么她就只有回家一条路。

幸运的是，这封求援信恰好被《大公报》总经理英敛之看到。看完信后，他不由得拍案叫绝。区区一封求援信，居然也可以写得如此跌宕起伏，扣人心弦，字字珠玑，文采飞扬。

英敛之是一个爱才之人，他马上决定一探才女真容。

见面后，英敛之发现这不但是一个才女，还是一个美女，风华正茂，意气风发，谈吐也非同一般，咳珠嗽玉，娓娓而谈。英敛之当即决定，聘请吕碧城任《大公报》见习编辑。

314

这样的幸运，不由得让人想起萧红，同样是离家出走，同样是身无分文，为什么吕碧城能如此安然地走出一生平稳，而萧红却不断地把自己置于悬崖边？

难道真是幸运那么简单？其实英敛之之所以痛快答应吕碧城，赏识她的才华，只是其中的一个方面，更重要的背景是，英敛之和吕碧城的二姐，曾有过交往。

大约两三年前，英敛之偶遇吕美荪，一个才子，一个是佳人，自然很是投合，曾经相互和诗。

吕美荪："知交零落几经年，得识荆州亦凤缘。海内贤豪推领袖，樽前褚墨走云烟。热肠似我还忧国，宰肉何人欲问天。记取江河旧风景，五陵佳气尚依然。"

而英敛之马上和诗一首："风尘牛马一年年，梗泛蓬飘任结缘。浊酒哪能浇块垒，新诗聊尔托云烟。民愚深痛难为国，人定何忧不胜天。为诵青莲良友句，与君并合岂徒然。"

所谓爱屋及乌，英敛之才对吕碧城一见如故，是因为有了姐姐的铺垫。幸运是幸运，只是这幸运多少有一点点罗织密帐的意思。说是离家出走，但她离开了家，却离不开家所营造的各类关系。

而萧红的出走，完全是赤手空拳打天下，但要罗织密帐，就必须要自己吐丝。就像把自己的喉咙扎进又长又尖的荆棘的荆棘鸟，歌是唱得极其宛转悠扬，可曲未终命已竭。

闲话少说，有了英敛之的推荐，吕碧城自此成了"华北第一报"《大公报》的第一位女编辑，同时也是中国新闻史上有史可查的第一位女报人。吕碧城精彩的人生，自此，揭开了序幕。

二、南北碧城双侠女

赞誉声声名扬远

一招腾空成云雾，点点滴滴润人间。吕碧城成了《大公报》的一员，撰文写字，抒发情怀，她原来的生活常态，成了她的工作，自然让她如鱼得水。

5月10日，她在《大公报》上发表了《满江红感怀》：

"晦黯神州，欣曙光一线遥射。问何人，女权高唱，若安达克。雪浪千寻悲业海，风潮廿纪看东亚。听青闺挥涕发狂言，君休讶。幽与闭，长如夜；羁与绊，无休歇。叩帝阍不见，愤怀难泻。遍地离魂招未得，一腔热血无从洒，叹蛙居井底愿频违，情空惹。"

为她做推荐的，是英敛之的夫人爱新觉罗·淑仲。她的跋语这样写道：

"历来所传闺阁笔墨，或托名游戏，或捉刀代笔者，盖往往然也。昨蒙碧城女士史辱临，以敝蓬索书，对客挥毫，极淋漓慷慨之致，夫女中豪杰也。女史悲中国学术之未兴，女权之不振，亟思从事西学，力挽颓风，且思想极新，志趣颇壮，不徒吟风弄月，橘藻扬芬已也。裙钗伴中得未曾有。予何幸获此良友，而启予愚昧也？钦佩之余，忏识数语，希邀附骥之荣云。"

316

一个愿妇女解放，一个就女权高唱。一引一倾，不是吟风弄月，只愿遍洒热血，虽是蛙居井底，但心在天。

此诗一出，轰动京津。裙钗之辈，格律严谨、文采斐然，已属不易，作品是上乘，而又有此豪情，心境非同一般，更让人讶异。

正是西风东渐，女子自由之潮漫起时，吕碧城这首发之音，立刻成了人们的精神号召。一时间，才子佳人纷纷唱和，形成了一股"吕碧城"风气。

之后，她又一口气发表了《论提倡女学之宗旨》、《敬告中国女同胞》、《兴女权贵有坚忍之志》等，用一支笔，把妇女解放运动推向了一个高潮。

尽管还是男权世界，可是西方女性解放运动已经如火如荼，这带给当时的男权们很大的冲击，使他们有所畏惧。

在时代变幻的空隙，有勇如吕碧城，有才若吕碧城，不断发声，自然让崇尚解放的女性，有了一个精神归宿。

很多人慕名登门拜访，与光环一身的才女讨论诗词，议论时局。吕碧城这样描述那段时光："由是京津闻名来访者踵相接，与督署诸幕僚诗词唱和无虚日。"

当时罗刹庵主人、铁华馆主、沈祖宪、寿椿庐主、摩兜坚室、姜庵词人等纷纷投诗大公报，与之唱和。而直接来拜访的，也是络绎不绝。

门前车马喧，来往是鸿儒，吕碧城一下子成了京津地区的第一交际名媛。有了更高的识见，也有了更壮的激情，此时的吕碧城可谓春风得意。

317

平生知己秋闺瑾

谈饮俱豪是巾帼，南北璧城双侠女。

"幽燕烽火几时收，闻道中洋战未休；膝室空怀忧国恨，谁将巾帼易兜鍪。"这又是一个本应当窗理云鬓的女子，又是不忍战火硝烟浓的爱国情。和她一样的豪气干云，也和她一样是绝色端庄的美女。她的名字叫秋瑾。

当吕碧城在《大公报》发表宣传妇女解放思想的文章时，在南方的秋瑾也发表了很多文章，同样在宣传妇女解放思想。她们所用的名字，都是璧城。她们，都以璧城闻名。冥冥之中，两个志趣相投的女子就这样建立了因缘。

那时候的吕碧城借住在《大公报》报馆中。一日，忽有人拿着名帖来拜访。看那名帖，乃是"秋闺瑾"三个字，应该是一个女子，可是门房的禀报，却说"来了一位梳头的爷们儿"。吕碧城惶惑不已。

待得见面，果然是一英气男子，一顶鸭舌小帽，一身长袍马褂，一双官样皂靴。他迈着稳重的步伐，踱步过来。可一张口，又是款款低语，轻柔清脆，分明是女儿身。

吕碧城赫然想起曾经轰动一时的吴秋之交。吴，是以诗文闻名、曾被慈禧召见过的吴芝瑛，秋，就是鉴湖女侠秋瑾。

相谈之下，吕碧城所猜不错，来的果然是秋瑾。之所以"易却纨绮裳，洗却铅粉妆"，就是慕千古木兰之命，想做将军携胜归。

秋瑾为人豪爽，磅礴大气，而吕碧城亦幻想大刀金马，也

318

是豪情万丈。两人虽是脂粉辈，却都是英雄心。

双方早就慕名，一见更是如故。两人有说不完的话题，愁帝王腐败无能、国家积弱凋敝，叹国已不国，民不聊生，谈战事如火如荼，女子亦可"秣马备戎行"。一会儿，悲愁满眼，一会儿又横眉怒目，一会儿又激烈壮怀。说到激动处，拍案而起，雄浑万状，到那柔情里，也是千娇百媚，转眄流情。

不知不觉，天色已幕。吕碧城留秋瑾住下，秋瑾亦不推辞。两人同榻而卧，促膝长谈。秋瑾非常佩服吕碧城的才华，认为自己逊色很多，甘愿拱手让出璧城之号，为对方专用。这让吕碧城非常感动。

知己相见，千日亦短。几天后，秋瑾要告别了，吕碧城难分难舍。临行前，秋瑾告诉吕碧城，自己要去日本求学，筹划一场更轰烈的革命。她邀请吕碧城，和自己同行。

但吕碧城也有自己的想法，她认为济世救民，该从思想发端。因此，她更愿意从教育入手，启迪民智，转移社会风气，以为将来作准备。两人约定，分头行动，遥相呼应。

弯弓征战，梦里依稀

从扶桑回国后，秋瑾在上海创办了《中国女报》。吕碧城听说后，于欣慰之余，寄来发刊词：

"吾今欲结二万万大团体于一致，通全国女界声息于朝夕，为女界之总机关。使我女子生机活泼，精神奋飞，绝尘而奔，以速进于大光明世界，为醒狮之前驱，为文明先导，为迷津筏，为暗室灯，使我中国女界中放一光明灿烂之异彩，使全球人种，惊心夺目，拍手而欢呼，无量愿力请以此报始，吾愿与同胞共勉之。"

妇女解放，是两个人的共同理想，她们都希望，这《中国女报》，能成为被封建统治压迫的女性们的暗室之灯，迷津之筏。这是祝词，也是真实，在那样的年月里，在那样的政局下，雄狮未醒，巾帼先行。这两个豪爽大气的女子，无疑让全国女界精神为之一振。

然而，革命总是需要流血。抱着这种思想的秋瑾，在绍兴革命失败后，大义凛然地奔赴刑场。面对威逼，只留下"秋风秋雨愁煞人"的字句，让全国的志士痛断肝肠。

吕碧城得到消息后，更是大放悲声，想起在一起的朝朝暮暮，猜度那"朔气传金柝，寒光照铁衣"的战场，这个也柔情万种的女人，难道真的在刀光剑影中，交付了她的卿卿性命？

悲伤之余，吕碧城用英文写就《革命女侠秋瑾传》，发表在美国纽约、芝加哥等地的报纸上，怀念这个非同一般的女人。

她知道，此举无疑是为阴暗的朝廷所不容，但悲愤之声，油然而鸣。

后来，她南游，经过杭州时，又拜谒了秋瑾墓，并作《西泠过秋女侠祠次寒山韵》一首，追怀这位曾经志同道合的挚友：

"松篁交籁和鸣泉，合向仙源泛舸眠。负郭有山皆见寺，绕堤无水不生莲。残钟断鼓会何世，翠羽明珰又一天。尘劫未锁渐后死，俊游愁过墓门前。"

三、女学界的哥伦布

女教习，长于才胆学识

生在封建社会的女子，大门不出二门不迈，深藏闺阁，不学诗书。才理红妆，又贴花黄。纵能吟诗作赋，也是怨忧一身，伤春悲秋，离人远去。闺深人浅，可谓悲哉！

梁启超曾经呼吁兴办女子教育，写有《倡议女学堂启》，文中虽然详细勾画了女子学堂的创建方式，但不过是理想构建。直到"中国女学会书塾"在上海城南桂墅里创办，女子学校教育才算有了真身。

尽管在《大公报》有了一份固定的工作，但吕碧城还想继续求学。英敛之为她四处奔走，结果发现能让女子就读的学校微乎其微。于是二人萌生了办女学的想法。

这不简单，就是筹经费就能愁杀人，为了办女学。英敛之介绍卢木斋、姚石泉与吕碧城认识，还把严复、傅增湘等学界权威介绍给吕碧城。

傅增湘是时任直隶总督的袁世凯的幕僚，傅增湘"喜其才胆学识"，而严复更是对她十分赏识，还特意收她为女弟子。严复向袁世凯大力推荐吕碧城，而傅增湘对吕碧城也充满期待。

在这些人的极力推荐下，袁世凯有意办学，并提出资助，拨千元为学堂开办费，而时任天津海关道道允的唐绍仪也答应每月由筹款局提百金作经费。

这样，吕碧城和英敛之又开始邀董事、拟章程。忙碌了大约6个月，到1904年10月23日，北洋女子公学成立，学堂监督是傅增湘，而吕碧城为总教习。

她在《大公报》声名鹊起，又在北洋女子公学声名远扬。

和大多数民国才女不同的是，吕碧城的一生虽然也时有坎坷，但她自从进入《大公报》之后，就一直成为男子争相称颂的对象。尽管她倡导的是女权，得到的却是男子的支持，儒士喜欢她，名流敬重她，就连官僚，对她也是喜爱有加。

和其他民国才女相比，吕碧城似乎幸运得多，她没有在抗争中被男权毁掉，反而在男性的支持下如鱼得水。这不由得让人称叹，吕碧城到底有怎样的女性魅力，让她有如此得意的人生呢？

就兴办女学这一节，我们往深里看，会发现，吕碧城性格上有一个非常大的特点，那就是一直和男性精英有积极的互动。尽管兴办女学，是为解放女子，可在男权社会中，倡导女学，必须要得到男性的支持。

一个轰轰烈烈革命着的新时代，充满了各种可能。今朝还在推崇，明日就要颠覆。这就是乱世的魅力。其实，男人们对于妇女解放是持好奇态度的。那些悸动着的男精英们，在西方解放妇女思想的感召下，对女性有了新的希求。

这希求是模糊的，但他们却发现了一个清晰的代表人物，这当然就是吕碧城。

吕碧城本身是女人，又高调宣扬妇女解放，"能辟新理想，思破旧锢蔽，欲拯二万万女同胞出之幽闭羁绊黑暗地狱，复其完全独立自由人格，与男子相竞争于天演界中"（英敛之语）。

最重要的是，她的女权思想并不激进，很容易被那些男士精英所接受。她在《论提倡女学之宗旨》一文中说："欲使平等自由，得与男子同趋于文明教化之途，同习有用之学，同具强毅之气"，她想要的是平权，而不是叛乱。她不希望女性娇生惯养，不思进取，而希望女人能和男人一样有担当，然后和男人合力救国，她说，"使四百兆人合为一大群，合力以争于列强，合力保全我二万里之疆土。"

这正是当时男性精英们的心声，也是他们解放女性的初衷。吕碧城可谓与他们不谋而合。因此，她自然很快就成为他们的目标，也成为她自己宣扬思想的旗帜，也在这样的大局势下，提升了自己。不管是当时，还是后世，人们提起吕碧城，都赞赏其"功绩名誉，百口皆碑"。

她就像是顺流而下的轻舟，势不可挡，倏忽间，已过万重山。两年后公学开设师范科，更名为北洋女子师范学堂。吕碧城升任监督（校长），那一年，她才只有22岁，离当年离家出走，还不到3年的时间。

女子有才才是德

作为一个女子，又站在时代的前沿，吕碧城对女子教育自有一番见地。她认为：女校要大胆任用男教师，以提高女子教育质量；女师毕业的学生，也可以做男子的教师。

女校要男教师，这个合情在理，毕竟在女校尚未开创之前，女子受教育的不多。但女校毕业生去教男学生，这就有点挑战男尊女卑的意味了。但具有开明思想的精英，都纷纷支持她，以示男女平等。

除此而外，她还坚持，女子所受教育内容，不应该局限于识字和家政，在知识上，也要实现男女平等。这是对"女子无才便是德"的彻底推翻，但这个想法，依然受到了好评。

吕碧城在推动女子解放运动过程中，一直顺风顺水，相对于责难来说，支持者似乎更多。这还得归功于她对时局的把握。

她一直在和男性精英社会进行互动，她接受的那些所谓的西方思想，也大多来自留洋归来的男士精英，比如她的老师严复，就曾对她悉心教诲。

不管怎样，在兴办女学中，吕碧城将自己的事业推向了高峰，也为中国后世的女子，开创了文明的起点。

淮南三吕，旌德一门

吕碧城成功后，她又把自己的姐妹全都介绍过来，让她们也从事女学工作。这对于吕氏姐妹来说，容易又不容易。

容易之处，她们的父亲吕凤岐就是一个教育者，她们耳濡目染，自然习得一套传统的教育方法。而吕碧城的成功，不但是榜样，也是信心，让她们更笃定自己的这份选择。

其实早在女学创办之初，大姐吕慧茹和舅父严朗轩就都来帮忙，严朗轩曾经被英敛之等指定为女学监督。而大姐吕慧茹在吕碧城选定校舍之后，就干脆搬到学校，和妹妹一起操办具体的事宜。学校成立之后，吕慧茹也很快就成了学校的一名教员。

后来，南京两江女子师范学校开办，吕惠茹又去那里担任校长。只是大姐性格比较执拗，还是传统的教育思想，甚至不能容忍男教师向女教师写情书。

民国才女苏雪林曾经到南京拜访过吕慧茹，在谈到治学做人之道时，她很有一点老学究的意味，通篇是训教。

期间，二姐吕美荪和小妹吕坤秀也都进了教育界。吕美荪担任了奉天女子师范学校校长，而小妹吕坤秀则到了厦门，成了女子师范学校的教员。

早在小妹年幼时，吕氏三姐妹就以诗词见称，曾被人们号称"淮南三吕，天下闻名"。其中吕美荪还为光绪帝所赏识。

到1905年，《大公报》又出版了《吕氏三姐妹》，英敛之为之作序。自此，吕氏三姐妹的名声更盛。

小妹长大成人之后，姐妹四人同时做起了教育，"淮南三吕"又变为"旌德一门四才女，天下闻名"。

碧城仙人，最重奇服

青鸾、紫凤，郁金香，茶烟雨暖，玉箫飘香。

吕碧城本来是诗书世家，又经过风霜雨打，按理说应该是素朴雅致，尤其作为一个女校的总教习，为人师表，就更应该贤淑端庄，才不失为一个典范。

可她偏不，她喜欢奇装异服。所谓奇装异服，就是不符合当时服饰章法的服装。在帝王统治时期，就连服饰着装也是等

325

级森严，甚至还用律法进行规制。

服饰，成了政治的手段。服饰，在那个时代，就是身份、地位和尊严。在王权和男尊女卑的社会制度下，女人们的服饰约束就更多。

可是吕碧城接受的是西方的新思想，女性解放的意识，让她对封建帝制的那一套越来越讨厌，她很快就接受了洋服。

在大家都穿长袍马褂褂褴褛衣，把自己层层包裹时，吕碧城却选择了薄、露、色彩绚丽的洋服。

从那时候留下来的吕碧城的照片我们可以看出，她喜欢穿绣有大幅孔雀的裙衫，玉臂外露，延颈秀项，皓质呈露。

民国才女苏雪林曾经"从某杂志剪下她一幅玉照，着黑色薄纱的舞衫，胸前及腰以下绣孔雀翎，头上插翠羽数支，美艳有如仙子"。

对于传统的迂腐来说，这就是大逆不道，而对于追求思想解放的人，尤其是女人来说，这无疑就是春雨欲来。

在她，不过是一种尝试，一种对自己追求的诠释。其实和秋瑾喜欢男儿装的意义相同，都是在表达自己。只是秋瑾意在政治，着男装，难免有对女性否定的嫌疑。而吕碧城，则尽己所能，把女性的美表达得淋漓尽致："奇服旷世，骨象应图。披罗衣之璀粲兮，珥瑶碧之华琚。戴金翠之首饰，缀明珠以耀躯。"

这对她来说，更符合取碧城之名的本意。《太平御览》有这样的记录："元始天尊居紫云之阁，碧霞为城。"碧霞之城，云蒸霞蔚，光辉灿烂。而碧城仙子，也自是裁云镂月，轩然霞举。

显然，那个时候的吕碧城，在春风得意之外，还能顾盼自得，潇洒自如、汪洋恣肆地展现自己的生命仪态。

其实我们都知道，到了民国初期，大多数女人都已经抛弃长袍马褂，而选择轻质的连衣裙或者开叉到膝盖的旗袍。吕碧城无疑又开了解放女性服装的先河。

可是在那时，就连英敛之这样的开明之人，也是不喜欢吕碧城这样的穿法的。不知道是他授意，还是无心，《大公报》曾经刊登一篇《劝女教习不当妖艳招摇》文章，矛头直指吕碧城，而且所用文体，还是白话文。

吕碧城一生反对白话文，对这样直白的斥责，也深深不满，回文相讥。《英敛之日记》中有这样的描述：碧城疑为讥彼，旋于《津报》登有驳文，强词夺理，极为可笑。数日后，彼来信，洋洋千言分辩。予乃答书，亦千馀言。此后遂永不来馆。

在《英敛之日记》中，还有这样一首词："稽首慈云，洗心法水，乞发慈悲一声。秋水伊人，春风香草，悱恻风情惯写，但无限悃款意，总托诗篇泻。"这是写给吕碧城的。

曾经恩重如山，曾经情深似海，如今却反目成仇，甚至老死不相往来，不禁让人感慨，好情不常在啊。

不管怎样，吕碧城兴办女学的夙愿完成，她的名声和地位，连带其他三姐妹的名声和地位，也都得到了巩固和提高。

四、辞官经商续传奇

麒麟岂是池中物

当年离家出走时，也是仗剑去国，也是辞亲远游。那时候的吕碧城，前无援者，后无救兵，靠着一时的激情，冲到了战场上，不过幸运的是，她很快就找到了有利地形。

秋瑾力邀吕碧城去日本的时候，她还没有从政之心。一个受尽委屈的孩子，刚刚离家出走，好不容易看到自己的希望，是不愿意去探求更大但虚无缥缈的梦想的。

但是在做了几年女校监督之后，吕碧城为人处世越来越成熟了，她感觉对政治对革命也有了新的理解。

辛亥革命打响，中华民国成立，暂时封校。此时的英敛之有些心灰意冷，但吕碧城却欢欣雀跃。她一下子对秋瑾曾经从事的革命产生了极大的兴趣。

她曾赋诗一首："莫问他乡与故乡，逢春佳兴总悠扬。金瓯永奠开新府，沧海横飞破大荒。雨足万花争蓓蕾，烟消一鹗自回翔。新诗满载东溟去，指点云帆当在望。"

新的政府，意味着新的生命力，也意味着她能有一个新的人生。一个全新的世界，对她总是有强烈的吸引力。

1912 年，袁世凯就任民国总统，袁世凯十分赏识吕碧城的才华，于是聘用她为总统府机要秘书。尽管不是袁世凯的秘书，但也是一个新的起点。就这样，这个中国第一位女校长，一转身，又成了政府中的一名新生力量。

江山如画，美人折腰。那时候的吕碧城真的是雄心勃勃，急于大展宏图。

但到1915年，袁世凯之心，路人皆知。本来光明的前途忽然一下子变得扑朔迷离。吕碧城自感无法理解，她不是秋瑾，也做不了师傅严复（是袁世凯复辟筹安会成员之一），在苦思冥想后，她还是毅然辞职离京，结束了从政之路。

十里洋场得巨富

离开北京，吕碧城带着母亲去了上海。

民国时期的上海，是远东第一豪华大城市，国际金融中心，世界的各大银行，保险公司等等都落户上海。

绮云阁里，莺声燕语，摩星楼上，掷金有声。夜幕降临，华灯初上，十里洋场，灯红酒绿，金光耀目。

尽管有这样的辉煌，但当时却是租界。能在这里落户的，不是耀武扬威的洋人，就是资财雄厚的中国资本家。

此时的吕碧城，手里有些积蓄。来到上海后，开始与外商合办贸易，又在证券所做交易。仅仅两三年的时间，吕碧城就富可敌国，成为中国的女资本家。

只是，至今为止，人们还是弄不清，她到底用了什么样的方法，在那么短的时间内，积聚了那么雄厚的财富。

对此，各种猜测纷至沓来，有人认为是从政时期的不明财产，对此，吕碧城不屑一顾。也有人查到当时在上海与她交往的，诸如陆宗舆、袁克文、庞竹青、叶恭绰等，都是政商巨头，认为有这样的人脉，积聚财富肯定不成问题。

人脉肯定很重要，在吕碧城经商时，他们予以资本协助肯定是有的，不过吕碧城到底是徽商之后，深谙经济之道也说不好。她在《游庐琐记》中记载她曾经陪同俄国商人一起游庐山。

富裕起来的吕碧城，又变了样子，她挥金甚钜，在上海静安寺路（今南京西路）自建洋房别墅，过起了钟鸣鼎食、炮凤烹龙的奢靡生活。

有人曾经描述过她的欧式住宅，极尽奢华之能事，无论是门厅还是客室，无不富丽堂皇，室内设备，也尽显雍容华贵，再加上钢琴、油画点缀其中，更是别具风情。就连门房，穿得都极为豪奢，行为举止也甚有贵族气质，引人侧目。

她不用再忍辱负重，如今功成名就，理想呀、主义呀，都慢慢变淡了，唯一的追求，就是享受生活。

她出则香车，入则豪宅，三五日一小宴，五七日一大宴。郑逸梅《人物品藻录》中称，吕"擅舞蹈，于蛮乐茗中，翩翩作交际之舞，开海上摩登风气之先。"

但其实她并没有完全退化，那段时间，她被上海的《时报》聘为特约记者。在那里，她也是小有收获，而且她立志出国，一边工作，一边学习外语，这种状态，倒也无可挑剔。

刁蛮小性，恰如女霸主

中国的传统，无非是十年寒窗，一朝功成，光耀门庭。她

330

的奢变，几乎是对中国人对生活追求的印证。她不是革命者，只是借助革命思想在完成自己的梦想。革命一旦成功，还有什么需要努力？于是，她又生成另一番心性。穷奢之风一开，极欲之情也来。

在上海的豪宅的她，已到而立之年，可是终身无靠，于是就养狗为伴。她很喜欢这只小狗，给她起名叫杏儿，出入成双，相拥入梦。

一天，吕碧城带着杏儿在街上遛弯，不料，迎面飞来一辆车，来不及躲开的杏儿被撞倒。她魂飞魄散，赶紧抱着杏儿去医院，还怒气冲冲，通过律师向那位车主发了律师函。

那车主是一个洋人。在那个时期，连慈禧对外国人都要低三分头，而吕碧城却怒发冲冠，横眉冷对，一定要把那个洋人惩治了事。她的胆大妄为，看得国人胆战心惊。

有人佩服她的英雄虎胆，但更多的人却看出了她的骄横跋扈。她气焰之所以如此嚣张，皆因为后台可靠。有个叫平襟亚的文人，据此写了一篇《李红郊与犬》，文辞极尽讽刺之意。

吕碧城大怒，一纸诉状把平襟亚告上法庭。平襟亚那时还是一个无名小卒，哪里敢和这样名声鼎沸的女人对簿，他没有直面官司，而是逃到苏州。

吕碧城余怒未消，翻遍世界，找到平的一张照片，然后在上海各大报纸，自费刊登通缉平襟亚的启示。如果说追究洋人的过错，还有一点疼惜爱犬的慈悲，那么这样肆无忌惮围追堵截一个报人，就未免有些睚眦必报的嫌疑了。

但她是一个女人，一个有身份地位名望的女人，名声被毁

331

损，大概也需要出一口恶气才能理顺心情。

刊登几天后，没有消息。吕碧城又开始加码，她又自费在报纸发表声明，如有人能告知平襟亚住址因而缉获者，以慈禧太后亲笔所绘花鸟一幅为酬。

不知道在她想来，此举是否很有气派，可在后人看来，这无疑是财大气粗的昭彰。她的形象，没有在平的几句风凉话中毁损，却在自己维护形象过程中损毁，这不能不让人叹惋。

钱仲联在《近百年词坛点将录》中，称颂吕碧城是"地阴星母大虫顾大嫂吕碧城圣因近代女词人第一"，他说她"不徒皖中之秀"。只是这母大虫之称谓，常让人想起吕平之争。

但这世界上有宏大格局的，又有几人呢？如果人们都是在这样的心境下生活，她又有什么可指摘的呢？

在上海的时候，吕碧城遭遇另一件大事。她在出去开车游玩时，撞死一个水木做场的司账。她是公众人物，在上海的生活穷奢极欲，已经让她成为人们茶余饭后的谈资，如今发生了这样的事情，自然很快就引起了轰动。

几家华文报纸纷纷对此进行跟踪报道，期间不逊的评价屡屡出现。关注的人越来越多，人们几乎一边倒，都同情死者。

死者家属延请律师，向公共租界会审公廨提起民事诉讼，要求吕碧城赔偿损失。吕碧城其实一直惊魂未定。她并不是恶势力贵族，一个鲜活的生命，就死在自己眼前，那种揪心的痛苦，让她没法镇定。

中西法官经协商，谕令她交保洋 5000 元开释，延期再审。吕碧城请求，巡捕陪同她去麦加利银行提取存款洋 5000 元，因为她在上海，无人为其具保。

她那么多朋友，都是政商贵胄，任何一个人说一句话，她就可以逃脱责任。可是她并不希望任何人为她出面。

在上海的日子，她的确像一个女霸主，但我们也没有必要把她品质架空，以那样的初始生存状态，为女性做过那么多的贡献，又的确才华横溢，她还是值得我们去称颂的。

她不是秋瑾，我们不能按照秋的标准去观照她！

到处湖山养性灵

中国自古文人就喜欢两件事：一读万卷书，二行万里路。早在北京从政的时候，吕碧城就喜欢旅游，她在参观颐和园的排云殿后，作诗一首，讽刺慈禧：

排云深处，写婵娟一幅，翠衣耀羽。禁得兴亡千古恨，剑样英英眉。屏蔽边疆，京垓金弊，纤手轻输去。游魂地下，羞逢汉雉唐鹅。

到上海之后，闲暇无事，就更喜欢四处旅游。尤其资财甚巨，四处旅游自然毫无负担。

在国外的日子，吕碧城依然沿袭奢华的本性。在她的《晓珠词》里曾经记载过她住的房间"宏壮甲一都，房金最巨，西人寓者多不逾七日，居士（指吕）竟淹留至六月。居士御锦衣，虽日赴数宴，衣必更，未尝一式。"

在美国，吕碧城曾受邀于巨富帕尔德夫人。赴席前，她到理发店里去梳头。一个叫道亦尔的侍女，得知吕碧城受到席帕尔德夫人的邀请，连连夸赞，说只要和这位夫人处好关系，她

333

什么事都能替你办得到。吕碧城听完后，淡淡地说："你知道么？我比席帕尔德夫人还要富呢。"

吕碧城之所以要如此，实在因为那时的中国，在世界人眼中，就是东亚病夫。她曾经在给朋友的信中写道："遇见外人才知道，我国的地位在世界上卑微到何等。"

在纽约，她去参观自由女神，写下了《金缕曲·纽约港自由神铜像》：

值得黄金范。指沧溟，神光离合，大千瞻恋。一簇华灯高擎处，十狱九渊同灿。是我佛，慈航舣岸。紫凤羁龙缘何事？任天空、海阔随舒卷。苍蔼渺，碧波远。

衔砂精卫空存愿。叹人间，绿愁红悴，东风难管。筚路艰辛须求己，莫待五丁挥断。浑未许，春光偷赚。花满西洲开天府，是当年，播佳莳遍。缮史册，此殷鉴。

尽管喜欢享受奢华的生活，但是她对民族的解放，还是充满热情。她说"筚路艰辛须求己"，就是说不管路途多么艰难，我们中国的路，还得我们中华民族自己来解决。依靠列强，只会丧失自己。

总之，即使身在国外，她还是抱持着爱国之心，希望国内的有识之士联合起来，"捐除私斗，共救国家"（吕碧城语），为后世的子孙谋求在世界上的做人地位。

五、沧海桑田难为水

终身未婚，独自凄凉

韶光弹指过，妙龄女蹉跎，不为才华引公子，却为资财富敌国。

汪氏退婚，显然给了她很大的打击。她成名后，花团锦绣，也是吸附青年才俊无数。但竟无一人能入她法眼。

樊增祥在吕碧城手辑的《吕碧城集》中，题诗曰：

香茗风流鲍令晖，百年人事称心稀，

君看孔雀多文采，赢得东南独自飞。

她的师父严复一直为她的婚姻大事操心。严复在给自己的侄女信中写道："吾常劝其不必用功，早觅佳对，渠意深不谓然，大有立志不嫁以终其身之意，其可叹也。"

在上海的时候，和朋友闲聊，吕碧城曾经说过："生平可称心的男人不多，梁启超早有家室，汪精卫太年轻，汪荣宝人不错，也已结婚，张謇曾给我介绍过诸宗元，诗写得不错，但年届不惑，须眉皆白，也太不般配。"

年少轻狂时，倚重诗书，多求浪漫。但来往之鸿儒，不过

335

尔尔。偶有几个还算有些才华的人，不是年岁不当，就是人品难定。让她一时踌躇不定。

随着名声日盛，才华尽展，身边那几个尚可以一看的才子，也都慢慢褪色，让她无法托付终身。

有人说她是袁克文（袁世凯的二公子）的红颜知己，曾经担任袁世凯总统府肃政史的费树蔚为她和袁牵线搭桥。但吕碧城却否决了。她说："袁属公子哥儿，只许在欢场中偎红依翠耳。"

她想要的，和普通女人一样，是一个能带给自己一生温暖的人，但是袁显然不是。不过，做个平生知己，倒还不错。

她的师父严复为她和胡惟德牵线，但两人都无意对方，严复以失败告终，之后再也不提婚姻大事。

其实吕碧城如此，与少年遭受退婚的隐痛有关，早年，她对严复如此回答：

"至今日自由结婚之人，往往皆少年无学问、无知识之男女。当其相亲相爱、切定婚嫁之时，虽旁人冷眼明明见其不对，然如此之事何人敢相参与，于是苟合，谓之自由结婚。转眼不出三年，情境毕见，此时无可透过，其悔恨烦恼，比之父兄主婚尤甚，并且无人为之怜悯。此时除自杀之外，几无路走。"

她眼中的婚姻，是比坟墓还要可怕的赴死，这也就不难解释以她之才华之姿色，以她在才俊中受欢迎的程度来看，却一直找不到合适的结婚对象了。

不过，幸好她的生活不用依赖旁人，她说："不愁衣食，只有于文学自娱了。"无奈似乎是有些无奈，但终究比惨淡收场更好一些。

亲友矛盾重重雾

很多人说吕碧城刚愎自用，就连她的师傅严复，在没有认识她之前，也听到一些鄙薄之声，他说："外间谣诼，皆因此女过于孤高，不放一人于眼里之故。"直到后来，他才发现，她"甚是柔婉服善，说话间除自己剖析之外，亦不肯言人短处。"

生在那样的时代，作为女权主义的代言，尽管有众多男士的支持，她如果没有一点自主之见，恐怕也难以圆满。这应该是她的优势，可到了某个时间段，那又会成为她的劣势。

在女校执教的过程中，吕碧城就遭遇了人事失和。首当其冲就是英敛之。两人曾经是高山流水，在创办女学的过程中，也是相依相携，笙磬同音。

但马上就要开学的时候，一直帮助吕碧城筹办女学，并答应做女学监督的吕碧城的舅父严朗轩提出辞呈，而吕碧城此时也提出，如果不能让她担任总教习，她也会选择退出。

其实在吕碧城，这是势所必然，一直为女学奔波的是她，把家里的大姐、舅父全都找来做帮手的也是她，可如果英敛之此时以她年轻为由拒绝她做总教习，那么她的所有功夫就会功亏一篑。尽管理由充分，但在关键时刻，却有点威胁的意味，这多少让英敛之有些不快。

而在之后的教学过程中，吕碧城个性很强，遇事极有主见，这让英敛之更加难以忍受，以至于到后来，他对她更是厌烦透顶，在《英敛之日记》中，对她的记录，也离不开"虚骄刻薄，态极可鄙"这样的字句。

337

不光是英敛之，就是代行监督的凌女士，她和吕碧城的分歧也日趋严重，最后两人不得不分道扬镳。之后，英敛之把北洋女子公学捐款及开支在《大公报》上公布并声明，"学校事不再参与，一任吕碧城独自属理"。

而之后，吕碧城和她的二姐吕美荪，也发生了激烈的矛盾。郑逸梅在《南社丛论》中提及此事："姐妹以细故失和。碧城倦游归来，诸戚劝之毋乖骨肉，碧城不加可否，固劝之，则曰：'不到黄泉毋相见也。'"

在《晓珠词》出版时，吕碧城也曾专门表达了对二姐的义绝："余孑然一身，亲属皆亡，仅存一情死义绝，不通音讯已将三十载之人。其一切所为，余概不与闻，余之诸事，亦永不许彼干涉。词集附以此语，似属不伦，然诸者安知余不得已之苦衷乎？"

如此种种，又显出她倔强执拗、独断专行的一面。

寻佛问道终老矣

尽管吕碧城的一生看似顺利，但每到风生水起的时候，就会发生变故。在《大公报》做编辑，名声扬万里，然后办女学，更是声名远赫。但不久辛亥革命爆发，办学只好停止。做袁世凯秘书，刚有一点政治之心，却又遭逢称帝变故，只好远走。在上海，迅速积敛资财，可马上又遇到五四运动。

当然，于乱世中，每天都是风云，她自然也无法幸免。只是这一切让她对人生有了一些难以言说的苦闷。

在为袁世凯担任机要秘书时，一度常与天台宗高僧谛闲和

338

尚谈禅，谛闲和尚对她说："欠债当还，还了便没事了；但既知还债的辛苦，切记不可再借。"她为这句话颇为心动。

在上海时，她潜心和陈撄宁修道，但却没有收获。

去外国游历，吕碧城曾经参加了世界动物保护委员会，一来表达对曾经的宠物杏儿的怀念，二来也希望能在中国创办保护动物会。那时候，她在日内瓦，因加入动物保护会，就开始断荤，就这样，她又成为中国第一位动物保护主义者。

在伦敦时，她和伦敦大使的秘书的夫人一起逛街，有人发放印光法师的传单。那秘书夫人斥之为迷信，而吕碧城却如获至宝，她虔诚地接过，并依照法师所说，每晨持诵弥尊圣号十声，即所谓十念法。

在研习佛法的时候，她曾经供奉三朵菊花在佛像前。那天晚上，她就做梦梦见了水上莲花，莲叶田田，荷花微露。受此点拨，她正式皈依佛门，成为在家居士，法名曼智，自号圣因法师。

第二次世界大战爆发，她从国外去香港，住在香港山光道自购的一所房子中，一直到终老。

临终之前，她作自挽诗：

护首探花亦可哀，

平生功绩忍重埋？

匆匆说法谈经后，

我到人间只此回！

这又是她梦中所得。

沧海桑田过，水木皆萧萧。皈依佛门的吕碧城，更喜欢梦里的人生，梦里的清醒。一如她梦里的莲花，荷叶田田，荷花却不显。

临行前，她把全部财产 20 余万港元捐给了佛寺。尸骨火化成灰后，将骨灰和面为丸，投于南中国海。

《晓珠集》为吕碧城盖棺定论：花瓣锦囊收，抛葬清流。人间无地可埋忧。